Alfred Holzbrecher
Interkulturelle Pädagogik

ALFRED HOLZBRECHER

Interkulturelle Pädagogik

Die in diesem Werk angegebenen Internetadressen haben wir überprüft (Redaktionsschluss Juni 2004). Dennoch können wir nicht ausschließen, dass unter einer solchen Adresse inzwischen ein ganz anderer Inhalt angeboten wird.

 http://www.cornelsen.de

Bibliografische Information: Die Deutsche Bibliothek verzeichnet diese Publikation in der Deutschen Nationalbibliografie; detaillierte bibliografische Daten sind im Internet über http://dnb.ddb.de abrufbar.

Dieses Werk berücksichtigt die Regeln der reformierten Rechtschreibung und Zeichensetzung.

5.	4.	3.	2.	1.	Die letzten Ziffern bezeichnen
08	07	06	05	04	Zahl und Jahr der Auflage.

© 2004 Cornelsen Verlag Scriptor GmbH & Co. KG, Berlin
Das Werk und seine Teile sind urheberrechtlich geschützt. Jede Nutzung in anderen als den gesetzlich zugelassenen Fällen bedarf der vorherigen schriftlichen Einwilligung des Verlags.
Hinweis zu § 52a UrhG: Weder das Werk noch seine Teile dürfen ohne eine solche Einwilligung eingescannt und in ein Netzwerk eingestellt werden. Dies gilt auch für Intranets von Schulen und sonstigen Bildungseinrichtungen.
Redaktion: Heike Friauf
Umschlagentwurf: Bauer + Möhring, Berlin
Gesamtgestaltung: Dagmar & Torsten Lemme, Berlin
Druck und Bindearbeiten: Clausen & Bosse, Leck
Printed in Germany
ISBN 3-589-21560-7
Bestellnummer 215607

 Gedruckt auf säurefreiem Papier, umweltschonend hergestellt aus chlorfrei gebleichten Faserstoffen

Inhalt

Einleitung 7

1 „Nie spiegeln wir uns so wie im Urteil über den anderen." Zur gesellschaftlichen Dynamik von Selbst- und Fremdbildern 11

1.1 Fremdheit als Konstruktion 12
1.2 Dem Anderen auf der Spur 14
1.3 Muster der Deutung des Fremden 15
1.4 Komplizierte Welt – einfache Antworten:
 Das fundamentalistische Weltbild 18
1.5 Sind alle Werte gleich gültig?
 Kulturelle Relativität und Normenproblem 22
1.6 Wir verstehen uns doch (nicht).
 Zur Störanfälligkeit interkultureller Kommunikation 25
1.7 Kommunikationsmodell und Fallbeispiele 32
1.8 Schüleraustausch: Ernstfall interkultureller Kommunikation 38

2 Schule und Migration 47
2.1 Exkurs: Migration als Kennzeichen europäischer Geschichte 48
2.2 Von der Ausländerpädagogik zum Interkulturellen Lernen:
 Gesellschaftliche Entwicklungen als Herausforderung
 für die Pädagogik 51
2.3 Der „Schiefe Turm": Kinder und Jugendliche
 mit Migrationsgeschichte im deutschen Schulsystem 55
2.4 Schulische Maßnahmen für Kinder und Jugendliche
 mit Migrationsgeschichte: Ein Beitrag zur Schulentwicklung 66
 Handlungsfeld Unterricht 67
 Handlungsfeld Schule 74
 Handlungsfeld Schulsystem 82

3 Gleichheit und Differenz: Interkulturelles Lernen als Antwort der Pädagogik auf Multikulturalität 85

3.1 Interkulturelles Lernen – eine begriffliche Annäherung 86
3.2 Anders sein, gleich sein: Subjektentwicklung als Bezugspunkt einer Auseinandersetzung mit Fremdheit 90
3.3 Didaktische Konzepte und Perspektiven Interkulturellen Lernens 97
    Antirassistische Erziehung 99
    Ethnische Spurensuche in Geschichte und Gegenwart 102
    Lernen für Europa 104
    Sprachliche, kulturelle und kommunikationsbezogene Allgemeinbildung 106
    Globales Lernen 108
    Bilder vom Fremden und vom Eigenen wahrnehmen und gestalten 114
3.4 Ein heuristisches Modell 120

4 Interkulturelles Lernen durch Öffnung von Schule 125

4.1 „Community Education" 127
4.2 Das Modell „RAA" in Nordrhein-Westfalen 131
4.3 Medien- und kulturpädagogische Perspektiven 135
    Wir informieren uns und andere 137
    Wir zeigen uns und kommunizieren 137
    Wir mischen uns ein 148
4.4 Schulentwicklung: Interkulturelles Lernen im Schulprofil 155

5 Pädagogische Professionalität als SelbstEntwicklungsaufgabe 159

5.1 Lehrerbildung als biografisches Projekt 160
5.2 Forschend Lehren lernen 165
    Praktikum als multikulturelle Erfahrung 168
    Fokus „Lernendes Subjekt": Schülerbiografiestudien 169
    Fokus „Schule als Lern- und Lebensort" 172
5.3 Die Lernform qualifiziert den Inhalt 175

Literatur 180

Register 189

Einleitung

Einleitung

Studienbücher sollen in ein Themengebiet einführen, und von den Autoren wird erwartet, dass ihnen der Spagat zwischen einer fundierten wissenschaftlichen Darstellung unterschiedlicher Positionen und einer Beschränkung auf zusammenfassende Hinweise gelingt. Die Autoren verwenden dabei häufig eine didaktisierende Form des Layouts, um von den gewohnten „Bleiwüsten" wissenschaftlicher Literatur wegzukommen, zum Lesen zu motivieren und das Nachschlagen zu erleichtern.

Mit dem vorliegenden Buch soll versucht werden, noch einen Schritt weiter zu gehen. Die Idee dazu lässt sich mit einem bestimmten Verständnis von Studium begründen. Das Hochschulstudium ist mehr als eine Aneignung von Orientierungs- und Reflexionswissen, es stellt zugleich eine sehr subjektive Auseinandersetzung mit den Erwartungen an den Beruf dar. Im Prinzip bewegt es sich in einem Kräftefeld von (mindestens) drei Dimensionen, die im Verlauf des Studiums und der darauf folgenden Berufsausübung jeweils unterschiedlich gewichtet bzw. ausbalanciert werden müssen:

1. *Wissenschaftsorientierung:* Grundlage jedes Studiums ist die Aneignung von Fachwissen als Basis jeder Professionalitätsentwicklung.
2. *Berufsfeldorientierung:* Das Spannungsverhältnis zwischen der Wissenschaft und dem, was die pädagogische Praxis von künftigen Lehrerinnen und Lehrern erwartet, nährt einen Dauerdiskurs zwischen Lehrenden und Studierenden: Letztere fordern „mehr Praxis", Erstere verweisen auf die Notwendigkeit theoretischen Wissens, um pädagogische Praxis aus der Distanz betrachten (= Übersetzung von griech. *theoriein*) zu können. Das Spektrum der Lösungsversuche reicht von einer reflektierten Integration von Unterrichts- und Hospitationsphasen bis zur Vermittlung von „Rezepten", wie man „guten Unterricht" macht.
3. *Subjektorientierung:* Studierende und Lehramtsanwärter/innen befinden sich in einer biografischen Phase, die mit der Metapher der „Passage" gekennzeichnet werden kann: Es geht darum, das eigene Leben selbstbestimmt zu gestalten und gleichzeitig Ansätze einer professionellen Orientierung zu finden. Kurz: Es geht um ein Herausarbeiten von „Entwicklungsaufgaben", von persönlich bedeutsamen Themen, die als Herausforderungen verstanden werden (können).

Dieses Studienbuch will dazu anregen, das Spannungsverhältnis zwischen Wissenschaft, pädagogischer Praxis und Subjektentwicklung aktiv zu gestalten. Der Bereich des Interkulturellen Lernens erscheint dafür sehr geeignet, geht es hier doch im Kern um die Frage des Umgangs mit Fremdheit und Ambivalenz, um die Bestimmung des „Eigenen" im Kontext sich global verändernder Strukturen.

- Die **Didaktik interkulturellen Lernens** stellt aus inhaltlicher Sicht das Zentrum des vorliegenden Studienbuches dar (Kapitel 3), d. h., die Thematiken der beiden ersten Kapitel werden als „notwendiges Hintergrundwissen" angesehen, die der beiden darauf folgenden Kapitel als Weiterführung. Damit ist allerdings nur vordergründig eine bloße „Berufsfeldorientierung" gemeint, mitgedacht werden immer auch didaktiktheoretische Perspektiven und professionsbezogene Entwicklungsaufgaben.
- Wie in allen wissenschaftlichen (Teil-)Disziplinen findet auch in der Interkulturellen Pädagogik eine ständige Weiterentwicklung, d. h. auch Ausdifferenzierung, statt. Dies stellt den Autor eines einführenden Studienbuches nicht nur vor die Schwierigkeit, die jeweils neuesten Forschungsergebnisse zu präsentieren, sondern auch abzuwägen, wo eine zusammenfassende Darstellung angebracht ist und wo eine vertiefende Reflexion. Häufig wird es nötig sein, an einer vertiefenden Beschäftigung interessierte Leser/innen auf die einschlägige Fachliteratur zu verweisen (**LITERATURHINWEIS**). In Zeiten, in denen das Internet zu einem gebräuchlichen Recherche-Instrument geworden ist, sind darüber hinaus **WEBTIPPS** unabdingbar.
- Konzeptionell wichtig erscheinen mir die **ARBEITSVORSCHLÄGE,** die Ihnen als Leser/in eine aktive und kreative Aneignung der Thematik ermöglichen sollen, entweder allein oder in einer Lerngruppe. Möglicherweise eignet sich auch der eine oder andere Vorschlag für die Gestaltung von Veranstaltungen in Universität, Studienseminar und Weiterbildung.

An dieser Stelle möchte ich mich ganz herzlich bei Franz Hamburger, Ingelore Oomen-Welke und Hildegard Wenzler-Cremer für die kritische Durchsicht des Manuskripts und hilfreichen Anregungen bedanken.

A. Holzbrecher

1 „Nie spiegeln wir uns so wie im Urteil über den anderen."

Zur gesellschaftlichen Dynamik von Selbst- und Fremdbildern

1 Zur gesellschaftlichen Dynamik von Selbst- und Fremdbildern

In diesem Kapitel wird ein großer Bogen gespannt und zu zeigen versucht, wie das, was wir als „fremd" wahrnehmen, sich als kulturelle Konstruktion erweist, die nicht nur etwas über den Anderen, sondern auch über uns selbst aussagt (Kapitel 1.1–1.3). „Fundamentalistische" Weltbilder lassen sich weltweit als derzeit besonders verlockende ideologische Deutungsmuster identifizieren (1.4). In ihrem Kern provozieren sie die (nicht nur) in der Interkulturellen Pädagogik zentrale Frage nach der Relativität bzw. Gültigkeit von Werten und Normen (1.5), insbesondere wenn aus konstruktivistischer Perspektive argumentiert wird. Im letzten Teil des Kapitels (1.6–1.8) wird vorgeschlagen, interkulturelle Konflikte kommunikationspsychologisch zu untersuchen und – bezogen auf das pädagogische Arrangement „Schüleraustausch als Ernstfall interkultureller Kommunikation" – Reichweite und Grenzen des Modells auszuloten.

1.1 Fremdheit als Konstruktion

Im Alltagsverständnis gehen wir davon aus, dass die Dinge „so sind", wie wir sie sehen, und was wir sehen, erscheint uns als Abbild der Realität. Wir gehen davon aus, dass unser Gehirn ähnlich wie ein Fotoapparat funktioniert und wir die Bilder in dieser Form abspeichern. In ähnlicher Weise nehmen wir Personen, Dinge oder Situationen wahr und *bewerten* sie gleichzeitig, indem wir sie als „hässlich" oder als „attraktiv", als „richtig" oder „falsch" bzw. als „gut" oder „böse" klassifizieren.

Aus wissenschaftlicher Sicht ist dies eine naive Erkenntnistheorie. Die beiden chilenischen Biologen und Erkenntnistheoretiker Maturana und Varela etwa weisen nach, dass alles, was wir wahrnehmen, Konstruktion unseres Gehirns ist: Was wir hören, riechen, sehen, schmecken und befühlen, wird nicht als Bild, Ton oder Geschmack abgebildet, sondern in einem komplizierten Prozess in neuronale Impulse „übersetzt", und bei diesem Übersetzungsprozess in das „geschlossene System Gehirn" werden immer auch begleitende Gefühle mitverarbeitet. So werden im Unterricht eben nicht nur Inhalte gelernt, sondern gleichzeitig auch positive oder negative „atmosphärische Stimmungen". Humberto Maturana und Francisco Varela (1990: 149 f.) vergleichen unsere Wahrnehmung und unser daraus resultierendes Verhalten mit dem eines Steuermanns in einem U-Boot: Was er „sieht", sind einzig und allein seine Messinstrumente. Die Riffe und die Untiefen sind nicht unmittelbar sichtbar, sondern nur vermittelt über die Daten, die er von den Anzeigetafeln abliest. Aus ihnen zieht er Schlüsse und entsprechend handelt er, um Gefahrensituationen zu vermeiden. Man weiß also nicht, wie „die Realität ist", sondern mit der Zeit nur, welche Wege sich als gangbar erwiesen haben und welche Schlussfolgerungen aus der Datenauswertung plausibel erscheinen. Natürlich hat man von

Eltern und Lehrern gesagt und gezeigt bekommen, "wie man sich richtig verhält". Auf dieser Grundlage wurden dann eigene Erfahrungen gemacht. Es ist nicht möglich zu sagen, wie "die Realität" oder "die Wahrheit" ist, sondern nur, was *für den Beobachter* wirklich, wahr und wirksam ist. Seine Einsichten haben sich bei ihm zu Wahrnehmungsmustern verdichtet. Die Aktivität des Denkens wäre dann die Fähigkeit, mit diesen Konstrukten flexibel umzugehen, sie – wenn es notwendig erscheint – in Frage zu stellen und zu neuen Deutungsmustern zusammenzubauen, d. h. zu lernen.

Das menschliche Gehirn ist ein geschlossenes, sich selbst organisierendes neuronales System, das ständig versucht, "Ganzheiten" hervorzubringen, Deutungsmuster, die uns "plausibel" und "stimmig" erscheinen. Aus der Perspektive des Konstruktivismus erscheint dem Subjekt etwas als wirklich und einsichtig, wenn es zu den bereits bestehenden Annahmen über die Realität "passt", ähnlich wie ein Schlüssel, mit dem ein Schloss geöffnet werden kann. "Verstehen" ist eine Tätigkeit, bei der Zeichen erfasst und gedeutet werden – und diese Deutungen verweisen immer auch auf denjenigen, der sie entworfen hat. Was als "fremd" wahrgenommen wird, offenbart auch die Beziehung des wahrnehmenden Subjekts zum Objekt: Fremdheit als *Beziehungsfantasie* (vgl. HOLZBRECHER 1997: 95 ff.).

ARBEITSVORSCHLAG

- Lassen Sie Schüler/innen malen oder gestisch bzw. pantomimisch... ausdrücken oder aufschreiben, was sie als "fremd" wahrnehmen.
- Besprechen Sie anschließend die Produkte, indem Sie die emotionale Qualität artikulieren lassen, z. B. ob etwas als "eher befremdlich/Angst erregend" oder als "eher faszinierend/Neugier weckend" wahrgenommen wird, und herausfinden lassen, welche möglichen Ursachen diese Wahrnehmung haben könnte.

Das Bild des Fremden oszilliert zwischen Angst und Faszination. Ein kulturhistorischer Rückblick auf die Geschichte der Moderne zeigt, dass sowohl die Versuche, der Ängste Herr zu werden, als auch die Verlockungen des Unbekannten mächtige Triebkräfte der gesellschaftlichen Entwicklung waren. Ängste vor Naturgewalten, dem täglichen Überlebenskampf, einem Ende der Zeiten, dem "Teufel" (von griech. *diábolos* = derjenige, der alles durcheinander wirft, das personifizierte Chaos) oder der herrschenden moralischen Ordnung stellten den psychosozialen Hintergrund dar, vor dem sich etwa die Entwicklung der Technologie und eines rationalen Weltbilds als Figur abhebt. Der kulturhistorische Blick zeigt, dass die Bewältigung dieser existenziellen Ängste in unserem (westlichen) Kulturraum einherging mit einer Beherrschung des

„Fremden" – mit dem Ziel einer Stabilisierung des „Selbst". Das dialektische Gegenstück ist die Faszination, die Verlockung durch das noch Unbekannte, der Reiz des Unbekannten, und es lässt sich oft genug in der Geschichte (vgl. die Zeit der Eroberungen und Entdeckungen) erkennen, dass dies ein Antrieb ist, das Fremde zu beherrschen (vgl. HOLZBRECHER 1997: 18 ff.). Diese Dynamik macht deutlich, dass „Eigenes" und „Fremdes" zwei Seiten derselben Medaille darstellen und eine Beschäftigung mit „dem Fremden" immer auch eine Reflexion der eigenen Wahrnehmungsmuster einschließt. Aus didaktischer Perspektive birgt dies die Chance, beim Versuch, Fremde und Fremdes zu verstehen, zugleich sich selbst zu verstehen: Wie sieht die Brille aus, durch die ich Fremde/s wahrnehme?

1.2 Dem Anderen auf der Spur

Hermeneutik gilt in der Wissenschaftstheorie seit etwa 200 Jahren als die Kunst des Auslegens von Texten. In moderner Begrifflichkeit könnte man sagen, es geht um das Erfassen und Deuten von Zeichen, die auf eine tiefer liegende Struktur verweisen. Klassischerweise liegen diese Zeichen in Form eines – zumeist alten – Textes vor, dessen Sinn wir *gemäß seiner Entstehungszeit* zu verstehen versuchen. Im Anschluss an den Konstruktivismus können wir auch unsere aktuelle Wahrnehmung als „Zeichendeutung" verstehen: Wenn wir in ein fremdes Land reisen, fällt uns – auf Grund der Differenz zum Gewohnten – stärker auf, dass wir ständig Worte, Gesten bzw. körpersprachliche Zeichen anderer Menschen deuten. Mit einer solchen Deutungs- oder Entschlüsselungstätigkeit setzen wir die Zeichen in Beziehung zu dem, was wir bereits über die Anderen wissen. Nun legt das Modell der Hermeneutik den Schluss nahe, man könne den Anderen „immer besser" verstehen, bis man meint, die Wahrnehmung sei ein getreues Abbild der Realität. Dass dies eine Illusion ist, merken wir spätestens dann, wenn wir mit unseren Bildern die Realität nicht (mehr) „verstehen", d. h. wenn sie uns „fremd" geworden ist. Was für uns als „Wirklichkeit" bedeutsam ist, sind also immer wieder neue Konstruktionen, die wir – im Sinne des „gemäßigten Konstruktivismus" – mit dem Material der „Realität" bauen.

Folgt man dem Philosophen Bernhard Waldenfels (1991: 53), gibt es kein Verstehen im statischen Sinn: ***„Einer ist dem anderen immer nur auf der Spur."*** Fremderfahrung und Fremdverstehen bewegt sich also immer in einem dynamischen Zwischen-Raum, der beeinflusst wird von
1. mir als dem Beobachter,
2. dem, was ich wahrnehme (Objekt), und

3. meiner Einbindung in meinen sozialen und kulturellen Kontext, denn dieser Kontext prägt meine Wahrnehmung.
Für interkulturelles Lernen benötigen wir also ein theoretisches Konzept, in dem das Verstehen des Fremden und die Selbst-Wahrnehmung als miteinander verschränkt gedacht werden können.

1.3 Muster der Deutung des Fremden

Über andere zu urteilen ist ein alltäglicher Vorgang, und möglicherweise könnten wir uns in unserem Alltag gar nicht sicher orientieren, wenn wir nicht ständig andere bewerten würden, sobald wir sie wahrnehmen. Die Pointe der Kapitelüberschrift „Nie spiegeln wir uns so wie im Urteil über den anderen" (Erich Fromm) ist jedoch, dass wir mit diesem Bild, mit unserem Urteil über den anderen etwas über uns selbst aussagen, dass wir uns darin spiegeln. Und diese Erkenntnis scheint für interkulturelles Lernen von grundlegender Bedeutung zu sein.

Ortfried Schäffter (1991) identifiziert vier Deutungsmuster im Umgang mit Fremdheit, bei denen jeweils „das Eigene" mitgedacht wird:
1. Fremdheit als Voraussetzung für Eigenheit
2. Fremdes als Gegenbild des Eigenen
3. Fremdes als Ergänzung und als Chance
4. Fremdes als Komplementarität

Fremdheit als Voraussetzung für Eigenheit

In diesem Deutungsmuster wird Fremdes als „faszinierend" wahrgenommen, weil es „das Ursprüngliche", das „Spontane" verkörpert, das einem selbst verloren gegangen ist. Das Fremdheitserlebnis wird im existenziellen Sinn als „Schwellenerfahrung" erlebt, da es eine Dimension eröffnet, die im Verlauf der abendländischen Zivilisationsgeschichte abgespalten werden musste: Fremdheit wird gedeutet als Entdeckung und Wiedergewinnung des eigenen Ursprungs und des mit dem Fremden Gemeinsamen. So wurden etwa im 19. Jahrhundert fernöstliche Kulturen als „Kindheit Europas" gedeutet. Der Philosoph Herder war fasziniert vom Gedanken der Einheit hinter allem Seienden im asiatischen Denken und (der) daraus resultierenden Friedfertigkeit allem Lebenden gegenüber. Betrachten wir solche Bewertungen aus wissenschaftlicher Perspektive, geht es nicht um die Frage, ob diese „richtig" oder „falsch" sind, auch nicht um eine moralische Beurteilung. Vielmehr geht es darum zu fragen, was diese Deutungsmuster von Fremdheit über diejenigen aussagen, die sie sich angeeignet haben, bzw. über die Zeit, in der sie sich entwickelt haben. Der Übergang ist fließend zum nächsten Modus des Fremderlebens.

1 Zur gesellschaftlichen Dynamik von Selbst- und Fremdbildern

Fremdes als Gegenbild des Eigenen
Psychologisch ist dieses Deutungsmuster als Projektion einzuordnen, und wie der Projektor ein eigenes Bild nach außen wirft, funktioniert auch der psychische Vorgang bei der Wahrnehmung des Fremden: *Der Andere erscheint in dem Licht, das auf ihn projiziert wird.* Mit diesem Licht kann ein positives oder auch ein negatives Bild gemalt werden. Das Eigene erscheint jeweils als Gegenbild: Wird die eigene Kultur, die eigene Gesellschaft in Bezug auf bestimmte Merkmale als negativ wahrgenommen, erscheint das Fremde als positives Gegenbild – und umgekehrt. Beispiele hierfür finden sich nicht nur in der Konstruktion harmonischer und konfliktfreier Gemeinschaften. Eine exotisch-erotische Werbung für Fernreisen verweist auf einen grauen langweiligen Alltag. Vorstellungen vom Schlaraffenland, in dem Milch und Honig fließt, lassen auf das Elend und den Hunger derer schließen, die sich ein solches Paradies ausmalen. Die Beschwörung von Gemeinschaft und Heimat entsteht vor dem Hintergrund einer als chaotisch wahrgenommenen Realität.

So dürften auch europäische Orientfantasien im 19. Jahrhundert kaum die Realität abbilden. Viel eher sagen sie etwas über die Prüderie des viktorianischen Zeitalters und daraus resultierende Männerfantasien aus: Gerade in der „Imagerie des Orients" wurde eine zauberhafte Gegenwelt entworfen, die alles zu verkörpern schien, was in der eigenen Welt verboten und verdrängt war. Im Bild der Frau verdichteten sich Vorstellungen von Genuss- und Sinnenfreude – nachdem (und indem) die Frau zum Objekt gemacht wurde. Zur psychischen Dynamik gehört, dass es zwischen einer Verengelung und einer Verteufelung des Anderen fließende Übergänge gibt. Eine kleine Veränderung schon lässt das exotisierte Bild ins Negative kippen (so, wie wir eine stark geliebte Person, wenn sie uns enttäuscht, abgrundtief hassen können). So gesehen sind die Grenzen zwischen Exotisierung und Fremdenfeindlichkeit fließend.

Bei einer kulturgeschichtlichen Betrachtung der „Imagerie des Orients" stellen wir fest, dass am Anfang des 19. Jahrhunderts positive exotisierende Bilder z. B. von Türken gezeichnet wurden. Sie wurden wegen ihrer hohen Kultur geschätzt. Der sich verstärkende Imperialismus Europas im Verlauf des Jahrhunderts hatte zur Folge, dass in den Orientbildern „der Orientale" zunehmend als faul, unzivilisiert, diebisch – und daher als zivilisierungsbedürftig erscheint. Das auf den Anderen projizierte Negative lässt die eigene Gesellschaft in einem umso positiveren Licht erscheinen. Das heißt: Die Konstruktion der Identität des Eigenen entwickelt sich über die Abgrenzung und Verteufelung dessen, was als „fremd" und „anders" wahrgenommen wird.

Fremdes fasziniert und macht Angst. Im Umgang mit dem Fremden werden in hohem Maße unbewusste Ängste und Fantasien mobilisiert, die einerseits individuell biografisch bedingt sind, andererseits aber stark durch das vorgeprägt sind, was der Ethnopsychoanalytiker Mario Erdheim das „gesellschaftlich unbewusst Gemachte" (ERDHEIM 1990) nennt, in dem sich historisch bedingte Herrschaftsansprüche niederschlagen.

Fremdheit als Ergänzung
Wird im zweiten Modus des Fremderlebens – dem Fremden als „Gegenbild" – das Andere benutzt, um eigene Schwächen zu kompensieren oder in eine identitätsstärkende Haltung umzuwandeln, erscheint im dritten von Ortfried Schäffter identifizierten Modus das Andersartige als eine dynamisierende Kraft für die eigene Entwicklung. Die in der interkulturellen Pädagogik verbreitete Rede von der „Bereicherung durch fremde Kulturen" hat hier ihren Ort. Damit wird jedoch gleichzeitig die Problematik dieses Wahrnehmungsmusters deutlich: Es verführt zum einen dazu, Fremdes für die eigene Entwicklung zu instrumentalisieren, zum anderen, es „verstehend" zu vereinnahmen. Das Fremde wird seiner Ambivalenz und potenziell beunruhigenden Kraft beraubt. Internationale Stadt- und Straßenfeste stellen sicherlich eine Bereicherung des kommunalen Kulturlebens dar. Doch als folkloristische Darbietung gezähmt, dient das Fremde nicht mehr einer produktiven In-Frage-Stellung des Eigenen, sondern der Bestätigung eines harmonisierenden, Konflikte neutralisierenden Bildes.

Fremdheit als Komplementarität
In Schäffters viertem Modus des Fremderlebens scheint diese Gefahr weniger zu bestehen: Eigenes und Fremdes werden wechselweise als Figur und Hintergrund gesehen, eines wird als Bedingung des anderen wahrgenommen. Hier ist es möglich, das Andere anders sein zu lassen – und es nicht dem Eigenen anzupassen und zu vereinnahmen. Die beunruhigende Kraft des Fremden bleibt erhalten, weil „Verstehen" nicht als Bemächtigung verstanden wird, sondern als Bemühen, ihm „auf der Spur" (WALDENFELS) zu sein.

1.4 Komplizierte Welt – einfache Antworten: Das fundamentalistische Weltbild

„Die Welt ist ambivalent, obwohl ihre Eroberer und Herrscher nicht gerne sehen, dass es so ist, und auf Biegen und Brechen versuchen, sie als eine Welt auszugeben, die sie nicht ist. Gewissheiten sind nicht mehr als Hypothesen, Geschichten nicht mehr als Konstruktionen, Wahrheiten nicht mehr als zeitweilige Stationen auf einem Weg, der immer nach vorne drängt, aber niemals endet." (ZYGMUNT BAUMAN 1992: 220 f.)

Aus der Identitätsforschung wissen wir, dass das Selbstbild das Ergebnis eines äußerst komplexen Wechselwirkungsprozesses darstellt: Wie ich mich selbst wahrnehme, ist in hohem Maße davon abhängig, wie ich von anderen wahrgenommen, als was ich identifiziert werde, welche Eigenschaften mir zugeschrieben werden. In Max Frischs Drama „Andorra" wird Andri in eine Rolle gedrängt, in die Rolle „des Juden", und der soziale Druck hat zur Folge, dass er diese Zuschreibungen in sein Selbstbild übernimmt.

Die häufigste Form, Heterogenität bzw. die als „chaotisch" wahrgenommene Realität subjektiv erträglich zu machen, ist die Vereinfachung: Komplexität wird reduziert, indem man auf einfache und scheinbar „normale" (weil von allen geteilte) Ordnungskategorien zurückgreift. In früheren Zeiten teilte man die Menschen nach ihrer Hautfarbe ein, um in einer unübersichtlich erscheinenden Welt Eindeutigkeit wiederherzustellen. Heute dient das Kriterium „Zugehörigkeit zu einer Kultur" dazu, Grenzen zu markieren – und damit Bewertungen zu verbinden. Damit wird die eigene Gruppe wie die „der Fremden" in eindeutige Schubladen gesteckt, die Orientierung wird erleichtert, weil dieses Deutungsmuster es einem erspart, genau hinzusehen. Eine Unterrichtsstörung durch einen 15-jährigen Schüler wird dann nicht darauf zurückgeführt, dass dieser gerade von pubertären Hormongewittern erfasst wird, sondern darauf, dass er „Türke ist". Mit dieser Festlegung ist jede Entwicklungsperspektive verbaut.

Die Dynamik, die sich mit der Konstruktion einer „ethnischen Zugehörigkeit" entwickelt, lässt sich als Wechselwirkung zwischen einer Fremd-Ethnisierung und der Selbst-Ethnisierung beschreiben. Indem soziale Gruppen anderen bestimmte Merkmale zuschreiben, definieren sie sich gleichzeitig auch selbst. Häufig jedoch dient die Abwertung der Anderen dazu, das eigene (meist als schwach empfundene) Selbst aufzuwerten:

„Wo Menschen diskriminiert werden, ist oft auch Rassismus im Spiel. Rassismus teilt Menschen anhand bestimmter Merkmale in höher- und minderwertige Gruppen ein und behauptet die Überlegenheit der eigenen Gruppe über die andere. Merkmale für diese Einteilung sind: die Haut-

1.4 Komplizierte Welt – einfache Antworten: Das fundamentalistische Weltbild

farbe, die Nationalität oder Herkunft, Kultur oder Religion. Es geht hier also um viel mehr als Vorurteile oder Unwissenheit: Rassismus rechtfertigt und betreibt die Diskriminierung und Ausgrenzung von Schwarzen, EinwanderInnen, Flüchtlingen, Sinti und Roma und anderen Minderheiten." (AKTION COURAGE 1997: 11)

Diskriminierung, d. h. die Konstruktion von Unterschieden mit dem Ziel, Überlegenheit herzustellen, ist eine Form, die Ambivalenz moderner Gesellschaften „erträglich" zu machen. Oft geht sie einher mit einer Haltung, in der die herausfordernden und möglicherweise verunsichernden Merkmale des Anderen „vernichtet" werden sollen mit Hilfe eines „fundamentalistischen Weltbilds". Es ist zu befürchten, dass solche – religiös und/oder politisch begründeten – Konstruktionen als Reaktion auf die Verflüssigung vertrauter Ordnungsstrukturen weltweit zunehmen. Im Folgenden soll daher versucht werden, *Strukturen eines fundamentalistischen Weltbilds* herauszuarbeiten und vor allem deren (sozial-)psychologische Dynamik deutlich zu machen.

In einer ersten Annäherung können wir fundamentalistische Weltbilder als hochverallgemeinerte, meist religiös und/oder politisch gefärbte Deutungsmuster bezeichnen, die mit einem absoluten Wahrheitsanspruch auftreten. An der Form, wie mit Ambivalenzerfahrungen umgegangen wird, lässt sich erkennen, wie das Fremde im Bild des Eigenen erscheint und von ihm verarbeitet wird. Erkennbar wird hier die Grenzlinie zwischen Innen- und Außenwelt, die Sigmund Freud mit seinem Persönlichkeitsmodell identifiziert hat – die Grenzlinie zwischen der Ich-Instanz und dem Es, dem „inneren Ausland", dem „Kessel voll brodelnder Erregungen" (FREUD). Das Ich muss als „Grenzwesen" vermitteln zwischen dem „Chaos" des eigenen Unbewussten und den Ansprüchen der Außenwelt, die intrapsychisch als Über-Ich Gestalt gewinnen. Was in der äußeren Realität als fremd wahrgenommen wird, erinnert an eigene verdrängte Ängste und nicht erfüllte Wünsche. Mittels des Abwehrmechanismus der Projektion wird im Anderen die intrapsychische Ambivalenzerfahrung bekämpft. Kennzeichnend für diesen Typus der Selbstbild- und Weltbildkonstruktion sind vor allem folgende sechs Merkmale (vgl. HOLZBRECHER 1997: 116 ff.):

1. Der Wunsch, sich selbst und die Realität „in den Griff zu bekommen", d. h., **Herrschaft auszuüben und Ordnung (wieder)herzustellen.** Ihm entspricht der vehemente Kampf gegen politische Ideen und Verhaltensweisen, die das Moment der Dynamik und der Selbstregulierung von Konflikten betonen. Die Konzepte *Demokratie* und *Gesellschaft* erscheinen als Ausdruck des Chaos im Sinne einer Zerstörung von Ordnung. Beschworen wird dagegen „Gemeinschaft" als Gegenbegriff zu *Gesellschaft*, beispielsweise

in Gestalt einer nationalen oder religiösen Identität, um die aus der Spannungs- und Ambivalenzerfahrung resultierende Angst zu binden.
2. Im **Kampf gegen Zustände der „Vermischung" und der Verwischung eindeutiger Grenzen** spiegelt sich der Kampf gegen das als Chaos empfundene eigene Unbewusste. Historische Beispiele dafür finden sich vor allem im Faschismus. Allen Formen von Völkermord bzw. „ethnischer Säuberung" liegt die Vorstellung der *Reinheit und Homogenität des Eigenen* (der „Nation" usw.) zugrunde. Die Sphäre der eigenen Welt wird als „heil" wahrgenommen, in der sich die Mitglieder gegenseitig ihrer Zugehörigkeit versichern. Das Ich verschmilzt mit der Gemeinschaft, Symbiosewünsche lassen in der Selbst- und Weltwahrnehmung störende Fremdheitserfahrungen verschwinden: *„Wenn der reine Glaube mit der schmutzigen Wirklichkeit aufräumt, beginnt die ideologische Säuberung."* (HERZINGER/STEIN 1995: 207)
3. Differenz ist in diesem Weltbild nur denkbar im Sinne einer **wertenden Abgrenzung vom Anderen**. Die negative Wertung wird kaschiert mit Hilfe der Ideologie der historischen Einzigartigkeit jedes Volkes. Es entsteht das Bild einer Welt, die in klar voneinander getrennte – allerdings nicht gleichwertige – Einheiten geteilt ist. So gehört es beispielsweise zur Rhetorik politisch rechts stehender Gruppierungen, von „Ethnopluralismus" und „Anerkennung der Differenz" zu reden. Gemeint ist damit, dass nur die Reinerhaltung des kulturellen Erbes einer ethnischen Gemeinschaft ihre Fähigkeit garantiere, auch den Wert der jeweils anderen Kultur zu respektieren. Der Fremde könne seiner eigenen Identität treu bleiben, wenn er „zu Hause" auf seinem „angestammten Territorium" bleibe. Deutlich wird damit, dass (Identitäts-)Konstruktionen, die Eindeutigkeit vermitteln, das Gefühl von Sicherheit entstehen lassen, wenn man sich selbst auf der Seite der Stärkeren sieht. Damit wird ein weiteres Merkmal dieses Typus der Selbst- und Weltbildkonstruktion deutlich:
4. Eine **klare Hierarchie** garantiert die Ordnung. Die Größen- und Machtfantasien der herrschenden Instanz werden abgesichert durch Wahrheits- und Allgemeingültigkeitsansprüche, nicht selten auch durch die Vorstellung „auserwählt" zu sein. Die Machtstellung und das Elitebewusstsein der einen wird nur gesichert durch den Gehorsam und die Gläubigkeit der anderen. Die Angst und die Aggression beider wird durch die Konstruktion eines „höheren Ziels" gebunden und damit ins Unterbewusstsein verschoben. Nicht zufällig ist, dass in vielen fundamentalistischen Gruppen eine strenge Askese propagiert wird: Die Unterdrückung von Sinnlichkeit jeder Art scheint bei der Herstellung des Gemischs aus Angst, Schuldgefühlen und Unterwerfungsbereitschaft eine entscheidende Rolle zu spielen. Dies ist nicht nur bei religiösen Sekten, sondern auch bei fundamentalistischen

Gruppen aus dem politischen Spektrum festzustellen, und zwar unabhängig von ihrer ideologischen Herkunft. Die Forderung, das eigene Gefühlschaos mittels Askese in den Griff zu bekommen, wird damit zu einer wesentlichen Bedingung von Herrschaft – politisch wie intrapsychisch.
5. Eine **mythische Verklärung der eigenen Geschichte** sowie eine Stilisierung von Helden steht im Dienste der Abwehr von Schuld und Angst. Konstruktionen von Identität werden umso eher als „stimmig" wahrgenommen, je stärker sie aus der Vergangenheit heraus begründet werden. Kennzeichnend für das hier skizzierte Selbst- und Weltbild ist, dass nicht das erinnerte Leid und die Schuld Grundlage der Geschichtsbetrachtung sind, sondern die Beschwörung von Gründungsmythen. Die Unempfindlichkeit gegenüber Angst und dem Leiden anderer lassen ein Selbstbild entstehen, in dem diese als Zeichen von Schwäche wahrgenommenen Gefühle ebenfalls abgetötet werden müssen.
6. Alle genannten Merkmale verweisen auf eine **klare Grenzlinie zwischen der Sphäre des Eigenen und der des Fremden.** Deutlichstes Symptom dieses Denkens ist das Freund-Feind-Schema, das es erlaubt, mit der Grenzziehung eine eindeutige Zuschreibung positiv und negativ besetzter Eigenschaften zu verbinden. Der Kontakt mit dem Anderen wird vermieden und bekämpft, weil dieser eine Destabilisierung des Selbstbilds wie auch des Weltbilds zur Folge haben könnte: Die Grenze zwischen der Ordnung und dem Chaos gilt es mit Hilfe der Konstruktion scharf konturierter Identitäten zu sichern.

Nach der Erosion der Nachkriegsordnung, in der die Weltbilder durch den Ost-West-Gegensatz geprägt und gerahmt waren, erleben wir derzeit auf weltpolitischer Ebene einen Konflikt zwischen einem unipolaren und einem multipolaren Weltbild. Während das Erstere darauf abzielt, eine Weltherrschaft durch eine Supermacht (USA) zu errichten, um die als „chaotisch" und ambivalent wahrgenommenen Konflikte einzudämmen, zielt das zweite Modell auf ein Weltbild, in dem es mehrere Machtzentren gibt. Bei Letzterem gilt es die Konflikt-Kräfte auszubalancieren bzw. in nichtzerstörerischer Form die notwendigerweise entstehenden Spannungsverhältnisse zu gestalten. Mit dieser Zuspitzung im (welt-)politischen Bereich kann in einem ersten Schritt deutlich gemacht werden:
Interkulturelles Lernen zielt darauf ab, die multikulturelle Vielfalt unserer Gesellschaften, Multipolarität und die damit verbundene Ambivalenz als Lernchance zu begreifen.

1.5 Sind alle Werte gleich gültig?
Kulturelle Relativität und Normenproblem

„All equal – all different." In dieser Formel ist sowohl beschreibend als auch normativ das Bemühen interkultureller Bildung verdichtet. Wir leben in einer multikulturellen Gesellschaft, unsere Lebenswirklichkeit ist faktisch „globalisiert", d. h. durchdrungen von weltweit wirksamen Kommunikations-, Produktions- und Konsumstrukturen. „Multikulturell" ist zunächst eine soziologische Beschreibungskategorie: Unsere Städte sind ebenso multikulturell zusammengesetzt wie die Schulklassen. Europa mutiert, ob wir das wollen oder nicht, zu einem immer „farbigeren" Kontinent, in dem Vermischungen und Verwandlungen die Regel sind und sein werden (vgl. COHN-BENDIT/ SCHMID 1993). Diese Beschreibung hat nichts zu tun mit einer euphorisierenden „Multi-Kulti-Rhetorik", die die mit der Anerkennung dieses Faktums verbundenen Konflikte – z. B. zwischen Arm und Reich – eher leugnet als zu einem produktiven Umgang mit ihnen auffordert. Die Differenz des Anderen wird, weil ein Leben in „kulturell homogenen" Räumen sich mehr denn je als (politisch gefährliche) Fiktion entpuppt, für soziale Gruppen wie für das einzelne Subjekt zu einer immer größeren Herausforderung. Es geht also in einem nächsten Schritt um die Frage, welche Schlussfolgerungen daraus gezogen werden. **Wie können oder sollen Bildungseinrichtungen mit der zunehmenden Vielfalt der Lebenswelten, mit milieu-, geschlechts- und kulturspezifisch unterschiedlichen Formen der Realitätswahrnehmung und des Lernens umgehen?**

Wenn wir aus politischen und ethischen Gründen eine herrschaftsförmige Abwertung des Fremden ablehnen, stellt sich sehr schnell die Frage nach der Gültigkeit von Normen. Wenn ein strenggläubiger muslimischer Vater seiner Tochter die Klassenfahrt oder die Teilnahme am gemischtgeschlechtlichen Sportunterricht verbieten will: Gelten dann „kulturrelativistisch" die Regeln einzelner Gruppen (hier der Familienreligion) oder die einer „universalistischen" Institution (hier: der Schule)? Allgemeiner formuliert: Können wir im Umgang mit dem Fremden von kulturübergreifenden und für alle Menschen geltenden Wert- und Normvorstellungen ausgehen, oder gilt es, sie jeweils „relativ", d. h. im Kontext ihrer spezifischen historisch-gesellschaftlichen Entwicklung, zu verstehen und anzuerkennen?

Während die universalistische Position lange Zeit unbestrittene Gültigkeit beanspruchen konnte, wurde dieses Deutungsmuster vor allem durch kulturanthropologische Forschungen in Frage gestellt. Einen besonderen Akzent erhielt die „relativistische" Position durch die politisch-ökonomisch fundierte Kritik

am eurozentrischen Weltbild, in dem die jahrhundertelange Herrschaftsgeschichte Europas in Gestalt rassistischer Einstellungen verdichtet erscheint.
Vertreter *universalistischer Ansätze* gehen davon aus, dass es unabhängig von der Zugehörigkeit zu einer Gesellschaft oder Kultur „Universalien" im menschlichen Zusammenleben gibt. „Sie unterstellen also, dass historisch sowohl die einzelnen sozialen Systeme als auch die individuellen Denk- und Handlungsmuster innerhalb eines universalen Gesamtsystems integriert und vereinheitlicht werden, wodurch sich allgemein gültige Strukturen ausformen" (KIESEL 1996: 112). Daher gelte es, eine „transkulturelle Identität" bzw. „kulturtranszendierende Bildungsprozesse" zu entwickeln und die Rede von „Kulturen" als historisch befangen zu überwinden (vgl. ebd.: 114 f.).
Universalistische Ansätze beinhalten tendenziell „evolutionär" begründete „Entwicklungsskalen" – und damit fast zwangsläufig die Vorstellung von der Höher*wertigkeit* dessen, der sich selbst an deren oberem Ende situiert. Bezogen auf die Schule ist festzustellen, dass sie aus ihrer Geschichte heraus einen universalistischen Anspruch entwickelt hat, der eine homogenisierende Wirkung zur Folge hat: Der historisch tradierte, eng gefasste Leistungsbegriff führt zwangsläufig zur Diskriminierung „des Anderen", dessen „Defizite" im Verhältnis zur „Norm" damit erst deutlich wurden, eben das genaue Gegenteil einer Anerkennung von Vielfalt (vgl. PRENGEL 1993).
Mit *kulturrelativistischen Ansätzen* wird vor dem Hintergrund des Postulats der Gleichwertigkeit der Kulturen die Einsicht in die Zwangsläufigkeit ethnozentrischer Sichtweisen gefordert, was gleichzeitig ein Erkennen der Begrenztheit der eigenen Wahrnehmung und des Verstehens beinhaltet (vgl. NIEKE 2000). Weniger in gemeinsamen Normen, vielmehr im Bewusstwerden der eigenen Kultur und in der sensiblen Wahrnehmung des Anderen ließen sich Verbindungswege zwischen den Kulturen herstellen. Zu betonen gelte es die historische Bedingtheit der jeweiligen Perspektiven, zu kritisieren die Vorstellung, es gäbe irgendeinen Standpunkt, von dem aus für alle Menschen gültige Aussagen gemacht werden könnten (KIESEL 1996: 118 ff.).
Aus philosophischer wie aus erziehungswissenschaftlicher Perspektive erscheinen die beiden Positionen scharf konturiert bzw. abgrenzbar. In der pädagogischen Praxis dürfte es dagegen nicht um ein Entweder-Oder gehen, sondern darum, die Positionen als Spannungsfeld zu begreifen. Zugleich wird damit verdeutlicht, dass ein wesentliches Kennzeichen professionellen pädagogischen Handelns in der Wahrnehmung und Gestaltung von ambivalenten und sich ständig verändernden Handlungsstrukturen liegt. Diese Tätigkeit dürfte umso besser gelingen, je klarer die Konturen der konträren Positionen sind. Daher seien im Folgenden stichwortartig zugespitzt deren Kernpunkte (+) sowie die Kritik an ihnen (–) aufgeführt (vgl. KIESEL 1996: 111 ff.; SCHÖFTHALER 1983: 333 ff.).

„Kulturuniversalismus"
+ geht von der Geltung kulturübergreifender „Universalien" (z. B. Moralsystem) aus
+ das „essentiell Humane" ist allen Menschen präsent
+ „transkulturelle" Orientierung: Überwindung einer Fixierung auf (National-)Kulturen, Entwicklung übergreifender Bildungskonzepte (vgl. diskursfähiges, mündiges Subjekt)
− blind gegenüber historisch und kulturbedingten Differenzen; universalistische Perspektive ist – wie auch eine auf der Vernunftlogik basierende Diskursethik – selbst ethnozentrisch (vgl. Einfluss der Aufklärung)
− universale Prinzipien wirken homogenisierend und bewirken gleichzeitig Ausgrenzung bzw. die Feststellung von „Defiziten"
− assimilatorisches Integrationskonzept, wirkt auf Minderheiten inferiorisierend und ausgrenzend
− „evolutionäre" Entwicklungsskalen/-hierarchien sind meist mit (Minder-/Höher-)Wertigkeit verbunden
− es gibt keinen außerhalb der Kultur liegenden Standpunkt zur Entwicklung „universaler" Prinzipien

„Kulturrelativismus"
+ Anerkennung ethnischer Differenz und kultureller Vielfalt
+ Verstehen des Anderen in seinem spezifischen historisch-gesellschaftlichen Kontext („Eigen-Logik")
+ „Gleichwertigkeit" der Kulturen, Chance zum Bewusstwerden ethnozentrischer Perspektiven
+ intersubjektive Anerkennung: Dialektik durch Fremd- und Selbstwahrnehmung sowie Selbstachtung und Achtung des Anderen
− Postulat der Gleichwertigkeit kann zu Wertrelativismus/Gleich-Gültigkeit und damit zu Handlungsunfähigkeit führen
− Gefahr der Rechtfertigung von Menschenrechtsverletzungen als „kulturell bedingt"
− bietet keine Kriterien zur Konfliktlösung
− ist in der (institutionell verfassten) pädagogischen Praxis nicht durchzuhalten

> **ARBEITSVORSCHLAG**
>
> Sammeln Sie Fallbeispiele aus der pädagogischen Praxis, in denen der Konflikt zwischen universalistischen Geltungsansprüchen (etwa seitens der Institution Schule) und Partikularinteressen ethnischer Gruppen zum Ausdruck kommen. Diskutieren Sie diese im Hinblick darauf, wo Sie sich in

diesem Spannungsfeld zwischen „Universalismus" und „Kulturrelativismus" situieren.

Bezogen auf die Interkulturelle Pädagogik plädiert Kiesel für einen „interaktionistischen Ansatz", mit dem der Aufbau von Identität als ein Prozess von Interaktionen mit unterschiedlichen Interaktionspartnern und widersprüchlichen Handlungsanforderungen beschrieben wird. „Die Entfaltung eines gemeinsamen Orientierungsrahmens im interkulturellen Prozess erfordert weiterhin eine Abstimmung der unterschiedlichen Alltagstheorien aufeinander mit dem Ziel, sich über neue Bedeutungen zu verständigen, um über ein gemeinsames interkulturelles Alltagswissen verfügen zu können" (KIESEL 1996: 209 f.). Nieke fordert in Weiterführung einer Diskursethik eine „Ethik der Verständigung", bei der „auch die Beschränkungen der Kommunikation, die sich durch Kultur- und Lebensweltgrenzen ergeben können, bewusst werden und grundsätzlich aufgehoben werden können" (NIEKE 2000: 185).

1.6 Wir verstehen uns doch (nicht).
Zur Störanfälligkeit interkultureller Kommunikation

Ein Mädchen wird verdächtigt, in der Schule geraucht zu haben. Die Eltern, die in die Schule zitiert werden, beteuern, dass ihre Tochter ein „ordentliches Mädchen" sei und so etwas nie tun würde. Doch der Schulleiter lässt sich nicht überzeugen. Später stellt sich heraus, dass er die Schülerin wegen ihrer Haltung und der Tatsache, „dass sie ihm nicht einmal in die Augen schauen wollte", verdächtigt hat. Er wusste nicht, dass in vielen Ländern die Vermeidung von Blickkontakt als Beweis für Respekt und Gehorsam gilt. In unserer Gesellschaft gilt dagegen der Blickkontakt als Beweis für Aufrichtigkeit. In einer Unterrichtssituation lässt sich ohne viel Fantasie eine „Interaktionsspirale" vorstellen: Die Lehrperson fragt etwas und hat auf Grund des vermiedenen Blickkontakts den Eindruck, die (türkische, arabische, afrikanische ...) Schülerin habe nicht recht verstanden, beginnt deshalb mit zusätzlichen Erklärungen ... und wird zunehmend nervös. Die Schülerin fragt sich vielleicht, für wie dumm sie vom Lehrer gehalten wird, weil er immer wieder alles erklärt. Beide Gesprächspartner dürften sich sehr unwohl fühlen und abweisend auf den anderen reagieren.

Das Beispiel macht deutlich, dass nicht nur sprachliche Kompetenz zum Gelingen interkultureller Kommunikation beiträgt. In weitaus größerem Maße bestimmen nonverbale Zeichen das Interaktionsgeschehen, die erst bei genauem Hinsehen als kulturell codierte erkannt werden.

Es ist davon auszugehen, dass körpersprachliche Zeichen, Gesten und andere „Begleiterscheinungen" umso bedeutsamer werden, je weniger eindeutig man sich mit Worten austauschen kann.
Eine türkische Mutter wird, wenn sie beim Elternsprechtag nicht alles versteht, was der Lehrer sagt, etwa seiner Körperhaltung, der Sprache der Hände und des Blicks oder der Stimme unbewusst mehr Beachtung schenken und diesen Zeichen eine – wiederum kulturell gelernte – Bedeutung zuschreiben, die vermutlich nicht identisch ist mit dem, was der Lehrer „meint". Denn die Deutung körpersprachlicher Zeichen erfolgt nicht nur vor dem Hintergrund kulturbedingter Erwartungen, sondern auch im Kontext des Machtgefälles bzw. des Rollengefüges zwischen Lehrer und (türkischer) Mutter in der Situation des Elternsprechtages oder zwischen Lehrer/in und Schülerinnen aus Zuwandererfamilien. Die Erkenntnis der Bedeutung der nonverbalen Kommunikation sowie des auch innerhalb eines Kulturraums großen Spektrums an Differenzen ist wesentlich für die Entwicklung pädagogischer Professionalität: Die Kenntnis der Wirkung der eigenen kulturell geprägten Körpersprache ist Voraussetzung dafür, damit bewusst und gestaltend umgehen zu können.

> **ARBEITSVORSCHLAG**
>
> Nehmen Sie sich an jedem der nächsten Tage vor, *einen* spezifischen Aspekt körpersprachlicher Kommunikation besonders zu fokussieren und auf diese Weise bewusster als sonst die Menschen, die Ihnen begegnen, zu beobachten und ihre körpersprachlichen Zeichen zu deuten. Gleichzeitig sollten Sie sich Ihres eigenen körpersprachlichen Ausdrucks stärker bewusst werden: Wie könnte ich auf andere wirken? Wie könnten sie meine körpersprachlichen Zeichen deuten? Was will ich darstellen?

Körperdistanz
Angehörige von „Kontakt-" oder „Berührungskulturen", etwa aus Südeuropa, dem arabischen oder südamerikanischen Raum, stehen einander meist direkter gegenüber, empfinden das engere Zusammenstehen als angemessen, haben häufigeren Blickkontakt und sprechen im Allgemeinen lauter als Menschen aus „Distanzkulturen", etwa aus Nordeuropa, Japan (vgl. APELTAUER 1995: 135). „Bei der Begrüßung ist die Distanz bzw. Nähe oft mit Gestik und Körperkontakt sowie dessen Rhythmen verbunden: Reicht man sich die Hand, wie lange, wie fest drückt man, darf die zweite Hand hinzukommen? Umarmt man sich, küsst man sich und wie, wohin, wie oft? Bleibt man auf Distanz und spricht die Grußformel, gibt es Gesten in Form von Resten von Demutsgebärden, z. B. Verbeugungen? Reichen Blicke? Wer bestimmt das Begrüßungsritual?" (OOMEN-WELKE 2003: 75).

1.6 Zur Störanfälligkeit interkultureller Kommunikation

> **ARBEITSVORSCHLAG**
>
> Welchen Grad von Nähe oder Distanz empfinde ich (in welcher Situation? bei welchen Interaktionspartnern?) als „angemessen" und angenehm? Wie reagiere ich, wenn mir jemand „zu nahe kommt"?

Körperhaltung

> **ARBEITSVORSCHLAG**
>
> Finden oder erfinden Sie ein Spektrum treffender Adjektive, mit denen Sie die Körperhaltung Ihrer Mitmenschen charakterisieren. Am besten setzen Sie sich in ein Café, beobachten die vorbeigehenden Menschen wie auf einer Theaterbühne und schreiben eine kleine Geschichte: Was könnte die Körperhaltung, die Gehgeschwindigkeit über die Person aussagen? Wo kommt sie her, wohin geht sie, was hat sie vor …? Gehen „fremd" aussehende Menschen anders? Spielen Sie mit diesen Körperhaltungen, probieren Sie sie aus: Welche „Rollen" passen am besten zu Ihnen selber? Welche wollen Sie spielen …?

Mimik/Gesichtsausdruck

> **ARBEITSVORSCHLAG**
>
> Erweitern Sie die vorherige Übung, indem Sie nun „aus den Gesichtern lesen"… Stellen Sie sich anschließend vor den Spiegel und spielen Sie die unterschiedlichen „Charaktere" nach.
> Anregung für ein Fotoprojekt (ggf. mit Schülern): Sammeln Sie Fotos von Gesichtern mit unterschiedlichem Gesichtsausdruck, erfinden Sie Bildunterschriften.

Gesten

> **ARBEITSVORSCHLAG**
>
> Fotografieren bzw. filmen Sie Lehrer/innen im Unterricht und deuten Sie – am besten in der Gruppe – deren Körperhaltung und Gestik (zunächst) nur auf der Basis der visuell wahrnehmbaren Zeichen: Wie eindeutig sind diese Zeichen? Zu welchen Schlussfolgerungen könnte jemand kommen, der auf Grund sprachlicher Schwierigkeiten nur auf die Deutung des Sichtbaren angewiesen ist?

Der Bereich der Gesten unterliegt wie kaum ein anderer kulturellen Konventionen. So bedeutet etwa die „Ringgeste" (Daumen und Zeigefinger berühren sich, die übrigen Finger sich locker geöffnet) in England, Deutschland, Skandinavien und Spanien „gut", in Frankreich „Null", in Südosteuropa hat die Geste eine vulgäre Bedeutung, in Tunesien gilt sie als Drohung und in Korea bedeutet sie „Geld" (APELTAUER 1995: 130 f.). Auch bei den *Bejahungs- und Verneinungsgesten* gibt es große Unterschiede: Während man das Nicken mit dem Kopf in vielen Ländern meist „richtig" versteht, wird in Griechenland, Süditalien und der Türkei die Verneinung durch ein Heben des Kopfes oder auch nur der Augenbrauen angezeigt. „Wer nicht genau hinsieht, kann diese Geste leicht mit unserer ‚Bejahungsgeste' verwechseln, weil sie i. d. R. wiederholt wird und dazu der Kopf wieder abgesenkt werden muss" (APELTAUER 1995: 131). *Jemanden heranwinken* erfolgt bei uns meist mit erhobener Hand, die offene Handfläche zum Körper, wobei man mit ausgestrecktem Zeigefinger eine Vor- und Rückwärtsbewegung macht. In Griechenland oder in arabischen Ländern gilt dies als obszön: So ruft man Prostituierte oder Hunde herbei ...

Berührungen
„Deutsche Gasteltern reichen einer französischen Austauschschülerin die Hand, während das Mädchen die Wange zur *bise*/zum Kuss reicht, der nicht erteilt wird, worauf sie sich verunsichert oder enttäuscht abwendet: Ist sie nicht willkommen? Warum so kalt? – Beim Gegenbesuch weicht die deutsche Austauschpartnerin entsetzt zurück, als die Gasteltern sie auf (bzw. neben) die Wange küssen wollen. Die französischen Eltern finden das seltsam und vermuten eine Marotte; das deutsche Mädchen findet die Eltern aufdringlich. So kommt der Kontakt nur mit Schwierigkeiten in Gang." (OOMEN-WELKE 2003: 75)

> **ARBEITSVORSCHLAG**
>
> Begrüßungsrituale sind ein ausgezeichnetes Feld, um die Vielfalt menschlicher (Erst-)Kontaktmöglichkeiten zu untersuchen – und die Risiken der Fehlinterpretation. Vergegenwärtigen Sie sich, in welchen Situationen sich Menschen in welcher Weise begrüßen – und wie unterschiedlich Sie sich selbst verhalten, wenn Sie eine enge Freundin, den Direktor eines Unternehmens oder Kollegen/Kolleginnen aus Frankreich begrüßen.

Blickkontakt
Wer bei uns den Blickkontakt vermeidet, gilt schnell als unglaubwürdig, weil der direkte Blick als Zeichen der Ehrlichkeit und Aufrichtigkeit gedeutet wird. In Nordafrika oder etwa in ländlichen Gebieten der Türkei ist es dagegen auch

heute noch üblich, dass Frauen fremden Männern nicht in die Augen sehen, denn Blickkontakt wird als „sich anbieten" interpretiert (APELTAUER 1995: 138).

> **ARBEITSVORSCHLAG**
>
> Empfinden Sie es als un-/angenehm, wenn Sie auf der Straße, im Hörsaal, in ... angeschaut werden? Wie reagieren die Menschen Ihrer Umgebung, wenn Sie z. B. länger als „üblich" den Blickkontakt halten? Wie deuten Sie diese Reaktion?

Einsatz der Stimme (Sprechtempo, Stimmhöhe, Lautstärke)

Während in Deutschland oder in Japan lautes Sprechen als „roh" oder „ungebildet" gilt, wird in südeuropäischen Ländern das bei uns übliche leise Sprechen mit Ängstlichkeit und Unterwürfigkeit assoziiert. Wenn Engländerinnen einen größeren Tonumfang nutzen als deutsche Frauen, kann dies in Deutschland leicht zur Einschätzung „hysterisch" oder „affektiert" führen.

> **ARBEITSVORSCHLAG**
>
> Machen sie sich Ihre Wertungen klar, wenn jemand eher monoton spricht bzw. einen größeren Tonumfang nutzt, wenn jemand mit tiefer bzw. mit hoher Stimme spricht, wenn laut bzw. leise und wenn langsam oder schnell gesprochen wird. Versuchen Sie sich klar darüber zu werden, inwiefern der Stimmeinsatz kulturelle Gründe hat.

Sprechpausen

Wer wann wo und in welcher Form zu Wort kommt bzw. Pausen respektiert, unterliegt ebenfalls kultureller Konvention. „Die Legitimation des Wortergreifens ergibt sich aus Rang bzw. Macht, Intensität der Involviertheit und affektiver Situationsbewertung. In vielen Kulturen gilt es als Höflichkeitskulturem zu schweigen, wenn ein Ranghöherer spricht. In vielen egalitären Kulturen gibt es entsprechend ein (situationsabhängiges) Kulturem, den Sprechenden möglichst ausreden zu lassen, bevor man selbst das Wort ergreift *(turn taking)*. Eine Kombination aus beidem finden wir als Norm in deutschen und vielen anderen Schulen: Die Lehrperson hat immer Vorrang, und die Gesprächserziehung der Schüler und Schülerinnen sichert diesen grundsätzlich sukzessive Gesprächsanteile. Abweichungen wie Unterbrechungen und Überlappungen gelten als unhöflich." (OOMEN-WELKE 2003: 77)

Koreanische Studienbewerber in den USA, die auf ihre englischen Sprachkenntnisse überprüft wurden, fielen durch überwiegend knappe Antworten auf und bestanden damit in großer Zahl die Prüfung nicht. „Weitere Nachforschungen ergaben nun, dass es (1.) in Korea grundsätzlich als unhöflich gilt, Lehrern und anderen höher gestellten Personen lange, ausführliche Antworten zu geben; dass es (2.) ebenso als unhöflich oder unangebracht gilt, eigene Aktivitäten im Detail zu schildern, und dass es (3.) in Korea zur Unterrichts- bzw. Prüfungsroutine gehört, dass der Lehrer den Schüler durch eine Rückfrage auffordert, seine bereits gemachte Aussage zu bestätigen. Tatsächlich dient diese Rückfrage jedoch dazu, die Machtposition des Lehrers zu bekräftigen. Es gilt dementsprechend als völlig unangemessen, die Rückfrage mit zusätzlichen Ausführungen zu beantworten." (KLAGES-KUBITZKI 1997: 196, zit. n. OOMEN-WELKE 2003: 77)

Ob es zu einer gelingenden oder einer gestörten Kommunikation kommt, hängt neben der Deutung körpersprachlicher Zeichen auch von vielen anderen Faktoren ab.

Sozialer Status
Auch wer als Lehrer/in bemüht ist, im Umgang mit Eltern keine Überlegenheit spüren zu lassen, muss sich dessen bewusst sein, dass sie dem Lehrberuf oft eine „höhere" Position zuschreiben – und sich entsprechend (höflich? zurückhaltend? schweigsam? unterwürfig?) verhalten. Alter und Geschlecht spielen häufig auch eine Rolle bei der Zuschreibung eines bestimmten Status.

Kulturelles Denkmuster
Ziele klar bestimmen und in systematischer Weise „effektive" Mittel zur Erreichung dieser Ziele finden: Die Wurzeln dieses linearen Denkmusters („Zweckrationalität") sind leicht im ökonomischen Bereich zu finden, letztlich in einem Weltbild, in dessen Zentrum die technische Machbarkeit steht. In industrialisierten Gesellschaften ist die Übernahme dieses Denkmuster durch formale Bildung Voraussetzung für wirtschaftlichen Erfolg und einen hohen sozialen Status. Alltagsgespräche folgen jedoch einer anderen Logik: Hier werden die Sachverhalte, über die man sich unterhält, eher „assoziativ eingekreist", man nähert sich ihnen spielerisch bzw. reiht einen Gedanken an den anderen. Diese beiden Denkmuster entsprechen Denk-Kulturen, deren viel verzweigte Wurzeln sich in den Tiefen der jeweiligen Kulturgeschichte finden: In Gesprächen kommt A auf seinem linearen Weg schnell auf den eigentlichen Punkt. Dagegen startet B das Gespräch eher mit „nebensächlichen" Aspekten und ist darauf bedacht, dass sich dabei eine harmonische Atmosphäre und größtmögliche Übereinstimmung entwickeln. Während für A der Kontext der Kommunikation relativ bedeutungslos ist, spielt er für B eine umso wichtigere Rolle. B registriert genauer, *wie* etwas (auch nonverbal) ausgedrückt wird, die Form und der Tonfall, also die impliziten Botschaften, werden bedeutsamer als die expliziten bzw. der Inhalt. Trifft A auf B, sind Missverständnisse vorprogrammiert.

Einschätzung des situativen Kontextes

Man unterscheidet in der Kommunikationsforschung zwischen „offenen", „vermuteten", „verschlossenen" und „vorgeblichen Kontexten" (vgl. APELTAUER 1995: 119 ff.). In einem „offenen Kontext" sind die Rollen eindeutig, die Bedeutung von Worten und Gesten allen bekannt und jeder Kommunikationspartner hat im Fall einer Störung die Möglichkeit, diese zu thematisieren. Dagegen weiß in einem „verschlossenen Kontext" keiner vom anderen etwas (stellen wir uns dabei etwa einen früheren Forschungsreisenden vor, der erstmals mit Ureinwohnern in Schwarzafrika in Kontakt kommt). Irgendwo dazwischen handelt es sich um einen „vermuteten Kontext", bei dem man meint, den Anderen zu kennen und zu verstehen.

Interkulturelle Kommunikation spielt sich, wenn sich die Partner nicht gänzlich fremd sind, vermutlich größtenteils in solchen „vermuteten" Kontexten ab, bei denen man vergleichsweise wenig über den Anderen, über seine „Sichtweise über uns" weiß. Man kann sich nur tastend vorwärts bewegen, registriert jede Reaktion des Anderen, fragt sich, wie diese zu bewerten ist bzw. wie man sich in „angemessener Weise" verhalten soll – oder man tritt in Fettnäpfchen.

Bei genauerem Hinschauen werden wir bemerken, dass sich auch ein Großteil unserer intrakulturellen Alltagskommunikation in „vorgeblichen Kontexten" bewegt und lediglich graduelle Unterschiede festzustellen sind: Um in Kontakt zu bleiben, tut man so, als ob man den Anderen verstehen würde. Man unterstellt ihm bestimmte Absichten, man deutet die wahrgenommenen Zeichen in einer bestimmten Weise.

„Inneres Bild" vom Fremden

Die Wahrnehmung des Fremden ist in einem hohen Maße von vorbewussten Vorstellungsbildern „imprägniert" oder „eingefärbt". In diesem Zusammenhang von „Vorurteilen" zu sprechen trifft m. E. nicht genau den Sachverhalt, zumal das sprachliche Bild des „Abbaus von Vorurteilen" an eine Mauer erinnert und damit suggeriert, dass ein Abtragen der Steine einen unverfälschten Blick bieten könnte. Das Konzept der „inneren Bilder" oder „Vorstellungsbilder" erinnert dagegen an die Psychodynamik des Wahrnehmungsvorgangs: Wenn wir etwas sehen, hören, riechen, schmecken oder ertasten, bewirkt dieser sensorische Reiz, dass wir ihn mit bisherigen Wahrnehmungserfahrungen vergleichen und dass er bestimmte Erinnerungen weckt. Bildlich gesprochen dürfte es sich um eine Art „emotionale Einfärbung" handeln, die in ihrer Qualität und Dynamik in hohem Maße von bisherigen lebensweltlichen und -geschichtlichen Erfahrungen abhängig ist. Die Welt der Vorstellungsbilder ermöglicht, einzelne sensorische Reize schnell „hochzurechnen" zu einem stimmigen Bild. So erreichen wir eine Stabilisierung unseres Selbstwertgefühls und damit eine schnelle Orientierung in der Welt.

Zum einen macht jeder Mensch spezifische biografische Erfahrungen, die sich in seiner Wahrnehmungswelt zu „typischen Mustern" bzw. Vorstellungsbildern verdichten. Zum anderen erscheint die Annahme plausibel, dass soziale Gruppen und Kulturen (im weitesten Sinn) auf Grund gemeinsamer Anschauungen, Traditionen und historischer Erfahrungen eine „Bilderwelt" hervorbringen, die für sie eine hohe Bedeutsamkeit besitzen. So ist etwa der Kontakt eines Israeli mit einem Deutschen mit hoher Wahrscheinlichkeit „imprägniert" von der Erfahrung des Holocaust. Doch auch wenn keine traumatischen Erfahrungen das Bild vom Anderen bestimmen, lassen sich meist stereotype Einstellungsmuster identifizieren: Positive Bilder von der „eigenen" Gruppe (Autostereotype) bedingen oft negative Bilder vom „Anderen" (Heterostereotype) und dienen der Selbstaufwertung. Sie färben unsere „Brille", durch die wir den Anderen wahrnehmen. Die Metapher der „eingefärbten Brille" macht den Konstruktionscharakter der Wahrnehmung recht deutlich: Wir nehmen den Anderen in dem Licht wahr, mit dem wir ihn beleuchten.

Ein Trugschluss wäre jedoch zu denken, diese Brille ließe sich „abnehmen", um einen „unverfälschten" Eindruck zu bekommen. Folgt man der konstruktivistischen Erkenntnistheorie, ist „Realität an sich" nicht erkennbar, sondern tritt nur in Form von „Wirklichkeiten" auf, die als subjektive und kollektive Erfahrung konstruiert werden und eine hohe Bedeutsamkeit besitzen.

WEBTIPP Im Internet finden sich (v. a. auf Webseiten wissenschaftlicher Institute) viele Texte mit Beispielen für kulturbedingte Verhaltensweisen und dadurch hervorgerufene Kommunikationsstörungen (Suchbegriffe z. B. „interkulturelle Kommunikation", „Kommunikationsstörungen interkulturell" o. ä.).

1.7 Kommunikationsmodell und Fallbeispiele

Die Fähigkeit zu interkultureller Kommunikation besteht – abgesehen von der sprachlichen Seite – aus einer Vielzahl von emotionalen und sozialen Teilkompetenzen, die sich im Begriff Empathie zusammenfassen lassen. Darüber hinaus ist jedoch Reflexivität gefragt, die es ermöglicht, Konflikte und Störungen von „außerhalb", d. h. von einem theoretischen Standpunkt aus kritisch zu untersuchen. Es ist ein wesentlicher Teil pädagogischer Professionalität, sich mittels dieser analytischen Arbeit für den beruflichen Alltag zu sensibilisieren. Das folgende Kommunikationsmodell (nach SCHULZ-VON THUN 1981) bietet die Chance, sich in differenzierter Weise auf die „Spur des Anderen" (WALDENFELS) zu begeben und dabei den Prozess des Fremdverstehens zugleich als Gelegenheit zur Selbst-Vergewisserung zu nutzen.

1.7 Kommunikationsmodell und Fallbeispiele

Friedmann Schulz-von Thun unterscheidet vier Ebenen der Kommunikation, auf denen ein „Sprecher" Signale sendet:

Sachebene

Selbstoffenbarungsebene Appellebene

Beziehungsebene

FALLBEISPIEL

Aysel, eine türkische Schülerin, wartet vor der Klasse auf ihren Lehrer. Sie will ihm etwas Wichtiges mitteilen. Als der Lehrer endlich kommt, sagt sie: „Ich warte dich mit vier Augen ..." Der Lehrer unterbricht: „Aysel, erstens heißt das: ‚Ich warte auf dich.' Und zweitens hat ein Mensch nur zwei Augen, vielleicht vier Hühneraugen." (WALLRABENSTEIN 1996: 14)

Auf der **Sachebene** drückt Aysel einen Gesprächswunsch aus, dessen Dringlichkeit sie mit der wörtlichen Übersetzung eines aus dem Türkischen stammenden Ausdrucks („vier Augen") unterstreicht. Auf der **Ebene der Selbstoffenbarung** zeigt sie sich als Person mit einem bestimmten Bedürfnis, mit der Metapher „vier Augen" auch als Angehörige der türkischen Sprache. Welche **Beziehung** sie ihrem Lehrer gegenüber mit diesem Satz ausdrückt, ist auf der Grundlage des Textes schwer zu beurteilen, hier dürften parasprachliche Zusatzinformationen (Gestik, Körperhaltung, Kontext usw.) eine Rolle spielen. Als **Appell** ist leicht die implizite Botschaft „Nimm dir Zeit, mit mir zu reden" erschließbar.

Schulz-von Thuns Modell bezieht nun auch den Hörer mit ein: Er hat „vier Ohren", um etwas zu verstehen. Mit dem **„Sachohr"** hört, wer primär die sachliche Information heraushört – und die anderen Ebenen ignoriert. Was sagen die Wörter? Welche sachliche Bedeutung haben sie (explizit)? Was meint der/die Andere (implizit)? Welche parasprachlichen Zusatzinformationen (vgl. Gesten, Körperhaltung, Stimmlage, Lautstärke ...) stützen seine/ihre Kommunikationsabsicht?

Das **„Beziehungsohr"** ist dagegen bei denjenigen ausgeprägt, die in erster Linie das „Wie", also die emotionale Botschaft bzw. die mitklingenden Beziehungsqualitäten, heraushören: Welche Beziehung konstituiert der Sprecher damit zu mir/uns? Wie interpretiert er meinen Status bzw. Statusunterschiede?

1 Zur gesellschaftlichen Dynamik von Selbst- und Fremdbildern

Ein ausgeprägtes „**Appellohr**" ist bei denjenigen festzustellen, die aus einer Nachricht herauslesen, was sie zu tun haben: Zu welcher Handlung will mich/uns der Andere – bewusst oder unbewusst – bewegen?

Die Fähigkeit, auf dem „**Selbstoffenbarungsohr**" zu hören, beinhaltet das Bemühen herauszufinden, was der Andere damit über sich selbst, über sein Weltbild und seine Situationsdeutung aussagen will. Wenn vom „Verstehen des Fremden" die Rede ist, ist die Fähigkeit gemeint, auf dem Selbstoffenbarungsohr zu hören.

ARBEITSVORSCHLAG

Auf welchem „Ohr" hört der Lehrer? Was sagt er mit dieser Reaktion über sich selbst aus? Welche Beziehungsqualität zeigt sich im Umgang mit der Schülerin?

ARBEITSVORSCHLAG

Analysieren und diskutieren Sie mit Hilfe des Kommunikationsmodells (Sprecher- und Hörerseite) die folgenden Beispiele von Kommunikations- bzw. Unterrichtsstörungen.

In einer 7. Förderstufenklasse hatte man gerade das so genannte Landwirtschaftsprojekt abgeschlossen, das in der Schule Tradition hat (Besuch bei Landwirten usw.) Die Ergebnisse sollten den Eltern vorgestellt werden. Es ging um die Vorbereitung des Abends. Ein Schüler aus Syrien – nennen wir ihn Hafez – (lebhaft): „Ich bring was Arabisches mit!" Die Lehrerin reagiert reserviert und wendet ein, er könne den Arbeitsaufwand nicht einfach seiner Mutter aufhalsen. Hafez (spontan und fast triumphierend lächelnd): „Ich hab ja auch 'ne Schwester." Die Lehrerin: „Unser kleiner Macho." Sie geht dabei auf ihn zu und stellt sich neben ihn, so dass sie dem Vorwurf etwas von seiner Schärfe nimmt. (AUERNHEIMER 1996: 50)

Seit drei Wochen unterrichten Sie die Klasse 6 a, in der sich zwei türkische Jungen befinden. Die Schüler sind etwa zwei Jahre älter als ihre Mitschüler, erst seit einem halben Jahr in der Bundesrepublik Deutschland, und ihre Sprachkenntnisse sind noch recht lückenhaft. Die beiden stören den Unterricht häufig. Viele Dinge verstehen sie nicht. Für viele Dinge interessieren sie sich auch nicht, z. B. für deutsche Geschichte oder für deutsche Geographie. Wenn es ihnen zu langweilig wird, stehen sie auf, laufen im Klassenzimmer umher, nehmen den Mitschülern etwas weg oder ärgern sie. Immer ist irgendetwas los. Die beiden sorgen dafür, dass ein kontinuierliches Arbeiten in der Klasse kaum möglich ist. Ermahnungen bleiben weit-

1.7 Kommunikationsmodell und Fallbeispiele

gehend wirkungslos. Wenn Sie ihnen mit Nachdruck zu verstehen geben, dass sie auf ihren Plätzen bleiben sollen, dann wird die Ermahnung zwar vorübergehend zur Kenntnis genommen; aber nach einigen Minuten ist wieder alles vergessen und die beiden springen erneut durchs Klassenzimmer. Schon im Interesse der anderen Schüler, die schließlich Anspruch auf einen geregelten Unterricht haben, müssen Sie das Verhalten der beiden unterbinden. Deshalb sprechen Sie mit den beiden nach Schulschluss, sagen ihnen nachdrücklich, was Ihnen missfällt, und fragen sie, ob sie sich früher in der türkischen Schule auch so benommen hätten. Da strahlt Sie einer der Jungen an und sagt: „Früher waren wir brav. Deutsche Lehrer schlagen nicht. Deutsche Lehrer sind keine richtigen Lehrer." (BECKER[7] 1995: 156)

Ünal, ein zwölfjähriger türkischer Junge, ist nicht das einzige türkische Kind in der 4. Klasse von Frau P.; doch mit den anderen Kindern hat die Lehrerin keine Schwierigkeiten. Zwei von ihnen sind wie Ünal auch erst in der Mitte des letzten Schuljahres in die Klasse gekommen, ohne ein Wort Deutsch zu sprechen. In der letzten Zeit wiederholt sich die folgende Szene. In der ersten Stunde sitzt Ünal teilnahmslos im Unterricht dabei. Er meldet sich nicht und wird nicht aufgerufen. In der zweiten Stunde beginnt er unruhig zu werden. Er dreht sich gehäuft um, versucht, zu Nachbar, Vorderleuten und seinen türkischen Mitschülern Kontakt aufzunehmen. Sie lassen sich jedoch nicht ablenken.
Gehäuft fallen Ünal Gegenstände zu Boden. Mühsam erhebt er sich, legt sich unter die Bank, um umständlich nach den Büchern und Bleistiften zu suchen. Frau P. stöhnt, verbunden mit der Bemerkung, dass es jetzt wieder losgehe. Sie herrscht Ünal an, sich endlich auf seinen Platz zu setzen und mitzuarbeiten wie die anderen türkischen Kinder auch. Ünal ist beleidigt. Er geht auf das Schimpfen der Lehrerin ein und behauptet, sein Nachbar habe ihm die Sachen heruntergeworfen. Er stößt dessen Bücher vom Tisch. Der Nachbar springt auf und beschwert sich lautstark, dass er sich das nicht gefallen lasse, und versucht auf Ünal loszugehen.
Frau P. greift ein und weist Ünal zurecht. Er solle nicht lügen. Sie habe beobachtet, dass Ünal der Übeltäter gewesen sei. Ünal ist Mittelpunkt der Klasse. Die Lehrerin wendet sich dem Nachbarn von Ünal zu und versucht ihn zu beruhigen und zu trösten. Ünal benutzt die Gelegenheit und läuft johlend durch die Klasse.
Frau P. verliert die Fassung. Sie herrscht Ünal an, er solle sich endlich hinsetzen. Sie sei sein Verhalten leid und wolle endlich ungestört arbeiten. Sie werde eine Benachrichtigung an seinen Vater schreiben. (SCHMIDTKE 1981: 183)

> Eine Klasse, in der sich auch mehrere ausländische Schüler aus Italien, der Türkei und Marokko befinden, ist zu einer mehrtägigen Freizeit im Schullandheim eingetroffen. Nach der Ankunft wurde vereinbart, dass die Schülerinnen und Schüler den Spüldienst übernehmen. Bei der Einteilung der Spüldienstgruppen meldete sich ein türkischer Schüler und weigerte sich, am Spüldienst teilzunehmen. Er begründet dies mit dem Argument, dass bei ihm zu Hause nie die Männer spülen würden und er aus diesem Grunde auch hier nicht spülen könne. Die Klassenlehrerin akzeptierte dieses Argument und befreite den türkischen Jugendlichen von der Spüldienstgruppe. Die anderen Jugendlichen waren darüber sehr verärgert und erzählten es später ihren Eltern. Es kam zu einer Beschwerde bei der Schule ..." (Bericht eines Offenburger Kollegen)

Störungen und Konflikte zu analysieren ist mit dem Ziel verbunden, Ursachen zu erkennen und damit eine Sensibilität für Konflikt- oder Interaktionsmuster zu entwickeln. Ursachen erkennen („verstehen") hat nichts damit zu tun, die Störung mit Hinweis auf „schwierige Lebensverhältnisse" o. ä. zu entschuldigen.

Es gehört wesentlich zu interkultureller Kompetenz und pädagogischer Professionalität, unterscheiden zu können zwischen einem analytischen Verstehen im Sinne eines Sich-hinein-Denkens in die „Eigenlogik" des Anderen, in seine subjektiven Handlungsgründe, und andererseits einer Bewertung mit Hilfe eigener Deutungsmuster. Dies zu betonen erscheint umso wichtiger, als in unserer Alltagswahrnehmung meist beides miteinander vermischt bzw. „Verstehen" oft mit „Entschuldigen" gleichgesetzt wird.

Das vorgestellte Kommunikationsmodell bietet für das Handeln beider Seiten ein analytisches Instrumentarium, mit dessen Hilfe weitere Fragen gestellt werden können.

ARBEITSVORSCHLAG

Anregungen zur Analyse der Fallbeispiele:
- Was lässt sich als **„Sachebene"** der Konflikte identifizieren? Ist sie für beide Konfliktpartner gleich/unterschiedlich?
- **„Selbstoffenbarung":** Welche subjektiven Handlungsgründe lassen sich für die Verhaltensweise der Schüler identifizieren? Was sagen sie damit über sich selbst, ihre lebensweltliche Situation, ihre bisherigen Erfahrungen in/mit der Schule als Institution aus?
- Welche Form der **Beziehung** drücken die Schüler mit ihrem Verhalten zum Lehrer aus?

- Welche **Appelle** lassen sich aus den Verhaltenweisen der Schüler erschließen?
- Wie würden Sie in einer ähnlichen Situation reagieren, wenn Sie ein ausgeprägtes „**Sachohr**" hätten, wenn sie primär auf dem „**Appellohr**", dem „**Beziehungsohr**" oder dem „**Selbstoffenbarungsohr**" wahrnehmen?
- Was würde sich an Ihrer Deutung der Fälle ändern, wenn es sich hier nicht um Kinder mit Migrationshintergrund handelte?

Mehrere Autoren der interkulturellen Pädagogik (z. B. DIEHM/RADTKE 1999, BUKOW 1996) warnen vor der Falle der Ethnisierung oder Kulturalisierung von Konflikten: Fast reflexartig wird im schulischen Kontext etwa pubertäres Verhalten der „türkischen Herkunft" eines Jungen zugeschrieben oder der „Tatsache", dass „muslimische Jungen" Schwierigkeiten hätten, eine Lehrer*in* als Autorität zu akzeptieren (vgl. AUERNHEIMER u. a. 1996). Bei einem Jungen, der in einer deutschen Familie aufgewachsen ist, dürften dagegen mit großer Wahrscheinlichkeit psychologische bzw. psychosoziale Gründe genannt werden, mit denen ein solches Verhalten zu erklären versucht wird. Die Gefahr „ethnisierender" und „kulturalisierender" Deutungsmuster liegt darin, dass sie den Blick auf den Einzelfall oder auf andere Interpretationen verbauen, indem mit zumeist klischeehaften Bildern von „den Türken"/„dem Islam" Identitäten konstruiert werden. Eine solche Subsumptionslogik erleichtert natürlich die Orientierung und erzeugt das Gefühl, Bescheid zu wissen, doch derartige Schubladen entsprechen meist nicht der sehr viel differenzierteren Realität. Außerdem leisten solche Deutungsmuster einer Stigmatisierung dieser Kinder und Jugendlichen Vorschub, was sich u. a. in der Einstellung verdichtet, Migrantenkinder seien in erster Linie ein „Problem", weil sie den normalen Ablauf des Unterrichts „stören".

ARBEITSVORSCHLAG

Beobachten Sie, wie Lehrer/innen im Unterricht mit (geschlechts-, milieu- und) kulturspezifischen Differenzen umgehen: Wie verhalten sie sich und welche subjektiven Theorien haben sie entwickelt, um dieses Verhalten zu legitimieren?

Diskutieren Sie mögliche Gründe dafür, dass „ethnisierende" und „kulturalistische" Deutungsmuster auch bei Lehrpersonen so verbreitet sind.

1.8 Schüleraustausch: Ernstfall interkultureller Kommunikation

Schüleraustausch-Programme stellen häufig die erste Gelegenheit für Jugendliche dar, sich „vollständig auf den Mikrokosmos einer fremdkulturellen Familie mit ihren Kulturemen einstellen" zu müssen (OOMEN-WELKE 2003: 80). Gelingen sie, ist oft eine emotionale Basis für ein interkulturelles Interesse am Fremden im Allgemeinen und an der Gastkultur im Besonderen geschaffen, die biografisch recht nachhaltig wirkt. Misslingen sie, bietet sich eine Vielzahl von Gelegenheiten, Fremde/s abzuweisen.

Es gibt sicher keine noch so durchdachte Didaktik, die vor einem Scheitern bewahrt. Dennoch lässt sich die Erfahrung einer gestörten Kommunikation zwischen den Austauschpartnern in einer Weise „rahmen", dass daraus eine Lerngelegenheit werden kann. Dazu gehört eine entsprechende Vorbereitung – sowohl des Programms als auch der Schülergruppe – in gleicher Weise wie eine Reflexion im Anschluss an den Austausch. Hier ist nicht der Ort, an dem praktische Tipps zum Schüleraustausch angebracht sind, aber die folgenden grundsätzlichen Überlegungen sollen dazu beitragen, Orientierungs- und Reflexionswissen zu diesem Bereich zu entwickeln.

WEBTIPP Praktische Tipps im Internet unter:
www.ausgetauscht.de
www.schueleraustausch.de

Ein zentrales Problem beim Jugend- und Schüleraustausch ist, dass er meist in einem Alter stattfindet, in dem die Jugendlichen stark mit sich selbst beschäftigt sind. Es fällt ihnen schwer, aus ihrem alltäglichen „Wahrnehmungsstrom aufzutauchen" und zu erkennen, dass nicht nur die Denkmuster und Verhaltensweisen des Anderen, sondern auch die eigenen hochgradig kulturell geprägt sind. Mit dieser Irritation umgehen zu lernen und nicht vorschnell in Schuldzuweisungen zu verfallen, ist die größte Herausforderung – und ein zentrales Lehr-Lern-Ziel interkulturellen Lernens. Am nachhaltigsten lernen die Schüler/innen vermutlich, was die Lehrperson als „Habitus" verkörpert.

In der interkulturellen Pädagogik wird häufig mit dem **„Eisberg-Modell"** gearbeitet, um deutlich zu machen, dass das, was wahrnehmbar ist (Verhaltensweisen, Sprechhandlungen, kulturelle Produkte usw.), nur den sichtbaren Teil eines „Eisbergs" darstellt. In der Regel verborgen bleibt der sehr viel größere Bereich der Werte, der Vorstellungsbilder/„Bilder vom Fremden", d. h. der historisch-gesellschaftlich, sozialpsychologisch und kulturell bedingten Selbst- und Weltbilder.

1.8 Schüleraustausch: Ernstfall interkultureller Kommunikation

Unterschieden werden hier die so genannte I-Kultur und K-Kultur.

Gesellschaften mit:	I-Kultur	K-Kultur
Größte Bedeutung hat:	das Individuum	der erweiterte Familienhaushalt
Wichtigste Bezugspersonen sind:	Personen aus der Kleinfamilie, Freunde	Personen aus der Großfamilie, dem Dorf/der Stadt/dem Stadtviertel bzw. der Region
Zentrale Wertvorstellungen sind:	selbstbestimmtes Handeln, Gleichheit, Freiheit und Selbstentfaltung der Subjekte	Orientierung an (religiöser) Gemeinschaft, ihren Traditionen und Verpflichtungen
Die Kommunikation ist primär orientiert:	an der Klärung von Sachproblemen, an einer möglichst effektiven, d.h. zeit- und kraftönonomischen Lösung von Problemen, aber auch an „Wahrheit" und „Echtheit" in der personalen Kommunikation	an Beziehungsqualität, der Entschlüsselung nonverbaler Botschaften, der Erhaltung harmonischer Beziehungen bzw. der Konformität mit sozialen Wertvorstellungen
Das biografische Erleben ist geprägt durch:	Unsicherheit, Individualisierungszwang, Erfolgszwang/Versagensängste, soziale Absicherung durch anonyme Institutionen	relative Geborgenheit in der Familie, Absicherung in sozialen Netzen, relativ hohe Voraussagbarkeit sozialer Verhaltensweisen

(vgl. LEENEN/GROSCH 1997)

Wie alle wissenschaftlichen Modelle ist auch dieses eine Hilfskonstruktion, mit der eine komplexe Realität zu verstehen versucht wird. So verführerisch – weil einfach – dieses Modell ist: Es stellt sich die entscheidende Frage, ob in diesem Modell nicht *so sehr* vereinfacht wird, dass Klischees produziert werden. Außerdem dürfte die „Bruchlinie" zwischen diesen beiden „Kulturen" (verstanden als Systeme, die spezifische Muster der Wahrnehmung, des Denkens und des Handelns hervorbringen und reproduzieren) nicht nur zwischen Angehörigen unterschiedlicher Länder, sondern vor allem auch innerhalb einer Gesellschaft verlaufen: Angehörige einer „I-Kultur" wären dann diejenigen Personengruppen, die das System der formalen Bildung durchlaufen und sich „erfolgreich" ins System integriert haben. Angehörige einer „K-Kultur" wären in eher traditionellen „Milieus" (SCHULZE) zu finden. Das Problematische solcher Modelle liegt nun darin, dass sie oft als Mittel der Zuschreibung „kultureller" bzw. „ethnischer Merkmale" – etwa im Sinne eines „Nationalcharakters" oder einer Mentalitätenpsychologie – missbraucht werden. Es werden Identitäten konstruiert, die der Komplexität und Dynamik globalisierter Gesellschaften weniger denn je gerecht werden. Ich plädiere dafür, in jedem Fall genau hinzusehen und zu diskutieren, auf welcher Ebene Differenzen erkennbar werden bzw. wer sie in welcher Weise als „störend" empfindet.

So plausibel die Eisberg-Analogie auf den ersten Blick sein mag, kritisch ist m. E. auch, dass mit diesem Modell die Dynamik zwischen „sichtbarem" und „unsichtbarem" Teil nicht erkennbar wird. In einer ersten Annäherung kann die eine Seite als *Ausdruck* der anderen verstanden werden: Verhaltensweisen/Sprechhandlungen und kulturelle Produkte verweisen auf eine Tiefenstruktur, auf Wahrnehmungs- und Denkmuster. Das Habitus-Konzept des französischen Soziologen Pierre Bourdieu (BOURDIEU 1974, 1982, 1987) lässt erkennen, dass es sich dabei um ein „Erzeugnis" und „Erzeugungsprinzip" handelt.

Der *Habitus als „verkörperte Erfahrung"* stellt ein *Erzeugnis* dar, weil im
- historisch-gesellschaftlichen Kontext
- kultur-/milieuspezifische Sozialisationsmuster entstehen, die verinnerlicht werden
- in Form von spezifischen Mustern der Wahrnehmung und Erfahrungsbildung, die ihrerseits
- spezifische Muster des Denkens, Fühlens usw., d. h. der Selbst– und Weltwahrnehmung entstehen lassen.

Diese Muster wirken im Sinne eines *Erzeugungsprinzips*, indem sie etwa
- politische und soziale Einstellungen beeinflussen,
- spezifische Formen ästhetischer Vorlieben („Geschmack") hervorbringen,
- in Form von Körpersprache zum Ausdruck kommen,

- als künstlerisches/kulturelles Produkt oder
- als Sprechhandlung.

Interkulturelles Lernen kann als *Arbeit am Habitus* verstanden werden, mit dem Ziel,
- sowohl die „prägenden" historisch-gesellschaftlichen und soziokulturellen Einflüsse zu erkennen als auch
- den subjektbezogenen Aneignungsprozess (welche Bilder von mir selbst/ von der Eigengruppe und welche Bilder von „den anderen"/der Außen-Welt habe ich mir im lebensweltlich-biografischen Kontext angeeignet?) und damit
- immer stärker selbstbestimmt Wahrnehmungs-, Reflexions- und Handlungskompetenzen zu entwickeln.

Entwicklungsperspektive: „Habitus der Annäherung"
Wissenschaftlich denken (lernen) heißt – in Abgrenzung zur Alltagswahrnehmung – methodisch kontrolliert wahrzunehmen und nachprüfbare Konzepte zu entwickeln. Grundlage des hier vorgeschlagenen Konzepts eines *„Habitus der Annäherung"* ist zum einen eine *Fragehaltung,* die die Fähigkeit zum „fremden Blick" ermöglichen soll, zum anderen eine *methodisch reflektierte und aktive Auseinandersetzung mit dem Fremden.* Die Leitfrage lautet, mit welchen Methoden es gelingt, einerseits Gewohntes, alltäglich und selbstverständlich Gewordenes wieder als „fremd" wahrzunehmen, damit es möglich wird, diese Zeichen als historisch-gesellschaftliche und kulturelle Konstruktionen zu deuten. Andererseits gilt es Vorgehensweisen zu suchen, die eine Annäherung an das Unbekannte und irritierend Fremde im Sinne der oben skizzierten interkulturellen bzw. dialogischen Zielsetzungen entwickeln helfen.

Die *Fragehaltung* bezieht sich natürlich zunächst auf die „im Feld" beobachtete (fremde) Realität. So kann zunächst eine „allgemeine" Neugier- und Aufmerksamkeitshaltung gewonnen werden, etwa als Gegenpol zur häufig verbreiteten „Blindheit" des Alltagsbewusstseins. Von großem Vorteil ist jedoch, sich eines (mehr oder weniger) klaren erkenntnisleitenden Interesses zu vergewissern, d.h. einer thematisch fokussierten Fragestellung, denn ohne einen solchen Fokus besteht die Gefahr, dass es nicht gelingt, eine analytische Perspektive einzunehmen: In dieser Form „distanzlos", bleibt man nur allzu leicht Gefangener des eigenen „Wahrnehmungsstroms".
Im Diskurs der Gestaltpädagogik spielt der Begriff des „Kontakts" eine zentrale Rolle. Seine Bedeutung besteht darin, dass bei einer Fremdheitswahr-

nehmung die Bewertung bewusst lange offen gehalten wird. Verstehen wird zunächst zu einem „Davor-stehen-Bleiben" (HOFFMANN 1991). Dies muss gelernt werden, weil unsere (Alltags-)Wahrnehmung in höchstem Maße von unseren „blinden Flecken" geprägt ist, die umso blinder sind, je stärker sie in kulturellen und gesellschaftlichen Kontexten verwurzelt sind. Die Fragehaltung bezieht sich auch und in besonderer Weise auf die eigene Wahrnehmung (vgl. das „Beziehungs"- und „Selbstoffenbarungsohr" im Kommunikationsmodell S. 33) sowie auf die Methode(n) der Annäherung an das Fremde: In welcher Weise und Intensität lasse ich mich davon „affizieren"? Inwiefern fasziniert, inwiefern befremdet es mich? Welche Strategien habe ich entwickelt, um mein Selbstwertgefühl gefährdende Wahrnehmungen abzuwehren?

(Interkulturelle) Erfahrung ist nicht gleichbedeutend mit passivem „Erleben". Erfahrung ist demgegenüber das (immer bewusster) hergestellte und gestaltete In-Beziehung-Setzen von sinnlicher Wahrnehmung, reflexiver Verarbeitung und dem (kommunikativen bzw. ästhetischen) Ausdruck. Der „Habitus der Annäherung" zeichnet sich dadurch aus, dass er Methoden hervorbringt, denen die Funktion eines *Produktionsmittels für interkulturelle Erfahrung* zukommt. Grob skizziert sollten seine Methoden ermöglichen:
- bewusster zu erleben und wahrzunehmen (eine „Präsenz" mit allen Sinnen in der interkulturellen Situation),
- den interkulturellen Dialog bzw. das gegenseitige Zuhören anzuregen,
- sich in zunehmend komplexerer Weise Kontextwissen anzueignen,
- sich angesichts des Konstruktionscharakters von „Wirklichkeit" selbstkritisch in Frage zu stellen,
- ausgehend von der Erkenntnis „Es könnte ja auch ganz anders gesehen werden" mit möglichen anderen Perspektiven zu „spielen" und eine Vielfalt kreativer Ausdrucksformen als „symbolische Annäherung" zu entwickeln.

Die folgenden Beispiele stammen aus Berichten über Veranstaltungen des Schüler- und Jugendaustauschs (unveröffentlichtes Material des Deutsch-Französischen Jugendwerks):
(1) „Wir müssen sehr früh, praktisch zu Beginn des Schuljahres, ein Austauschprojekt vorlegen, um dann gegenüber der Schulleitung und vor allem gegenüber Drittmittelgebern Unterstützung zu bekommen. Ohne diese Unterstützung klappt der Austausch nicht. Wenn wir in Deutschland also schon ein komplettes Projekt vorlegen müssen, haben die Franzosen noch nicht einmal daran gedacht, was und wie sie einen Austausch realisieren wollen. Das heißt, wir müssen alles alleine machen. Das heißt aber auch, dass keine langfristige Planung mit ihnen möglich ist. Sie planen Schüleraustausch sehr kurzfristig. Sie fühlen sich nämlich in erster Linie ihrem

1.8 Schüleraustausch: Ernstfall interkultureller Kommunikation

Schulleiter verantwortlich und nicht dem Schüleraustausch, d.h. den Schülern und vor allem den Projektpartnern im anderen Land. Obwohl ich ca. 2–3 Monate vor dem Austausch nach Frankreich fahre, um mit meinen französischen Kollegen den Austausch und seine Inhalte abzusprechen und klarzustellen, verstehen sie nicht oder interessieren sich nicht richtig für den Austausch. Sie fühlen sich einfach nicht verantwortlich. Außerdem behagt ihnen das Thema „Trinkwasserqualität in der westlichen Bretagne" nicht. Sie wollen ihre Probleme mit dem Trinkwasser, die sie ja selber schaffen, nicht wahrhaben und ansprechen. Meine französische Kollegin hat sich deshalb nicht für unser Thema interessiert, hat die Schüler und die Eltern nicht vorbereitet und wollte auch nicht selber aktiv mitmachen" (deutsche Projektleiterin).

(2) „Die deutsche Projektleiterin bestimmt allein die Inhalte des Austausches und den Programmablauf. Es ist keine Kooperation mit ihr möglich, da sie mich nicht rechtzeitig informiert. Ich stehe dann vor vollendeten Tatsachen. (…) Die deutsche Seite will uns offenbar nicht einbinden" (eine französische Projektpartnerin).

(3) Bei einem deutsch-französischen Begegnungsprogramm mit Grundschülern zeigten sich Differenzen in der Einschätzung dessen, was unter „Lernen" zu verstehen ist: Während aus deutscher Sicht das soziale Lernen und Interagieren im Vordergrund steht und eine „spielerische" und projektorientierte Pädagogik bevorzugt wird, wird aus französischer Sicht „Lernen" eher mit Wissensvermittlung assoziiert. Folglich bewerteten die französischen Kollegen die deutschen Lernaktivitäten als „Freizeitbeschäftigung", die ungeheuer aufwändig seien. Solch ein Spielen gäbe es in Frankreich nur in der *école maternelle*.

(4) In einem anderen Austauschprojekt formulierten die deutschen Projektpartner als Ziele des Austauschs, dass die Jugendlichen lernen sollen, mit „fremden" und schwierigen Situationen umzugehen, mit der eigenen Multikulturalität besser zurechtzukommen und prosoziales Verhalten zu erlernen. Die französische Projektpartnerin formulierte als Ziele, „die deutschen Schüler sollen hier keine Ferien machen, man muss sie beschäftigen", sie sollen ihre französischen Fremdsprachenkenntnisse verbessern und sie „müssen französische Kultur lernen", d.h. Fakten zur Geschichte kennen.

1 Zur gesellschaftlichen Dynamik von Selbst- und Fremdbildern

ARBEITSVORSCHLAG

Vorschläge zur Diskussion:
- Entwickeln Sie Konfliktszenarien, die sich aus den genannten unterschiedlichen Einschätzungen und Erwartungen ergeben können.
- Diskutieren Sie mögliche Konfliktursachen, indem Sie versuchen, die jeweils unterschiedlichen Ebenen des Ursachengeflechts zu identifizieren (z. B. subjektive/personengebundene, kommunikationspsychologische Defizite, Differenzen im Professionsverständnis, in der beruflichen Sozialisation und in der Einbindung in institutionelle Zwänge, kulturell imprägnierte Wahrnehmungs-, Denk- und Handlungsmuster.
- Entwickeln Sie Szenarien, wie derartige Konflikte entschärft bzw. gelöst werden könnten: Da derartige Vorschläge nicht „kulturfrei" sein können, sollten Sie sich zunächst in die Perspektive „des Anderen" hineinversetzen und dann erst die Perspektive, die Ihnen vielleicht „näher liegt", bearbeiten.

Ein (inter-)kulturelles Missverständnis? Ein Brief aus der Türkei:
„Liebe Petra,
diesen Brief hab ich bestimmt schon dreimal angefangen, wurde aber immer wieder gestört. Hier kann man sich nicht einmal zum Briefeschreiben eine Stunde zurückziehen. Vielleicht kommt dieser Brief auch erst bei dir in Hannover an, wenn wir alle von unserer Reise schon zurück sind. Ist mir aber jetzt egal, weil ich mir mal Luft machen muss.
Erst fand ich es sogar ganz schön hier. Günay, das ist das Mädchen, bei der ich wohne, ist zwar ein bisschen schlafmützig, aber eigentlich ganz lieb. Und auch ihre Familie fand ich zunächst überraschend nett und fürsorglich. Dass Mutter Köse mich bei jedem Kommen und Gehen ‚abbusselte', fand ich zwar was übertrieben, aber auch irgendwie rührend. Und auch das ständige Kümmern und Umsorgen ist mal 'ne nette Abwechslung zu den Zetteln zu Hause, ‚Essen steht in der Mikrowelle. Bis heute Abend. Gruß Mami'. Aber irgendwie scheine ich die Köses verprellt zu haben. Seit gestern herrscht hier dicke Luft und ich werd auch nicht mehr ‚abgebusselt'. Worüber die im Einzelnen hier eingeschnappt sind, weiß ich gar nicht – ist mir inzwischen auch egal. Hauptsache ist, ich kann endlich mal 'ne Stunde für mich sein.
Man kann hier nämlich keinen Schritt allein tun. Gestern wollt ich mich nur mal für zwei Stunden in der Stadt mit Natalie und Jens treffen. Allein, versteht sich. Ich kenne diese Günay doch gar nicht richtig. Und Jens und Natalie sind nun mal meine besten Freunde. Was soll sie dabeisitzen, wenn wir uns was aus dem Nähkästchen zu erzählen haben. Also hab ich zu erklären versucht, dass

ich mal für zwei Stunden allein abziehn will. Wirklich nur für zwei Stunden! Das gab vielleicht einen Aufstand! Mir ist jetzt völlig klar: Ich bin einer Familie von Kraken und Wickelmonstern zum Opfer gefallen. Sie wollten natürlich mal wieder eine Tante oder Kusine besuchen (der sie doch schon so viel von mir erzählt hätten) und da dachte ich: ‚jetzt oder nie', und hab wirklich ganz freundlich versucht, ihnen das klar zu machen, dass ich jetzt mal genug von Familienfeiern habe. Ich weiß nicht, was sie da aus meinem Englisch Furchtbares herausgehört haben – jedenfalls fiel die Klappe und als ich abends hier ankam, war die Stimmung auf dem Nullpunkt. Ich kann's nicht ändern. Ich kann mich auch nicht wie eine Siebenjährige hier ständig am Gängelband rumführen lassen. Die ganze Woche über hab ich mir schon das Rauchen verkniffen. (Du hättest mich sehen sollen, wie ich heimlich hier abends auf dem Hof mir eine genehmigt habe. Man fällt hier wirklich um Jahre zurück!) Nur beim Essen hab ich meine Linie konsequent durchgehalten. Ständig drängen sie dir hier nämlich irgendwelche voll fetten Sachen auf. Wo ich doch das Fleischessen schon fast völlig drangegeben hatte. Aber hier ‚Nein' zu sagen ist ein ziemliches Theater. Entweder sie drängeln an dir rum, als hätten sie's nicht gehört. Oder – wenn du anfängst deutlicher zu werden – sind sie im Nu eingeschnappt. Ich bin froh. Wenn wir morgen wieder im Flieger nach Hause sitzen. Und ob ich Günay beim Rückbesuch bei mir zu Hause haben will, weiß ich nach all dem ganzen Hin und Her auch noch nicht" (LEENEN/GROSCH 1997).

> **ARBEITSVORSCHLAG**
>
> Identifizieren Sie Ursachen bzw. Konfliktebenen dieser gestörten Kommunikation. Lassen Sie dies in gleicher Weise von Schülern/Schülerinnen leisten und vergleichen Sie Ihre Ergebnisse. Die beiden Autoren, die diesen Text in einem Handbuch für den Türkei-Austausch abgedruckt haben, schlagen vor, einen Brief von Günay an eine Cousine zu schreiben, in der sie ihr Leid über diese Austauschschülerin schildert (etwa: „raucht heimlich, will ständig allein etwas unternehmen, legt sich schon am ersten Tag halbnackt im Hof in die Sonne, läuft morgens im dünnen T-Shirt durch den Flur ins Bad" …).
> Entwickeln Sie – evtl. gemeinsam mit den Jugendlichen – Ideen, wie sich derartige Konflikte entschärfen ließen. Berücksichtigen Sie dabei die These, dass jugendtypische Entwicklungsaufgaben wie das Autonomiebestreben usw. (s. Brief) in kulturell spezifischer Weise überformt sind.

2 Schule und Migration

2.1 Exkurs: Migration als Kennzeichen europäischer Geschichte

Wann immer die große Heterogenität der Kölner Bevölkerung zur Sprache kommt, wird Carl Zuckmayer zitiert:

„Da war ein römischer Feldhauptmann, ein schwarzer Kerl, braun wie 'ne reife Olive, der hat einem blonden Mädchen Latein beigebracht. Und dann kam ein jüdischer Gewürzhändler in die Familie, ein ernster Mensch, der ist noch vor der Heirat Christ geworden und hat die katholische Haustradition begründet. Und dann kam ein griechischer Arzt dazu, oder ein keltischer Legionär, ein Graubündner Landsknecht, ein schwedischer Reiter, ein Soldat Napoleons, ein desertierter Kosak, ein Schwarzwälder Flößer, ein wandernder Müllerbursch vom Elsaß, ein dicker Schiffer aus Holland, ein Magyar, ein Pandur, ein Offizier aus Wien, ein französischer Schauspieler, ein böhmischer Musikant – das alles hat am Rhein gelebt, gerauft, gesoffen und gesungen und Kinder gezeugt!"

(Zit. n. DIETMAR 1991: 11)

Migration gehört zu den zentralen Kennzeichen europäischer Geschichte. Dies lehrt ein Blick in die Geschichtsbücher. Überschritten die einen freiwillig regionale und nationale Grenzen, um nach Arbeit zu suchen, sahen sich andere dazu gezwungen, weil sie sonst verhungert wären. Doch neben der „Arbeitsmigration" gab es immer schon politische und religiös motivierte Emigration, häufig auf Grund von Verfolgung durch eine Mehrheitsgesellschaft. So wurden seit dem Mittelalter Juden wegen ihres Glaubens verfolgt, eine Verfolgungsgeschichte, die in der industriell betriebenen Vernichtung durch die Nationalsozialisten ihren Tiefpunkt erreichte. Im 17. Jahrhundert wurden Hunderttausende von Hugenotten v. a. aus dem südlichen Frankreich vertrieben, was den preußischen König veranlasste, sie zur Ansiedlung in Brandenburg anzuwerben, denn er konnte die qualifizierten Handwerker gut für den Wirtschaftsaufschwung gebrauchen. Aus dem 19. Jahrhundert ist bekannt, dass Tausende aus Irland in die USA emigrierten, um dem Hunger zu entkommen (vgl. SASSEN 1996; BADE 1992).

Andererseits lässt sich beobachten, dass neue Wirtschaftszentren eine ungeheure Sogwirkung auf die Arbeitskräfte näherer und ferner Regionen ausübten. Im 19. Jahrhundert waren dies v. a. Ostengland, Paris, Madrid, das Küstengebiet von Katalonien bis in die Provence, die Poebene, Mittelitalien, die Nordseeküste und das Ruhrgebiet. Der Zustrom von Arbeitsuchenden und die sich verstärkende Industrialisierung, d. h. der Bau von Fabriken und Verkehrswegen (Straßen, Eisenbahn), sind bei genauerem Blick untrennbar miteinander verbunden. Anfang des 20. Jahrhunderts gab es – bedingt durch die

2.1 Exkurs: Migration als Kennzeichen europäischer Geschichte

Aufteilung Polens durch Preußen, Russland, Österreich – eine starke Ost-West-Wanderung, ein Auftakt zu Massenfluchten, die typisch werden sollten für dieses Jahrhundert (SASSEN 1996: 225 ff). Kriegsfolgen, politische Verfolgung, Armuts- und Arbeitsmigration vermischten sich zu einem schwer entwirrbaren Ursachengeflecht für Wanderungsbewegungen.
Ehemals kleinräumige Stadt-Land-Gefälle mit der typischen „Landflucht" erreichten immer mehr europäische Ausmaße. Soziale Ungleichheiten auf regionaler Ebene tauchten verstärkt auf und verschärften die regionalen Ungleichheiten auf kontinentaler Ebene: „Zentren" der Entwicklung wurden immer reicher – mit Hilfe der Arbeitskräfte aus den Randregionen, der „Peripherie". Regionen der Emigration gerieten immer mehr in den Machtbereich der Zentren, so dass bisherige Peripherieländer, etwa Italien oder Spanien, ihrerseits zum Ziel von Einwanderung wurden: Von Zentralafrika über Nordafrika, Süditalien und Norditalien bis nach Deutschland ergibt sich somit in jüngster Zeit eine Stufenleiter der Arbeitsmigration, Ausdruck eines globalen Entwicklungsgefälles und sich verschärfender Ungleichheiten.
In den 60-er Jahren nannte man sie „Gastarbeiter", das „Wirtschaftswunder" in den Jahrzehnten nach Kriegsende wäre undenkbar gewesen ohne den ständigen Zustrom von arbeitswilligen und -fähigen Migranten. Bis zum Bau der Berliner Mauer 1961 deckte ein nicht versiegender Strom von DDR-Flüchtlingen den Bedarf der westdeutschen Wirtschaft an Arbeitskräften. Danach wurden verstärkt Anwerbeverträge mit den Staaten Südeuropas abgeschlossen. Der millionste „Gastarbeiter", Armado Rodrigues, wurde von den Deutschen Arbeitgeberverbänden 1964 auf dem Neu-Deutzer Bahnhof bei seiner Ankunft aus Portugal noch mit einem Moped beschenkt. Die umgangssprachliche Bezeichnung für die Arbeitsmigranten machte deutlich, dass sie als „Gäste" willkommen waren, aber nach Erfüllung ihrer Aufgabe wieder in ihr Heimatland zurücksollten.
Der Historiker und Migrationsforscher Klaus Bade stellt fest: „Bei anhaltendem, nur durch die Rezession 1966/67 gestörtem Wirtschaftswachstum stellten die ‚Gastarbeiter' ein fluktuierendes Arbeitskräftepotential, das die Angebots-Nachfrage-Spannung auf dem Arbeitsmarkt balancierte, das Wirtschaftswachstum zunächst von der Arbeitsmarktseite und später auch von der Kaufkraftseite her weiter forcierte" (BADE 1992: 395). Wirtschaftstheoretiker sprachen von einer „industriellen Reservearmee", die je nach Bedarf mobilisiert und wieder zurückgeschickt werden konnte.
In Zeiten wirtschaftlicher Rezession ging die Beschäftigung von Arbeitsmigranten stark zurück, so gab es Anfang der 70-er Jahre einen „Anwerbestopp". Er hatte zur Folge, dass die Zahl der „neuen" Arbeitsmigranten stark schrumpfte, während die Zahl derjenigen stieg, die blieben und ihre Familien nachzo-

gen. Es verstärkte sich die Tendenz zum Daueraufenthalt, obwohl offiziell die Tatsache, dass Deutschland sich deutlich zum Einwanderungsland entwickelte, geleugnet wurde.
Es ist davon auszugehen, dass die weltweite Migration als Folge des Globalisierungsprozesses noch stärker wird, und zwar aus mehreren Gründen:
- Mit der ökonomischen und politischen Globalisierung entsteht ein *globaler Arbeitsmarkt*, von dem die international arbeitenden Unternehmen in den über die ganze Welt verteilten Entwicklungszentren profitieren – was vermutlich das *internationale Wohlstandsgefälle* weiter verschärft.
- Nach Einschätzung von Experten wird die Zahl der *Flüchtlinge* in den nächsten Jahrzehnten stark ansteigen, v. a. aus Kriegsgebieten, aus Gründen politischer Repression oder religiöser Verfolgung, wegen ökologischer Katastrophen oder um der Armut und dem Hunger zu entfliehen (vgl. NUSCHELER 1995: 68f.).

Die folgende Statistik der UNHCR, der Flüchtlingsorganisation der UN (www.unhcr.de [18.10.2002]), macht deutlich, dass die jährlichen Migrationszahlen in Europa nur etwa ein Viertel der weltweit Gesamtmigration ausmachen:

	Flüchtlinge	Asylsuchende	Rückkehrer	Binnenvertriebene	**Gesamt**
Asien/Pazifik	5.835.700	48.700	49.200	2.968.300	**8.901.900**
Europa	2.227.900	335.400	146.500	2.145.600	**4.855.400**
Afrika	3.305.100	107.200	266.800	494.500	**4.173.600**
Amerika	682.500	449.600	200	720.000	**1.852.300**
TOTAL	**12.051.200**	**940.900**	**462.700**	**6.328.400**	**19.783.200**

„Etwa 915.000 Menschen haben in 144 Ländern Asylanträge gestellt. Mehr als die Hälfte davon wurden in großen Industrieländern eingereicht (595.700 Anträge). Im gleichen Zeitraum wurde über insgesamt 932.000 anhängige Asylverfahren entschieden. Davon wurden 445.000 abgelehnt, 168.000 Personen wurde die Rechtsstellung als Flüchtling zuerkannt, und 78.000 wurde aus humanitären Gründen der weitere Aufenthalt in den Aufnahmeländern gestattet" (UNHCR „Flüchtlinge" Nr. 4/2002: 13).

WEBTIPP Zum Internationalen Recht, Völkerrecht, Ausländerrecht viele interessante Links:
http://migration.uni-konstanz.de/german/index.htm
http://www.integrationsbeauftragte.de/amt/index.stm (Integrationsbeauftragte der Bundesregierung)
http://www.destatis.de/ (Statistisches Bundesamt)
http://www.auslaender-statistik.de/
http://www.uno-fluechtlingshilfe.de/
http://www.amnesty.de/
http://www.fh-frankfurt.de/wwwfb11/FLUCHT.HTM (Website der FH Frankfurt mit Links zu Flüchtlingsorganisationen)

2.2 Von der Ausländerpädagogik zum Interkulturellen Lernen: Gesellschaftliche Entwicklungen als Herausforderung für die Pädagogik

Die Anwerbung der so genannten Gastarbeiter war zunächst kein Thema der Pädagogik, denn die ersten Arbeitsmigranten waren jung, unverheiratet und tauchten im Bildungssystem noch nicht auf. Aus der Sicht der anwerbenden Unternehmen sollten sie baldmöglichst wieder in ihr „Heimatland" zurückkehren, und auch sie selbst hofften zumeist, in möglichst kurzer Zeit viel Geld zu verdienen, um sich dann eine Existenz „zu Hause" aufbauen zu können. Doch oft ging diese Rechnung nicht auf, die Lebenshaltungskosten in Deutschland waren höher als angenommen. So ergab sich häufig ein längerer Aufenthalt als ursprünglich geplant, Familien wurden gegründet und Angehörige aus dem Herkunftsland nachgeholt. Bald tauchten die ersten Migrantenkinder in einer Schule auf, die darauf allerdings in keiner Weise vorbereitet war. Die Wahrnehmung dieser „Gastarbeiterkinder" war geprägt durch folgende Diskurse:
– Sie stellen ein *Problem* dar,
– sie haben *Defizite*, v. a. sprachliche, und
– sie können zur *Belastung* werden (vgl. dazu auch AUERNHEIMER u. a. 1996).
Aus einem solchen Wahrnehmungsmuster ergibt sich fast von selbst die Forderung nach Fürsorge, beratender Hilfe und Behebung der Defizite (vgl. HAMBURGER 1994: 73 ff.). So waren die Anfänge der „Ausländerpädagogik" vom Bestreben gekennzeichnet, v. a. durch den Ausgleich der Sprachdefizite den Schulbesuch und damit eine bessere gesellschaftliche Integration zu ermöglichen. „Integration" wurde meist – zumal von Seiten der politischen Entscheidungsträger – im Sinne einer Assimilation verstanden, d. h. einer einseitigen Anpassung der Migranten und ihrer Kinder an die bestehenden Verhältnisse.

2 Schule und Migration

Gleichzeitig sollte die Option einer Rückkehr ins Herkunftsland offen gehalten werden, etwa durch muttersprachlichen Unterricht oder andere pädagogische Maßnahmen, die auf eine Erhaltung der spezifischen „kulturellen Identität" der Migrantengruppe abzielten.
Bald jedoch zeigte sich, dass die Grundfigur dieses Defizitmodells eine paternalistische Haltung und eine moralisierende Appell-Pädagogik implizierte und nicht etwa Anerkennung bzw. Respekt vor der Andersartigkeit der Fremden. Erkannt wurde, dass ungeachtet der Bedeutung von Sprachunterricht eine Fixierung auf den Ausgleich kommunikativer Defizite eine Verkürzung der Gesamtproblematik darstellt, weil die gesellschaftlichen Dimensionen der Arbeitsmigration und das Beziehungsgefälle zwischen Mehrheitsgesellschaft und Minderheiten nicht mit reflektiert werden (vgl. HAMBURGER 1994). Bei aller Kritik dieses Ansatzes bleibt festzuhalten, dass die damals engagierten Lehrer/innen die Einzigen waren, die sich der Problematik „Gastarbeiterkinder" annahmen und ihnen die notwendige Hilfe anboten.
Die „Gastarbeiter-Phase" war gekennzeichnet von der Unsicherheit einer möglichen oder ökonomisch erzwungenen Rückkehr ins Herkunftsland. Die Schule reagierte darauf mit dem Konzept, die „Gastarbeiterkinder" zur Beschulung in eigens für sie eingerichteten Klassen zusammenzufassen und von Lehrkräften des Herkunftslandes unterrichten zu lassen. Baden-Württemberg führte 1975 die muttersprachlichen Grundschulklassen nach bayrischem Vorbild ein. So schreibt in diesem Jahr das baden-württembergische Kultusministerium:

„Das bisherige System der Unterrichtung von Kindern ausländischer Arbeitnehmer ist auf deren Eingliederung (Integration) abgestellt und berücksichtigt zu wenig die Tatsache, dass sich ausländische Arbeitnehmer und ihre Kinder oft nur vorübergehend und zeitlich begrenzt in der Bundesrepublik aufhalten. Es war und ist nicht Zweck der schulischen Bemühungen um die Ausländerkinder, diese ihrem heimatlichen Bildungs- und Kulturkreis zu entfremden, sondern die vorübergehend hier wohnenden Kinder angemessen und so weit wie nötig einzugliedern, sie aber soweit wie möglich ihrer heimatlichen Sprache, Kultur und Zivilisation zu erhalten." (Zit. n. HAMBURGER 1994: 59 f.)

Mit Blick auf die gesellschaftliche Entwicklung wird erkennbar, dass sich mit der Wirtschaftskrise Anfang der 70-er Jahre bereits ein Strukturwandel anbahnte, der – auf Grund des Anwerbestopps – zu einer verstärkten Familienzusammenführung und damit faktisch zum Daueraufenthalt der Migranten und ihrer Kinder führte. Zusammengefasst lassen sich diese Veränderungen mit folgenden Stichworten kennzeichnen:
– Nach der Boom-Phase der deutschen Wirtschaft mit ihrem beständigen Be-

darf an (ausländischen) Arbeitskräften differenziert sich nun die Nachfrage entsprechend bestimmten Unternehmensbranchen in einzelnen Regionen. „Unter der Voraussetzung anhaltender Arbeitslosigkeit wird der Ausländerstatus, der ein minderes Recht zur Anwesenheit in der Bundesrepublik ausdrückt, zum Vehikel für die Zuschreibung von ‚Schuld' am ‚Problem Arbeitslosigkeit'." (HAMBURGER 1994: 72)
- Die Herkunftsgebiete der Migranten ändern sich: Wurden sie bisher gezielt in Südeuropa angeworben, kommen sie nun aus Krisen- und Kriegsgebieten der ganzen Welt sowie als „Aussiedler" mit deutschem Pass aus Osteuropa.
- Der Strukturwandel der ausländischen Wohnbevölkerung lässt diese verstärkt zu Konkurrenten auch auf dem Wohnungsmarkt werden.
- Die Politik ist einerseits gekennzeichnet durch die Forderung nach Integration, andererseits durch Begrenzungs- und Abwehrmaßnahmen, die den Migranten deutlich machen, dass sie nicht erwünscht sind.

Im bildungspolitischen Bereich spiegelt sich damit ein gesellschaftliches Grundproblem: Wie ist das allen Bürgern zustehende Recht auf Anerkennung und Gleichberechtigung bei der Teilhabe an gesellschaftlichen Gütern zu vereinbaren mit der strukturellen Benachteiligung der Migranten? Konkret stellt sich etwa die Frage, ob den Migrantenkindern nicht gleiche Bildungschancen verwehrt werden, wenn sie wie in einigen Bundesländern jahrelang in separaten bzw. separierenden „Vorbereitungsklassen" gehalten und nicht in Regelklassen integriert werden.

Der skizzierte gesellschaftliche Wandel und die Kritik an der „Ausländerpädagogik" führten Anfang der 80-er Jahre zu einer **Transformation der „Ausländerpädagogik" in das Konzept der „Interkulturellen Pädagogik"** über den Zwischenschritt von herkunftslandbezogenen Ansätzen. Kritisiert wurde an dem bis dahin entwickelten Konzept, dass
- mit einer Fixierung auf die Behebung sprachlicher Defizite gesellschaftliche Ursachen der Marginalisierung von Migranten aus dem Blickfeld gerieten,
- eine Pädagogisierung gesellschaftlicher Probleme stattfindet, d. h. die Illusion produziert wird, gesellschaftliche Probleme ließen sich mit pädagogischen oder gar therapeutischen Mitteln lösen,
- „Ausländerpädagogik" eine defizitorientierte Sonder-Pädagogik ist, insofern sie sich nur an die Migrantenkinder richtet und die Gefahr einer Entmündigung dieser Kinder und Jugendlichen in sich birgt (vgl. ROTH 2002: 44 ff.),
- der monokulturelle und -linguale Charakter der Schule unhinterfragt bleibt (GOGOLIN 1994): Die Schule geht davon aus, dass sich die Migrantenkinder an bestehende Bildungspläne anzupassen haben, d. h. sieht keine Veranlassung, curriculare Inhalte auf Grund veränderter gesellschaftlicher Bedingungen zu überprüfen.

2 Schule und Migration

In der pädagogischen Praxis entwickelten sich in den 80-er Jahren v. a. folgende *didaktische Ansätze*, mit denen versucht wurde, die Problemhaltigkeit des Ausländerpädagogik-Konzepts zu überwinden:
- Zielvorstellungen wie *Verständigung* und *Abbau von Vorurteilen* sollten zunächst mittels *Information* über die Herkunftsländer verfolgt werden, in der Annahme, dass ein Wissenszuwachs über die Herkunftsländer („die Gebräuche in der Türkei ...") dazu einen Beitrag leistet. Erziehungswissenschaftler kritisierten an diesem Ansatz, dass damit die Gefahr einer Fixierung auf „Typisches" und Folkloristisches verbunden sei; ohne zu differenzieren werde eine als homogen gedachte National-Kultur unterstellt.
- Statt sich an dem zu orientieren, was Migrantenkinder nicht können bzw. haben im Vergleich zu deutschen, wurde die *Bereicherung durch Vielfalt* betont: Schul- und Stadtteilfeste dienten – u. a. im Rahmen einer Öffnung von Schule ins Stadtviertel – als Foren für die Präsentation von Multikultur, als Gelegenheit, um kulturelle Differenzen wahrzunehmen und diese Traditionen als gleichwertig anzuerkennen. So sympathisch auf den ersten Blick der Ansatz erscheint: Auch hier gilt die Kritik, dass damit einer Folklorisierung der Migrantenkulturen Vorschub geleistet wird, die ja nicht (mehr) als homogene Einheiten, sondern als Mischkulturen zu verstehen sind. Außerdem grenzt der Gedanke eines multiethnischen Zusammenlebens im Sinne eines überdimensionierten Multi-Kulti-Straßenfestes die Schwierigkeiten im Umgang mit dem Fremden aus.
- Immer wieder taucht die Idee auf, *Migrantenkinder als „Experten" für „ihr Herkunftsland"* didaktisch zu (be)nutzen („wie ist das bei euch in Italien ...?"). Mag dies bei kurz zuvor eingereisten Familien noch nachvollziehbar sein, wird ein solcher didaktischer Ansatz fragwürdig, wenn die Kinder und Jugendlichen längst „Bildungsinländer" geworden sind, d. h. schon seit längerer Zeit in Deutschland leben, in das Herkunftsland ihrer Eltern nur im Urlaub fahren und bereits eine eigene „Mischkultur" entwickelt haben. Damit wird eine zentrale „Falle" interkultureller Pädagogik deutlich: die der Zuschreibung von Ethnizität und der Kulturalisierung von Konflikten.
- „Fremdheit überwinden" war eine zentrale didaktische Zielperspektive (vgl. SCHNEIDER-WOHLFART u. a. 1990), die v. a. durch eine Förderung gegenseitigen Kennenlernens zu einem Abbau von Vorurteilen und zu wechselseitiger Toleranz und Akzeptanz führen sollte.

Der gesellschaftliche Umbruch nach dem Fall der Berliner Mauer brachte zu Beginn der 90-er Jahre Herausforderungen von bislang nicht gekannter Dramatik. Nicht zuletzt der Wegfall der seit Kriegsende verinnerlichten Ordnungskategorie „Ost-West", die große Zahl von Migranten aus bislang „dem Osten" zugeordneten Ländern und Regionen und ein starker ökonomischer

Globalisierungsschub führten zu einer gesellschaftlichen Ambivalenzerfahrung, die in rechtsextremistischen Anschlägen ihren Ausdruck fand. Interkulturelle Pädagogen sahen sich vor der Aufgabe einer verstärkten Auseinandersetzung mit Rassismus und Rechtsextremismus, d. h. auch mit deren politischen und gesellschaftlichen Ursachen. Es kam zu einer wachsenden Beschäftigung mit Ansätzen einer „antirassistischen Erziehung" (vgl. RINKE 2000: 101 ff.) bzw. mit Theorien, die die Kritik einer strukturell bedingten, institutionell verankerten Diskriminierung von Minderheiten zum Kern hatten. Folgerichtig fand auf didaktischem Terrain einerseits eine Ausdifferenzierung der Konzepte und Ansätze statt, andererseits deren Integration unter den Vorzeichen einer Globalisierung von Bildung und Erziehung. So lassen sich *Tendenzen* erkennen,

- interkulturelle Begegnung als Lerngelegenheit zu nutzen, um den eigenen, ethnozentrisch eingefärbten Blick auf das Fremde zu erkennen,
- *Begegnung* und *Konflikt* als zentrale Kategorien des interkulturellen Kontakts anzuerkennen (vgl. NIEKE 2000),
- Lebenswelt, Region, Europa und Globale Gesellschaft als wechselseitig sich durchdringende systemische Kontexte anzuerkennen, d. h. Interkulturelles und Globales Lernen aufeinander zu beziehen und dabei auch die Perspektiven „Nachhaltigkeit/Ökologie", „Friedenspolitik" und „Menschenrechte" zu integrieren (siehe Kapitel 3.3).

2.3 Der „Schiefe Turm": Kinder und Jugendliche mit Migrationsgeschichte im deutschen Schulsystem

Kaum ein Ereignis hat in den letzten Jahrzehnten in einer vergleichbaren Weise die Bildungslandschaft aufgemischt wie die Veröffentlichung der PISA-Studien Ende 2002 und Anfang 2003. Das schlechte Abschneiden der deutschen Schüler/innen im internationalen Vergleich wurde als Skandal empfunden. Dass Jugendliche mit Migrationshintergrund zu den eigentlichen Verlierern des Bildungssystems gehören, war als Ergebnis dann schon weniger Schlagzeilen wert.

„Fatih geht selten in die Disko, hat keine Freundin und trägt keine Marken-Kleidung. Das kostet alles Geld, erklärt der 18-Jährige lapidar. Und Fatih hat kein Geld. Er hat auch keine Arbeit. Und seine Chancen auf dem Ausbildungs- und Arbeitsmarkt sind gleich null. Fatih hat es nur bis zur 7. Hauptschulklasse geschafft. Er gehört zu den 24 Prozent ausländischer Schulabgänger in Berlin ohne Abschluss." (MAVROMATI 2003)

2 Schule und Migration

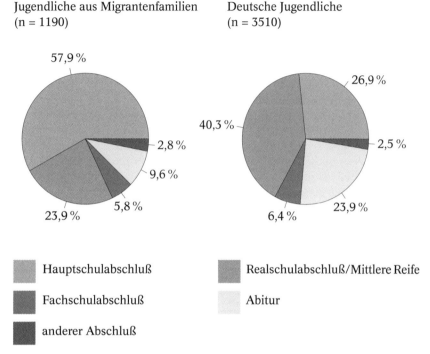

Die von Jugendlichen aus Migrantenfamilien und deutschen Jugendlichen in der Sekundarstufe erworbenen Bildungsabschlüsse (Quelle: DIEFENBACH 2002: 33, zit. n. GOGOLIN u. a. 2003: 6)

Die Autoren der international vergleichenden PISA-Studie unterscheiden vier Gruppen von Schülerinnen und Schülern mit Migrationshintergrund:
- *Arbeitsmigranten aus den Süd- und südosteuropäischen Anwerbeländern:* Deren Familien wurden in der Regel in Deutschland gegründet. Die Kinder leben als „dritte Generation" von Geburt an in Deutschland.
- *Deutschstämmige Aussiedler aus Rumänien, Polen und Ländern der ehemaligen Sowjetunion:* Sie wanderten mehrheitlich in den 90-er Jahren ein, die Kinder wurden meist im Herkunftsland geboren und beherrschten bei der Einreise der Familie die deutsche Sprache nicht oder unzureichend. Auch wenn es z. B. bezüglich der schulischen Karriere Parallelen zur ersten Gruppe gibt, unterscheiden sie sich von ihnen grundsätzlich in Bezug auf die Aufenthaltsperspektive: Als Inhaber eines deutschen Passes ist ihre Integration unumstritten.

- *Bürgerkriegsflüchtlinge* und *Asylbewerber:* Die Gruppe der Bürgerkriegsflüchtlinge stammt vor allem aus dem ehemaligen Jugoslawien, darüber hinaus kommen sie aus einer Vielzahl von Ländern. Gemeinsam ist dieser heterogenen Gruppe ihre unsichere Aufenthaltsperspektive. Oft nur „geduldet", müssen sie damit rechnen, abgeschoben zu werden. Ein kontinuierlicher und die Entwicklung fördernder Schulbesuch scheint unter diesen Bedingungen kaum möglich zu sein.
- *Zuwanderer aus Ländern der EU sowie sonstige Personen, die im Rahmen der internationalen Arbeitsmobilität nach Deutschland kamen:* Hier handelt es sich um eine eher kleine Gruppe, die nur der Vollständigkeit halber erwähnt wird und sich in Bezug auf familiäre Lebensverhältnisse und Bildungsbeteiligung grundlegend von den ersten drei Gruppen unterscheidet (BAUMERT/SCHÜMER 2001: 341 ff.).

Die Verfasser der PISA-Studien haben auf der Grundlage von Bourdieus Konzept des „kulturellen Kapitals" Indikatoren herausgearbeitet, die eine Operationalisierung dieses Konzepts ermöglichen:

„Bourdieu zufolge sind unter kulturellem Kapital alle Kulturgüter und kulturellen Ressourcen zu verstehen, die – als symbolische Machtmittel – dazu beitragen, dass in einem sozialen System die Qualifikationen, Einstellungen und Wertorientierungen vermittelt werden, die das System zu seiner Bestandserhaltung braucht. Bei Kulturgütern und kulturellen Ressourcen handelt es sich keineswegs nur um Sachgüter wie Kunstwerke oder Literatur, sondern auch um institutionalisierte Formen potenzieller Macht wie zum Beispiel Bildungszertifikate oder Titel. Insbesondere gehören zu den kulturellen Ressourcen die Wahrnehmungs-, Denk- und Handlungsschemata, die eine Person verinnerlicht hat. Das System von Regeln, das zur Ausbildung der eben aufgeführten Wahrnehmungs-, Deutungs- und Handlungsmuster führt, wird von Bourdieu und Passeron als Habitus bezeichnet." (BAUMERT/SCHÜMER 2001: 329)

Mit Hilfe dieses Konzepts konnte ein vergleichsweise differenziertes Sozialschicht-Modell entwickelt werden, das etwa in Beziehung gesetzt wurde zur Aufenthaltsdauer, dem Geburtsland eines oder beider Elternteile und natürlich zu den avisierten mathematischen, naturwissenschaftlichen und Lesekompetenzen. Bekanntlich wurden mit PISA nur 15-jährige Schüler/innen befragt. Bezogen auf Jugendliche aus Zuwandererfamilien können die wichtigsten **Ergebnisse der PISA-Studien** folgendermaßen zusammengefasst werden:
- 21,7 % aller 15-Jährigen haben einen Elternteil, der nicht in Deutschland geboren ist, bei 15,3 % sind beide Eltern im Ausland geboren (BAUMERT/SCHÜMER 2001: 341). An diesen Zahlen wird das Faktum erkennbar, dass

2 Schule und Migration

Deutschland ein Einwanderungsland ist und zunehmend sein wird und dass nationale oder kulturelle „Homogenität" der Schülerschaft ein Konstrukt ist, das nicht (mehr) der Realität entspricht.

- Rund die Hälfte aller 15-Jährigen, deren Väter nicht in Deutschland geboren sind, ist selbst bereits seit ihrer Geburt in Deutschland. Mehr als 70 % der Jugendlichen haben vom Kindergarten bis zum Ende der Pflichtschulzeit durchgehend Bildungseinrichtungen in Deutschland besucht.

- Insgesamt betrachtet sind die Zuwanderergruppen in den mittleren und oberen Bildungsgängen deutlich unterrepräsentiert. Es wurde jedoch eine „unterschiedliche Bildungsnähe der Zuwanderergruppen" festgestellt. Die Gruppe der Jugendlichen, deren Väter aus der Türkei und aus Jugoslawien stammen, stellen mit jeweils etwa 56 % in der Hauptschule die größte Gruppe dar, gefolgt von denen aus Italien und Griechenland. Demgegenüber scheinen die Bildungsaspirationen der Jugendlichen aus Aussiedlerfamilien stärker zu sein, in den mittleren und oberen Bildungsgangniveaus beträgt der Abstand dieser Gruppe zu Jugendlichen türkischer und jugoslawischer Herkunft etwa 15 % (BAUMERT/SCHÜMER 2002: 196). Dieses Ergebnis muss allerdings regional differenziert betrachtet werden, denn es lassen sich zum einen länderspezifisch differenzielle ethnische Zuwanderungsmuster erkennen. In Baden-Württemberg und dem Saarland ist der Anteil griechischer und italienischer Zuwandererfamilien mit 14 bzw. 12 Prozent ausgesprochen hoch. Baden-Württemberg hat ferner mit 13 Prozent den größten Anteil an Jugendlichen, deren Familien aus dem ehemaligen Jugoslawien stammen. Die höchsten Anteile an Zuwanderern türkischer Herkunft sind in Bremen, Nordrhein-Westfalen, Hessen und den Großstädten anzutreffen. In diesen Ländern erreicht oder überschreitet dieser Anteil die 20-Prozent-Marke." (BAUMERT/SCHÜMER 2002: 192 ff.)

Andererseits: Wie hoch oder niedrig die Schwelle zu weiterführenden Schulen ist, lässt sich unmittelbar auf die Bildungspolitik der einzelnen Bundesländer zurückführen. So finden sich in Baden-Württemberg, Bayern, Rheinland-Pfalz und Schleswig-Holstein etwa 60 % aller Jugendlichen (beide Eltern zugewandert) auf Hauptschulen, während diese Quote in Ländern mit einer entwickelten Gesamtschulstruktur (NRW, Hessen, Saarland, Bremen) auf 30 bis 40 Prozent sinkt (BAUMERT/SCHÜMER 2002: 196 ff.).

Die Autoren der Länderstudie vermerken, dass in einem früh differenzierenden gegliederten System, wie wir es in Deutschland haben und das in einigen Bundesländern durch entsprechend starre Übergangsregelungen (vgl. Grad der Bindung von Grundschulgutachten) noch verschärft wird, „der

Zeitraum, der für verteilungsrelevante Interventionen zur Verfügung steht", recht schmal ist (BAUMERT u. a. 2001: 374). Kaum ein Land, so zeigt der internationale Vergleich, sortiert so früh auf weiterführende Schulen.

- „Jugendliche, die aus einem Elternhaus stammen, in dem beide Eltern in Deutschland geboren wurden, haben im Vergleich zu ihren Altersgleichen aus reinen Zuwandererfamilien weitaus günstigere Chancen, anstelle einer Hauptschule eine andere weiterführende Schule zu besuchen" (BAUMERT u. a. 2001: 374). Immer wieder wird in den Studien das Ergebnis bestätigt, dass die Dauer des Aufenthalts im Wesentlichen zu einer besseren Beherrschung der deutschen Sprache und damit zu einer größeren Wahrscheinlichkeit des Zugangs zu höheren Bildungsabschlüssen führt.

- „Es gilt (...) festzuhalten, dass die Differenzen der Beteiligungschancen zwischen Jugendlichen mit und ohne Migrationsgeschichte weitaus geringer sind als die Disparitäten zwischen Jugendlichen unterschiedlicher Sozial- und Bildungsschichten." (BAUMERT u. a. 2001: 374)
„Für Benachteiligungen in der Bildungsbeteiligung von Jugendlichen aus Zuwandererfamilien sind primär weder die soziale Lage noch die kulturelle Distanz der Familie als solche verantwortlich; von entscheidender Bedeutung ist die Beherrschung der deutschen Sprache (...). Betrachtet man die am Ende der Vollzeitschulpflicht erreichte Lesekompetenz von Jugendlichen mit Migrationshintergrund, wird sichtbar, dass sich Jugendliche aus Familien, in denen beide Eltern in Deutschland geboren wurden, und aus national gemischten Familien in ihrer Verteilung auf die Kompetenzstufen im Lesen nicht unterscheiden. Anders sehen die Verhältnisse bei den Jugendlichen aus, die aus einem Elternhaus kommen, wo beide Eltern zugewandert sind. Der Anteil extrem schwacher Leser steigt auf 20 Prozent. Fast 50 Prozent der Jugendlichen überschreiten im Lesen nicht die elementare Kompetenzstufe I, obwohl über 70 Prozent von ihnen die deutsche Schule vollständig durchlaufen haben. Nach den Befunden scheinen sich die sprachlichen Defizite kumulativ in Sachfächern auszuwirken, so dass Personen mit unzureichendem Leseverständnis in allen akademischen Bereichen in ihrem Kompetenzerwerb beeinträchtigt sind." (BAUMERT u. a. 2001: 379)

- „In Deutschland ist die potenzielle Risikogruppe schwacher und extrem schwacher Leser im internationalen Vergleich groß: Sie macht rund 23 Prozent der Alterskohorte der 15-Jährigen aus. Soziale Herkunft, Bildungsniveau des Elternhauses, Zuwanderungsgeschichte der Familie und Geschlecht beeinflussen das relative Risiko der Zugehörigkeit zu dieser potenziell gefährdeten Gruppe. In Deutschland ist der Gesamtzusammenhang zwischen diesen Merkmalen und der Risikogruppenzugehörigkeit enger als in vielen anderen OECD-Staaten, die gerade bei der Förderung von Kindern unterer sozialer Schichte erfolgreicher sind." (BAUMERT u. a. 2001: 402)

Selbst wenn man die Gruppe der Jugendlichen aus Zuwandererfamilien aus den übrigen Ergebnissen „wegrechnet", ergibt sich – so die PISA-Forscher – keine nennenswerte Verbesserung des (bekanntermaßen schlechten) Gesamtergebnisses. Vor diesem Hintergrund bleibt festzuhalten:
- In keinem anderen Land ist die Spreizung zwischen leistungsstarken und leistungsschwachen Schülern so groß wie in Deutschland.
- In kaum einem anderen Land entscheidet die soziale Herkunft so stark über den Bildungserfolg.
- In keinem Land wird so früh selektiert wie in Deutschland: Erzeugt wird der Wunsch nach leistungshomogenen Lerngruppen, was zwar den Wünschen der Lehrer/innen entgegenkommt, nicht aber der Leistungsförderung und -steigerung der Schüler/innen zugute kommt.
- Das Gymnasium versagt nicht nur bei der Förderung von Leistungsstarken (Erreichen einer international konkurrenzfähigen Quote von mindestens der Hälfte Studienberechtigter), sondern auch und v. a. bei der von Leistungsschwächeren.
- Die Leistungsbilanz der „klassischen" Einwanderungsländer, z.B. Schweden, zeigt, dass das Schulsystem sehr wohl Sprach- und Leistungsdefizite der Migrantenkinder abbauen kann, etwa durch systematische und gezielte Hilfestellung beim Erlernen der Unterrichtssprache des Aufnahmelandes, aber auch der Sprache des Herkunftslandes. Denn Letztere bildet die kognitive Basis zum Erlernen weiterer Sprachen.

Bei der 2004 veröffentlichten Grundschulstudie IGLU schnitt Deutschland zwar insgesamt besser ab als bei der auf die Sekundarstufe bezogenen PISA-Studie. Doch gerade hier zeigte sich, dass Herkunft über die Bildungschancen entscheidet und nicht Leistung: „Ein Viertklässler aus einer deutschen Familie hat fünf Mal größere Chancen, vom Lehrer für das Gymnasium vorgeschlagen zu werden, als sein Klassenkamerad mit nichtdeutschen Eltern. Selbst bei vergleichbarer sozialer Herkunft sowie gleicher Lesekompetenz sind die Chancen des Schülers aus der deutschen Familie auf eine Empfehlung fürs Gymnasium noch um den Faktor 1,7 besser." (FRANKFURTER RUNDSCHAU v. 28.01.04)

2.3 Der „Schiefe Turm"

Deutungsmuster

In der Migrationsforschung beschäftigt man sich seit längerer Zeit damit, Ansätze zur Erklärung der Bildungsbenachteiligung zu entwickeln bzw. festzustellen, mit Hilfe welcher Theorien dies in der Schule erfolgt. Folgende Deutungsmuster tauchen dabei sehr häufig auf:

„Bei einer Podiumsdiskussion zum Thema ‚Schulversagen von Migrantenkindern', die der Ausländerbeirat einer mittleren westdeutschen Großstadt wegen des auffallend hohen ‚Ausländeranteils' in Sonderschulen für Lernbehinderte im Jahre 1995 organisiert hatte, kamen der Reihe nach ein Vertreter des Regierungspräsidenten, des örtlichen Schulamtes, der Schulberatungsstelle und verschiedene Rektoren aus Grund- und Sonderschulen zu Wort. Innerhalb einer Stunde fielen alle die Erklärungen für den mangelnden Schulerfolg von Migrantenkindern, die man auch durch eine eingehende Untersuchung des verfügbaren organisationsspezifischen Deutungshaushaltes finden würde. Unsere Notizen weisen aus, dass die Kinder ‚eine schlimme persönliche Karriere' hinter sich haben, die durch ‚häufige Schulwechsel' gekennzeichnet sei, die in eine ‚Überforderungssituation' führen müsse; da ist von der ‚doppelten Sprachlosigkeit' der Kinder die Rede und von dem ‚Kulturschock', der besonders Kinder arabischer, türkischer und marokkanischer Herkunft betreffe. Der Kulturschock werde noch verstärkt durch den ‚Fundamentalismus', der sich in islamischen Familien ausbreite. Viele Kinder seien ‚gegen ihren Willen in Deutschland', sie erführen eine ‚Vernachlässigung durch die Eltern', die im Schichtdienst tätig seien, das führe zu ‚Verhaltensstörungen, besonders häufigen Aggressionen', aber auch zu ‚Drogenmissbrauch und -dealerei'. Man könne zunehmend eine ‚Integrationsunwilligkeit gerade bei islamischen Eltern' beobachten, die ‚nicht beim Elternabend erscheinen', die dazu übergingen, Mädchen nicht mehr in die Schule zu schicken oder sie nicht am gemeinsamen Schwimmen oder an Klassenausflügen teilnehmen zu lassen." (DIEHM/RADTKE 1999: 55 f.)

Deutlich wird hier eine Perspektive, bei der v. a. *personenbezogene Merkmale* und Eigenschaften der Zuwandererfamilien und ihrer Kinder als Erklärung für ihr Scheitern gesehen werden. Eine Variante dieses Erklärungsansatzes sind *nationalitätenspezifische Mentalitäten*, wie etwa die „Bildungsbeflissenheit" der Griechen, die höhere Erwartungen an ihre Kinder richteten. „Bei genauerem Hinsehen haben sich solche Ergebnisse bislang jedoch stets als brüchig und widersprüchlich erwiesen", eine entsprechend hohe Erwartung an den Bildungserfolg konnte immer wieder bei allen Migrantengruppen, auch unabhängig vom Geschlecht, festgestellt werden. „Als bedeutsam haben sich hingegen andere sozialisatorische Faktoren und Momente der Lebenslage erwiesen, die sich auf die Bildungskarrieren auswirken. Ein besonderer Stellenwert kommt dabei den sozialen und ökonomischen Verhältnissen zu, unter denen Zugewanderte in Deutschland leben. (...) Hinzu kommt, dass es unter Migrationsbedingungen schlechter zu gelingen scheint, kulturelles Kapital zwischen den Generationen weiterzugeben. (...) Fest steht jedenfalls, dass die staatliche Herkunft an sich nicht erklärungskräftig ist." (GOGOLIN u. a. 2003: 18)

Einen Erklärungsansatz, der einer individualisierenden Deutung diametral entgegengesetzt ist, bieten M. Gomolla und F.-O. Radtke. Für sie sind es die systemischen Merkmale der Schule, die zu einer „institutionellen Diskriminierung" (so ihr Buchtitel) führt. In ihrer Untersuchung gehen sie der Frage nach, inwiefern die „geläufigen Wahrnehmungsmuster, Normen, Gewohnheiten und Routinen der Schule, die an die in der Schule allfälligen Selektionsentscheidungen angelagert sind, immer aufs Neue eine stabile Ungleichverteilung der Bildungsabschlüsse entlang ethnischer Merkmale hervorbringen" (GOMOLLA/RADTKE 2002: 17). Somit wären es v. a. die Wahrnehmungs- und Interaktionsmuster der Lehrer/innen, die durch eine Ethnisierung von Konflikten geprägt sind und als solche dazu führen, dass „türkische Kinder" weniger häufig Empfehlungen für weiterführende Schulen bekommen, dafür überproportional viele in Schulen für Lernbehinderte.

Festzuhalten bleibt, dass die Migrations- und Schulforschung keineswegs eindeutige Erklärungsansätze entwickelt hat, vermutlich auch deshalb, weil strukturelle Bedingungen (vgl. Bedeutung des Ausländerrechts, versäumte Integrationshilfen usw.) sich mit personenbezogenen Faktoren auf schwer entwirrbare Weise verbinden. Doch gerade die international vergleichenden Schulstudien haben gezeigt, „dass eine anders gestaltete Schule, ein anders gestalteter Unterricht es vermögen, die strenge Abhängigkeit des Bildungserfolgs von der Herkunft zu lockern" (GOGOLIN u. a. 2003: 19).

Damit stellt sich dann die Frage, welche strukturellen, curricularen bzw. pädagogischen Maßnahmen dazu beitragen können, Kinder und Jugendliche mit Migrationsgeschichte in ihrer Kompetenzentwicklung zu förden und zu fordern. Ulf Preuss-Lausitz (2003) sieht die Forderung nach mehr Chancengleichheit für die Kinder der Zuwanderer nicht nur als eine Angelegenheit der Schulpolitik, sie greife „weit in die Entwicklung der Gesamtgesellschaft hinein". Nach seiner Einschätzung sind es v. a. folgende *Gründe, die zu einer Benachteiligung von Migrantenkindern im deutschen Schulsystem führen:*

Grund ist *erstens* das zu geringe „kulturelle Kapital" und eine unterentwickelte Offenheit vieler Familien innerhalb einer auf Wissen, Zivilgesellschaft und Offenheit beruhenden „Risikogesellschaft". Der erfolgreiche moderne Sozialcharakter – u. a. Unsicherheiten auszuhalten, unterschiedliche Lebensstile zu

akzeptieren, Differenzen innerhalb der Familie nicht hierarchisch, sondern verhandelnd auszutarieren, das Individuum als „Planungsbüro für das eigene Leben" anzusehen usw. – wird nicht zureichend übernommen.
Grund ist *zweitens* ein Schul- und Ausbildungssystem, das mit herkömmlichem deutschem Personal, Curriculum und Profil nicht anschlussfähig an die familiale Sozialisation ist. Der „Mittelschichtcharakter" der Schule ist zudem noch deutschzentristisch und benachteiligt so doppelt Arbeiterkinder (und Kinder von Landarbeitern) aus anderen Herkunftsländern. Migrantenkinder haben im Bildungssystem die Position eingenommen, die die deutschen Arbeiterkinder vor 40 Jahren hatten: Viele scheitern, wenige sind erfolgreiche Aufsteiger.
Grund ist *drittens* der bisherige Ausschluss der Migranten-Jugendlichen und -Erwachsenen aus dem öffentlichen Leben. Die Gesellschaft ist bislang selbst nicht anschlussfähig an die Existenzprobleme der Migranten. Anschlussfähig heißt nicht, sich anzupassen an vermeintliche ethnische Kulturen. Es heißt, sich offensiv und mit klugen kooperativen Strategien in eine Auseinandersetzung zu begeben. Bildungspolitik allein kann nicht Schulversagen und zivilgesellschaftliches Versagen überwinden. Mitwirken müssen Arbeitsmarktpolitik, Ausbildungspolitik, Jugendpolitik, Kampf gegen Fremdenfeindlichkeit, Wohnungspolitik, Stadtplanung, Kulturpolitik usw.
Das neue Staatsbürgerrecht, das im Jahr 2000 in Kraft trat, bildet einen seit Jahrzehnten dringend nötigen grundsätzlichen Schritt: Alle hier geborenen Migrantenkinder sind nun automatisch Deutsche, und es hängt nur von ihnen ab, ob sie es (nach 23 Jahren) bleiben wollen. Die „Mehmet-Lösung" ist nicht mehr möglich. Das bedeutet, dass der gesamten Politik die Abschiebungs- und Aussperrungs-Straf-Wünsche versperrt sind. Nicht nur die Schule, aber auch sie, muss sich nun „endgültig" auf eine ethnisch gemischte Gesellschaft einlassen. Das ist keine Garantie für richtige Wege: Das Beispiel Frankreich zeigt es. Ohne die Einbeziehung der Einwanderer-Organisationen und erfolgreicher einzelner Migranten in sozialpolitische, kulturelle, arbeitsmarktbezogene und bildungspolitische Projekte sind alle Maßnahmen rein fürsorglich und zum Scheitern verurteilt. Die Einbeziehung aller Seiten macht Sinn, wenn alle sich auf ein Grundverständnis der Zivilgesellschaft Europas einigen: kulturelle Vielfalt einerseits, Ausbau der demokratischen Möglichkeiten Einzelner andererseits und drittens soziale und individuelle Sicherheit. Es muss eine gemeinsame Gesprächs- und Verabredungsebene entwickelt werden. Sie sollte die Grundlage sein, auf der nichthierarchische Differenzen – zwischen Gruppen, aber auch zwischen Einzelnen „innerhalb" dieser Gruppen – als demokratische Pluralität die Grundlage der modernen Zivilgesellschaft darstellen (PREUSS-LAUSITZ 2003).

2 Schule und Migration

Aus dieser Beschreibung der Ausgangslage leitet Preuss-Lausitz Folgendes ab:

15 Forderungen an eine für Migrantenkinder förderliche Schule und Schulpolitik

1. Einbeziehung der Herkunftssprachen in Vorschule und Grundschule: zweisprachige Kompetenzen deutscher Lehrer (Anreize), zweisprachige Alphabetisierung; Zusatzkurse im Erwerb der Schrift der Herkunftssprachen.
2. Vermeidung aller Sonderklassen für Migrantenkinder. Sie sind weder lerneffektiv (schon gar nicht im Erwerb der deutschen Verkehrssprache) noch überwinden sie die partielle Gettoisierung der Schülerinnen und Schüler. In das Schulprogramm ist jedes Jahr ein realistischer Punkt aufzunehmen, der die schulische und ggf. soziale Verbesserung der Migrantenkinder betrifft.
3. Beendigung der Möglichkeit, Migranten in Sonderschulen für Lernbehinderte abzuschieben. Da deren Anteil doppelt so groß ist, wie es ihrem Bevölkerungsanteil entspricht, dient die Abschiebung vieler Migrantenkinder in Sonderschulen nur der Erleichterung der abschiebenden Schule, nicht den betroffenen Kindern selbst. Die sonderpädagogischen Lehrerstellen sollten in allgemeine Schulen überführt werden, wo sie effektiver eingesetzt werden können.
4. Stärkere Einbeziehung von Lehrern aus zentralen Herkunftsländern, gleiche Finanzierung (ggf. Änderung des Besoldungsrechts oder Sonderregelungen), Einsatz auch im normalen Unterricht als Fachlehrer; Werbung unter Migranten-Abiturienten für das Lehramt. Bislang wird die Ressource erfolgreicher Migrantenkinder zu wenig offensiv eingeworben. So wie wir mehr Polizisten, Jugendarbeiter, Fernsehmoderatoren usw. anderer Herkunft brauchen, so brauchen wir – zur Verbesserung von Chancengleichheit und gesellschaftlicher Akzeptanz – mehr Lehrerinnen und Lehrer verschiedener ethnischer Herkünfte aus der zweiten und dritten Generation.
5. Einbeziehung von Künstlern, Geschäftsleuten, Sportlern, sozialen Aktivisten in Vereinen aus Herkunftsgruppen in extracurriculare Angebote („KIDS", Künstler in die Schule u. a.).
6. Angebote an erfolgreiche Migrantenjugendliche/Jungerwachsene (Selbstständige, Dienstleister, Künstler, Akademiker, Handwerker usw.), in regelmäßigen Veranstaltungen im Unterricht und bei großen Schulereignissen den Kindern konkrete Perspektiven zu zeigen, auch unter dem Aspekt der Einschätzung erfolgreicher Schulkarrieren.

7. Einführung mehrsprachiger Beschriftungen im gesamten Schulkomplex, und zwar nicht nur deutsch/türkisch und nicht nur im Sekretariat. (Das können die jeweiligen Schülerinnen und Schüler selbst als ihr Projekt bestimmt originell realisieren.)
8. Systematische Entwicklung und Erprobung eines mehrperspektivischen Curriculums. (Einrichtungen von Kommissionen analog der deutsch-polnischen Schulbuchkommission.) In Geschichte, Literatur, Kunst, Sprachen, warum nicht auch im Sport, in Mathematik, in Naturwissenschaften?
9. Angebot von Deutsch-Lern-Kursen für Eltern/Mütter von Migrantenkindern am Vormittag mit gleichzeitiger Sicherung der Betreuung ihrer kleineren Kinder. (Gute Erfahrungen aus Berlin liegen hier vor und sollten empirisch ausgewertet werden.)
10. Vereinbarungen mit den Migranten-Vereinen usw. über Kooperationsprojekte, für die das Schulhaus am Nachmittag genutzt wird.
11. Angebote von Nachhilfekursen und anderen AGs für Schülerinnen und Schüler durch qualifizierte Migrantenjugendliche/-Studierende in den Schulen sozialer Brennpunkte.
12. Ausstellungsmöglichkeiten in der Schule für die Darstellung der Kunst von Migranten und von Veranstaltungen der Kultur-Vereine schaffen.
13. Im Schulprogramm jedes Jahr einen – realisierbaren – Punkt aufnehmen, der die schulische und ggf. soziale Verbesserung der Migrantenkinder betrifft.
14. Im jährlichen Rechenschaftsbericht der Schule die Erfolge und Misserfolge selbstkritisch aufarbeiten und Schlüsse für die künftige Arbeit ziehen (Evaluation).
15. Regionale Auswertungskonferenz etwa alle zwei Jahre, zusammen mit den Migrantenvereinen, den Jugendämtern, den Stadtteilkonferenzen, wo vorhanden, o. Ä.

„Das ist keine systematische Liste von Vorschlägen, sondern ein Feld von nicht vollständigen Anregungen, die sich auf die unterrichtliche und soziale Stärkung der Migrantenkinder und zugleich auf die Erhöhung der Akzeptanz von ‚Vielfalt in der Gemeinsamkeit' in einer zukunftsfähigen und sozial gerechteren Zivilgesellschaft im 21. Jahrhundert richtet" (PREUSS-LAUSITZ 2003).

> **WEBTIPP** Website des Deutschen Instituts für Internationale Pädagogische Forschung (DIPF), sehr gute Internet-Bibliothek (download) u. a. zu migrantenspezifischen Fragen, aktuellen bildungspolitischen Diskursen …:
> http://bildungplus.forum-bildung.de/templates/index.php
> Eine weitere zentrale Adresse: http://www.bildungsserver.de/
> Statistisches Bundesamt:
> http://www.destatis.de/themen/d/thm_bildung.htm
> Institut für Migrationsforschung, Interkulturelle Pädagogik und Zweitsprachendidaktik der Universität Essen: http://www.imaz.uni-essen.de/
> Institut für Migrationsforschung und Interkulturelle Studien der Universität Osnabrück: http://www.imis.uni-osnabrueck.de/
> Internationale Zeitschrift zur Migrationsproblematik:
> http://www.migration.ucdavis.edu/
> International Organization for Migration: http://www.iom.int/
> Online-Zeitschrift des DGB: http://www.migration-online.de/
> Virtuelle Bibliothek zu Migrationsfragen: http://www.ercomer.org/wwwvl/
> Portal für Minderheiten- und Migrationsforschung:
> http://www.bonn.iz-soz.de/themen/migration/

2.4 Schulische Maßnahmen für Kinder und Jugendliche mit Migrationsgeschichte: Ein Beitrag zur Schulentwicklung

Um einem Missverständnis vorzubeugen: Wenn die Notwendigkeit derartiger Maßnahmen betont wird, bedeutet dies keinen Rückfall in das „ausländerpädagogische Paradigma" der 70-er Jahre. Schulische Maßnahmen sind und bleiben Teil einer Interkulturellen Pädagogik, wenn auch vielleicht nicht (mehr) deren Zentrum. Von entscheidender Bedeutung ist dabei die Abkehr von einer paternalistischen „Sonder-Pädagogik", einer defizitorientierten Grundhaltung und einer Fürsorge-Haltung. Demgegenüber lässt sich erkennen, dass man sich in Zukunft stärker an den vorhandenen Kompetenzen und einer Anerkennung und Stärkung persönlicher Potenziale der Migrantenjugendlichen orientiert, wie sie etwa das „Empowerment-Konzept" (vgl. STARK 1996) zugrunde legt. Dass ein solches „Paradigma des Lernens" nicht nur für Migrantenkinder und -jugendliche gilt, versteht sich von selbst. Ihm liegt ein Menschenbild zugrunde, mit dem weder eine Fürsorge- noch eine Belehrungshaltung kompatibel ist. In einer ersten Annäherung kann eine große inhaltliche Nähe zu Prinzipien einer „subjektorientierten" bzw. an Entwicklungsaufgaben sich orientierenden „Bildungsgangdidaktik" festgestellt werden, die darauf abzielt, entwicklungs-

psychologisch aktuelle Kompetenzen herauszufordern und deren Entwicklung zu unterstützen (vgl. MEYER, M. 1998). Eine solche psychologische Kompetenzentwicklung ist untrennbar mit der Berücksichtigung gesellschaftlicher, kultureller und sozialer Kontexte verbunden. Grundsätzlich ist dabei von folgender Einschätzung auszugehen:
„Herkunfts- und Ankunftskontext stehen sich hier nicht als Gegensätze gegenüber, sondern werden zu etwas Neuem verbunden. Transmigranten und -migrantinnen verfügen demzufolge über eine Alltagswelt und lebensweltliche Praktiken, die sich nicht eindeutig auf ein Land, eine Kultur oder eine Sprache festlegen lassen. Vielmehr ist ihre Alltagswelt – wenn man sie sich räumlich vorstellen will – nationalstaatliche Grenzen übergreifend angelegt; sie wird als ‚transnationaler sozialer Raum' bezeichnet. In transnationalen Räumen bewegen sich Menschen, aber ebenso Kapital und Waren, Informationen, Ideen, kulturelle Praktiken." (GOGOLIN 2003: 30)

Im Folgenden wird aus sozialökologischer Sicht von systemisch miteinander verflochtenen Ebenen ausgegangen, auf denen interkulturelles Lernen im Allgemeinen und pädagogische Fördermaßnahmen für Migrantenkinder und -jugendliche im Besonderen stattfindet bzw. auf denen interveniert werden kann:
1. Ebene des Unterrichts
2. Ebene der Schule (im kommunalen Umfeld)
3. Ebene der Bildungspolitik des jeweiligen Bundeslandes
4. Ebene des nationalen Bildungssystems
5. Ebene der europäischen (bzw. weltweiten) Bildungssystementwicklung

Handlungsfeld Unterricht

Die Ergebnisse der PISA-Studien bestätigten eine seit langem bekannte Erkenntnis: Jeglicher Fremdsprachenerwerb erfolgt im Medium und in der Auseinandersetzung mit den Strukturen der Herkunftssprache. Das bedeutet: Die Förderung der Erstsprache (Herkunfts- bzw. Familiensprache) erleichtert und unterstützt den Erwerb der Zweitsprache (Verkehrssprache Deutsch). Die Ignorierung oder gar Unterdrückung der Erstsprache erschwert auch den Erwerb der Zweitsprache. Damit stellt sich zunächst die Frage nach *Sinn, Zielen, Inhalten und Organisationsformen* dessen, was üblicherweise „Muttersprachlicher Unterricht" genannt wird.

„Ich finde es gut, dass wir unsere türkische Muttersprache in der Schule lernen können. Durch den Türkischunterricht wird unsere Sprache erweitert und berichtigt. Das Türkisch, das wir von unseren Eltern und Bekannten hören, reicht nämlich nicht aus, um z. B. literarische Texte richtig zu verstehen und zu deuten. Ich muss und will Türkisch lernen, weil ich mich mit

meinen Eltern auf Türkisch unterhalte. Sie können die deutsche Sprache nicht so gut. Auch wenn ich in den Ferien in der Türkei mich verständigen will, muss ich das Türkische beherrschen. Durch die türkische Sprache lerne ich auch meine Kultur, und ich lerne, wie ein türkisches Mädchen zu leben. Ohne Sprachkenntnisse könnte ich mir ‚meine Kultur' nicht aneignen."
(Canan, Türkin, 16 Jahre alt)
„Wenn sich die wirtschaftlichen Beziehungen zwischen Deutschland und der Türkei weiterentwickeln sollten, werden wahrscheinlich junge Leute gebraucht mit türkischen Sprachkenntnissen und einer guten Ausbildung. Ein Schüler, der am Muttersprachlichen Türkischunterricht teilgenommen hat, könnte z. B. Textilingenieur für eine deutsche Fabrik in der Türkei werden. Der Muttersprachliche Unterricht muss vor allem denjenigen Jugendlichen helfen, die weder im Deutschen noch im Türkischen genügend Sprachkenntnisse haben. Wer beide Sprachen gut beherrscht, hat im Leben gute Chancen und kann zwischen Deutschen und Türken sprachlich vermitteln. Er kann sich ‚einpassen' und gleichzeitig die ‚eigene Kultur erhalten'."
(Ömür, Türke, 14 Jahre) (Zit. nach BÖCKER 1994: 125)

Viele Erwartungen werden von den Betroffenen mit dem Muttersprachlichen Unterricht verbunden: Sie reichen von einer Sicherung der Kommunikation in der Familie, im Bekanntenkreis oder bei Reisen ins Herkunftsland über eine Förderung der kulturellen Identität bis zu erhöhten Chancen auf dem globalisierten Arbeitsmarkt. Im Streit um den Muttersprachlichen Unterricht, der je nach Bundesland in unterschiedlicher Weise geführt wird, tauchen häufig folgende *Gegenargumente* auf: Er sei ein teures Zusatzangebot, er behindere den Erwerb der Zielsprache (Deutsch), sei für die Betroffenen eine zusätzliche Belastung bei all den sonstigen Lernschwierigkeiten oder treffe nicht (mehr) die Bedürfnisse der ausländischen Familien, die ohnehin überwiegend in Deutschland bleiben wollten (BÖCKER 1994).

Ein zentrales Problem bei einer Beurteilung dürfte darin liegen, dass häufig unterschiedliche Perspektiven miteinander vermischt werden: Argumentiert man aus der Sicht der Betroffenen? Aus bildungspolitischer oder aus kulturpolitischer Perspektive? Oder sind wissenschaftliche Ergebnisse der Zweitsprachenforschung die Grundlage der Argumentation? Aus der Subjektperspektive ist sicherlich unstrittig, dass die Beherrschung der Mutter-/Erstsprache wesentlich zur Persönlichkeitsentwicklung und zur Stabilität des Selbstwertgefühls in einer (fremden) Umwelt beiträgt. Lernpsychologisch ist mittlerweile gesichert, dass die Beherrschung der Erstsprache das Erlernen einer weiteren Sprache erleichtert und nicht etwa behindert.

2.4 Schulische Maßnahmen für Kinder und Jugendliche mit Migrationsgeschichte

> *„Es ist aber nicht die Zweisprachigkeit der Migrantenkinder, die zu den hohen Anteilen von schulischen Misserfolgen führt, sondern die Art und Weise, wie unser Schulwesen bislang der Zweisprachigkeit von Schülern begegnet. Die Aufgabe, ‚erst einmal richtig Deutsch zu lernen', stellt sich für diese Kinder nicht. Sie wachsen mit zwei Sprachen auf, beide Sprachen beeinflussen ihre Sprachentwicklung in einem wechselseitigen Prozess. Insofern würde eine gezielte schulische Förderung in beiden Sprachen helfen, aus dieser potenziellen Zweisprachigkeit eine tatsächliche zu machen, in der das Kind beide Sprachen in Wort und Schrift beherrscht."* So stellt die Beauftragte der Bundesregierung für Ausländerfragen (2001: 36) fest.

Seit den 70-er Jahren haben sich folgende Grundformen des „Muttersprachlichen Unterrichts" herausgebildet:
- Verschiedene „Formen von *Vorbereitungs-* oder *Besonderen Klassen* für Kinder und Jugendliche, die entweder neu zugewandert sind oder denen unterstellt oder attestiert wird, keine hinreichenden Deutschkenntnisse für die Aufnahme ins ‚Regelsystem' zu besitzen. In diesem Rahmen kann auch Unterricht in den Herkunftssprachen (Amtssprachen) erteilt werden.
- *Muttersprachlicher Ergänzungsunterricht*, entweder in Verantwortung der Konsulate (z. B. in Baden-Württemberg) oder unter Aufsicht der Schulbehörden (z. B. in Niedersachsen). (…)
- Die Möglichkeit der *Anerkennung der mitgebrachten Sprachen* durch so genannte Feststellungsprüfungen (z. B. in Schleswig-Holstein) sowie die Option *muttersprachlichen Unterrichts* anstelle der Pflichtfremdsprachen in den Sekundarstufen bzw. die Möglichkeit, sich in einer Sprache des Herkunftslandes prüfen zu lassen (z. B. Sachsen)" (BEAUFTRAGTE DER BUNDESREGIERUNG FÜR AUSLÄNDERFRAGEN 2001: 9 f.).

Streitobjekt waren und sind die „*Vorbereitungsklassen*", besser gesagt: deren Dauer und Struktur im Verhältnis zu den Regelklassen. Aus einem Vergleich der Praxis in den Bundesländern lassen sich grob zwei Grundmodelle ablesen. Beim ersten besteht die Tendenz, die „Vorbereitungsklassen" möglichst lange bestehen zu lassen, wobei gleichzeitig zu beobachten ist, dass sie relativ unverbunden neben dem Regelschulwesen stehen und wenig bildungspolitische Maßnahmen ergriffen werden, um etwa Lehrer/innen auf diese Aufgabe vorzubereiten. Beim zweiten Grundmodell besteht das Bemühen, Migranten- bzw. Flüchtlingskinder in den „Vorbereitungsklassen" kurz und intensiv zu fördern, damit sie möglichst schnell in eine Regelschulklasse integriert werden können. Flankiert wird ein solches bildungspolitisches Grundverständnis von Bemühungen um eine Vorbereitung der Lehramtsanwärter/innen auf den interkulturellen Unterricht und

um eine didaktische und schulorganisatorische Integration der Arbeit mit Migrantenkindern.
In ihrer international vergleichenden Studie untersucht Christina Allemann-Ghionda die Formen der Integration von Migrantenkindern in vier europäischen Ländern. Zunächst können folgende drei Formen der Eingliederung unterschieden werden:
(1) Die direkte Eingliederung in die passende Jahrgangsklasse.
(2) Die Zuteilung zu Aufnahme-, Einführungs- oder Anpassungsklassen, die nur für neu zugezogene Kinder eröffnet werden.
(3) Die teilweise Eingliederung in eine Regelklasse, zunächst in den Fächern mit schwächerem verbalem Anteil bei gleichzeitigem Besuch einer Anpassungsklasse.
Generell stellt sie fest, dass die Schulen „tendenziell den anspruchvolleren Integrationsformen (1) und (3) ausweichen", wobei „personalpolitische, organisatorische und finanzielle Faktoren (...) die Entscheidungen weit mehr (beeinflussen) als pädagogische Erwägungen. (...) Der Ländervergleich und in der Schweiz der Vergleich zwischen drei Kantonen in drei Sprachregionen zeigt, dass die deutschsprachigen Systeme tendenziell separierende (und segregative), die französisch- und italienischsprachigen integrative Formen der Beschulung bevorzugen. Dieser Unterschied korrespondiert mit der geringen Bedeutung von Sonderklassen in den Schulen der frankophonen und den italophonen Regionen und Länder." (ALLEMANN-GHIONDA 2002: 443 f.)

ARBEITSVORSCHLAG

Sammeln Sie Informationen darüber, welche Modelle (in den verschiedenen Schulformen) und welche Veränderungsvorschläge es in Ihrem Bundesland zum Muttersprachlichen Unterricht bzw. zum interkulturellen Unterricht gibt (vgl. hierzu auch: WALTER 2001).

WEBTIPP Über http://www.integrationsbeauftragte.de/publikationen/diskussion10.pdf steht die zitierte Publikation der Integrationsbeauftragten der Bundesregierung zum Thema „Mehrsprachigkeit an deutschen Schulen. Ein Länderüberblick", über die Internet-Bibliothek http://bildungplus.forum-bildung.de/templates/index.php oder über www.blk-bonn.de das BLK-Gutachten von GOGOLIN, NEUMANN und ROTH „Förderung von Kindern und Jugendlichen mit Migrationshintergrund (BLK Heft 107) (2003) zum Down-load zur Verfügung. Beide Publikationen referieren nicht nur den derzeitigen wissenschaftlichen Diskussionsstand, sondern zeigen auch innovative Entwicklungen in den Bundesländern und im internationalen Diskurs.
Auf der Website des von der Bundesregierung ins Leben gerufenen Bündnis-

ses für Demokratie und Toleranz (www.buendnis-toleranz.de/) werden die Aktivitäten der 16 Bundesländer zum Interkulturellen Lernen dokumentiert. Linkwegweiser zum Muttersprachlichen Unterricht:
http://links-guide.ru/sprachen/muttersprache.html

WEITERE LITERATURHINWEISE INGRID GOGOLIN/URSULA NEUMANN/LUTZ REUTER (Hg.) (2001): Schulbildung für Kinder aus Minderheiten in Deutschland 1989–1999. Schulrecht, Schulorganisation, curriculare Fragen, sprachliche Bildung. Münster/New York/München/Berlin
- HANS H. REICH (2000): Die Gegner des Herkunftssprachen-Unterrichts und ihre Argumente, Deutsch lernen 2/2000: 112–125
- NORBERT RIXIUS/EIKE THÜRMANN/LANDESINSTITUT FÜR SCHULE UND WEITERBILDUNG (1987): Muttersprachlicher Unterricht für ausländische Schüler, Berlin
- KARIN WOLFF/INGRID GOGOLIN (2000): Zunächst einmal richtig deutsch lernen, PÄDAGOGIK 7/8 2000: 80 f.
- Ein Sammelband zum Thema „Interkulturelles Lernen im Fachunterricht" (Sek. I): HANS H. REICH/ALFRED HOLZBRECHER/HANS JOACHIM ROTH (2000): Fachdidaktik interkulturell. Ein Handbuch, Opladen, vgl. darin auch den Beitrag von KATHARINA KUHS: Zweitsprache Deutsch: 257–285

Eike Thürmann vom Landesinstitut für Schule und Weiterbildung in Soest (NRW) sieht in einer Weiterentwicklung des Muttersprachlichen Unterrichts eine Chance zur Veränderung des Regelunterrichts, wenn er fordert: „Muttersprachlicher Unterricht
- stellt Beziehungen zwischen zwei und mehr Sprachen her und erzieht zur Mehrsprachigkeit,
- arbeitet themen- und inhaltsorientiert und bezieht unterschiedliche Fächer und Lernbereiche ein (Sprache, Literatur, Gesellschaftslehre, religiöse Unterweisung),
- reflektiert (...) Mehrsprachigkeit, ihre Ursachen, Chancen, Probleme,
- setzt interkulturelle Ziele, um junge Menschen für eine Existenz in kultureller Pluralität vorzubereiten,
- praktiziert Perspektivwechsel." (THÜRMANN 1996: 22)

Eine Integration des Muttersprachlichen Unterrichts in ein durchgängiges Konzept mehrsprachiger Erziehung mit interkulturellen Perspektiven im Rahmen des Regelunterrichts ist eine Zielvorstellung, die aus der Sicht der Interkulturellen Pädagogik nachdrücklich zu fordern ist. Sie böte auch die Chance, ausländische Lehrkräfte in den schulischen Bildungsauftrag zu integrieren bzw. ihre bisherige Arbeit zunächst einmal ernst zu nehmen und zu schätzen.

2 Schule und Migration

„Eine Neukonzipierung der Rahmenbedingungen schulischen Lernens und sprachlicher Bildung sollte eine Vielfalt der zu unterrichtenden Sprachen – bei Anerkennung der Sonderstellung der englischen Sprache – fördern und auch prestigeärmere Muttersprachen als versetzungsrelevante Fremdsprachen anerkennen. Minderheitensprachen und Herkunftssprachen sind in einem solchen Konzept gleichberechtigter Teil von Mehrsprachigkeit und offen für alle Schüler – unabhängig von der jeweiligen Nationalität. Ein solcher Unterricht ist Teil des Regelunterrichts, steht unter deutscher Schulaufsicht und ist zeugnis- und versetzungsrelevant. Die Europaschulen könnten hier curriculare, inhaltliche und methodisch-didaktische Hinweise geben. Durch die Einbeziehung der Herkunftssprachen als gleichberechtigten Teil der Erziehung zur Mehrsprachigkeit wird auch die Attraktivität der Schulbildung für Jugendliche aus Migrantenfamilien erhöht. Es ist somit an der Zeit, neue Rahmenbedingungen für einen veränderten Umgang mit den Sprachkompetenzen von Kindern und Jugendlichen an deutschen Schulen zu schaffen. Dazu gehören neue Akzente bei der Lehreraus- und -weiterbildung, die Entwicklung flexibler Unterrichtsmodelle sowie ein hohes Maß an Autonomie der Schulen in diesem Bereich. Schließlich gilt es für die schulische Bildung nach Wegen zu suchen und die verschiedenen Kulturen und sprachlichen Kompetenzen – die Menschen aus anderen Ländern mitbringen – nicht mehr zu entwerten und ungenutzt zu lassen, sie gar als „Störfaktoren" zu begreifen, sondern diese anzuerkennen und im Rahmen der Erziehung zur Mehrsprachigkeit weiterzuentwickeln."

(BEAUFTRAGTE DER BUNDESREGIERUNG
FÜR AUSLÄNDERFRAGEN 2001: 40)

ARBEITSVORSCHLAG

Versuchen Sie Kontakt aufzunehmen zu Lehrkräften des Muttersprachlichen Unterrichts und diskutieren Sie mit ihnen über ihre Arbeit und ihre Vorstellungen einer Weiterentwicklung dieses Unterrichts.

Entwerfen Sie ein Zukunftsmodell eines bilingualen bzw. mehrsprachigen Unterrichts in einer Schule, die ein „interkulturelles Schulprofil" entwickeln möchte.

Die *Perspektive „Mehrsprachiger Unterricht mit interkulturellen Zielsetzungen"* macht deutlich, dass es um mehr geht als um „sonder"pädagogische Förderung eines Teils der Schülerschaft. Es ist vielmehr so, dass
– die Entwicklung mehrsprachigen Unterrichts eine adäquate Antwort auf Prozesse der Globalisierung und der europäischen Integration darstellt,

- interkulturelle Perspektiven in jedem Fachunterricht zu entdecken sind,
- fachübergreifende bzw. projektorientierte Didaktikansätze eine Chance darstellen, interdisziplinäre Perspektiven herzustellen und eine Öffnung von Schule zu bewirken: eine Öffnung „nach innen" im Sinne einer Weiterentwicklung des Spektrums der Lehr-Lern-Methoden und eine Öffnung „nach außen" ins kommunale Umfeld,
- die Heterogenität der Schülerschaft ein Faktum ist, das als didaktische Herausforderung verstanden werden kann und Perspektiven eröffnet für die Entwicklung eines erweiterten Lern-Leistungs-Begriffs.

Lern-Leistung bewerten in sozial und kulturell heterogenen Lerngruppen gehört mit zu den schwierigsten Aufgaben im Lehrberuf: In welcher Weise können sprachliche Schwächen bei der Beurteilung berücksichtigt werden? Inwiefern sollen persönliche, entwicklungs- oder lebensweltbezogene Problemlagen eines Schülers in die Bewertung seiner Lernleistung einfließen? Auf diese Fragen wird und kann es keine einfachen Antworten geben, etwa in Form eines (diskriminierenden) „Ausländerbonus". Neue Perspektiven bieten sich an, wenn von einem „erweiterten Leistungsbegriff" ausgegangen wird. Während sich der herkömmliche („enge") Leistungsbegriff an Ergebnissen bzw. vorab definierten Zielvorgaben („kriteriale Norm") orientiert, finden bei einem „erweiterten" Lern-Leistungs-Begriff zusätzlich weitere Dimensionen Berücksichtigung, nämlich die „soziale Norm" (Leistungsniveau der konkreten Lerngruppe) und die „individuelle Norm" (subjektbezogene Lern- und Leistungsfortschritte). Eine weitere wichtige „Erweiterung" ist, dass neben den Lern*ergebnissen* auch der Lern*prozess* mit berücksichtigt wird, also etwa die Frage, wie „intelligent" ein Lösungsweg ist. Das heißt, letztlich basiert ein solches Konzept auf einem erweiterten Intelligenz- bzw. Lern-Leistungs-Begriff, der bei der Beurteilung von Lernenden zugrunde gelegt wird (vgl. BOHL 2001). Sehr interessant erscheint in diesem Zusammenhang das „Konzept der vielfachen Intelligenzen" von Howard Gardner (2002), bei dem nicht nur logische und mathematische Kompetenzen Berücksichtigung finden, sondern auch etwa die Fähigkeiten, sich sprachlich oder musikalisch auszudrücken, sich räumlich orientieren zu können; ebenso beinhaltet das Konzept eine „körperlich-kinästhetische Intelligenz", z. B. die Fähigkeit zu tanzen, sowie eine interpersonale (etwa: Beziehungsfähigkeit) und eine intrapersonale Intelligenz (Fähigkeit zur Selbstwahrnehmung). Wie sähe schulisches Lernen aus, das sich daran orientierte?
Ein solcherart erweiterter Leistungsbegriff eröffnet die Möglichkeit, die vielfältigen Kompetenzen aller Schüler/innen als Potenzial anzuerkennen, das es herauszufordern und zu fördern gilt. Die bikulturelle Lebenswelt der Migran-

tenkinder und -jugendlichen erscheint dann nicht mehr als „Störfaktor", den es mit Blick auf ein unhinterfragtes und für alle einheitliches Lernziel zu beseitigen gilt.

Über die Ergebnisse der PISA-Studien und die daraus zu ziehenden Konsequenzen ist viel geschrieben worden. Mir scheint – bezogen auf die konkrete Unterrichtsgestaltung – die bedeutsamste Herausforderung zu sein, an didaktischen und methodischen Konzepten zu arbeiten, deren Zielperspektive ein produktiver Umgang mit Lern-Leistungs-Heterogenität ist und mit der Vielfalt der Lebenswelten, in der Kinder und Jugendliche heute leben, und die zugleich eine Orientierung an deren Kompetenzen und Entwicklungsmöglichkeiten darstellen. Die Auseinandersetzung mit Migrantenkindern/-jugendlichen wird dann für die Lehrenden zu einer Lerngelegenheit für ihre Professionalitätsentwicklung.

Handlungsfeld Schule

Unterrichtliches Handeln ist Teil des Systems Schule. Die Interaktionsebene Unterricht bietet der Lehrperson eine Fülle von Gestaltungsmöglichkeiten, auch im Hinblick auf die Förderung von Kompetenzen von Migrantenkindern. Dieses Handeln ist jedoch „gerahmt" vom System Schule im Allgemeinen und der konkreten Schule im Besonderen, mit dem Kollegen X, der Kollegin Y, Z, dem Schulleiter und seinen organisatorischen und pädagogischen Kompetenzen sowie mit dem Stadtviertel und seiner Bewohnerschaft. Betrachtet man die Ebene der „Schule als System" unter der Fragestellung, welche strukturellen Bedingungen eine „Kultur des Förderns und Forderns" begünstigen, spielen folgende fünf Faktoren sicherlich eine große Rolle:

Gestaltung der Phase des Schuleintritts

Grundsätzlich sollte gelten, dass Kinder nicht aus sprachlichen Gründen vom Schulbesuch zurückgestellt oder ausgeschlossen werden dürfen. „Einige Länder haben diesen Grundsatz ausdrücklich in ihre Verordnungen und Erlasse aufgenommen. Es gilt der Grundsatz der Integration, d.h. der gemeinsamen Aufnahme von Kindern in die Schule, unabhängig von ihrem kulturellen oder sprachlichen Hintergrund. Einige Bundesländer gehen so weit, prinzipiell keine segregierenden Vorbereitungsmaßnahmen (z.B. Vorbereitungsklassen) im ersten und zweiten Schuljahr einzurichten." (GOGOLIN u.a. 2003: 63 f.) Es bleibt zu wünschen, dass diese Zielvorstellungen sich gegen die „strukturell diskriminierende" (GOMOLLA/RADTKE 2002) Praxis einer überproportional hohen Überweisung von Migrantenkindern auf Sonder- bzw. Förderschulen gerade in der Schuleintrittsphase durchsetzen.

2.4 Schulische Maßnahmen für Kinder und Jugendliche mit Migrationsgeschichte

ARBEITSVORSCHLAG

Erkunden Sie, welche besonderen Maßnahmen bzw. Programme in Ihrem Bundesland (und auch bundeslandübergreifend) für Migrantenkinder in der Schuleintrittsphase bestehen und praktiziert werden.

WEBTIPP GOGOLIN u. a. 2003: download über die Internet-Bibliothek von http://bildungplus.forum-bildung.de/templates/index.php

Sprachstandsdiagnoseverfahren
Derzeit gibt es in mehreren Bundesländern Diskussionen und konkrete Ansätze einer differenzierten Erfassung des Sprachstands von Migrantenkindern. Die Verfasser/innen des BLK-Gutachtens skizzieren und beurteilen etwa die Verfahren in Berlin („Bärenstark"), Bayern („Screening"), Hamburg („HAVAS-5"), Niedersachsen („Screening") (GOGOLIN u. a. 2003: 78 ff.). Sie stellen eine Reihe von Gemeinsamkeiten fest, etwa dass sie „aus pädagogischen Kontexten institutioneller Bildung heraus entstanden" sind, „auf ein praxisnahes Instrument (zielen), das vom pädagogischen Personal in den Einrichtungen angewandt werden kann. Die Dauer der Durchführung und Auswertung soll in einem praktikablen Rahmen gehalten werden. Es werden Bildmaterialien und andere kindorientierte Materialien als Sprechimpulse verwendet. Es werden zusätzliche Kontextinformationen über die familiäre Sprachpraxis erhoben" usw. „Der größte Unterschied des Hamburger Verfahrens zu den anderen besteht in der Erhebung des Sprachstandes in derzeit sechs Herkunftssprachen neben dem Deutschen. Unabhängig davon, dass der erfolgreiche Erwerb des Deutschen den zentralen Aspekt einer erfolgreichen Schuleinmündung darstellt, ist zu diskutieren, ob allein die Erfassung des Deutschen einen hinreichenden Einblick in die sprachliche Kompetenz eines zwei- oder mehrsprachigen Kindes erbringt. Die Forschung zum Spracherwerb Bilingualer deutet darauf, dass es sinnvoller ist, den gesamten Sprachbesitz der einzuschulenden Kinder zu erfassen, also neben dem Deutschem auch die Familiensprache(n). Ein Vorteil eines solcherart umfassenden Einblicks in das Sprachvermögen eines Kindes ist es, Informationen darüber zu erhalten, ob mangelhafte Deutschkenntnisse ihre Ursache ggf. in einer allgemeinen Sprachentwicklungsverzögerung haben. Dies kann entscheidend dafür sein, ob dem Kind mit systematischer Förderung in Deutsch als Zweitsprache geholfen wäre oder eine spezielle sprachheilpädagogische bzw. -therapeutische Behandlung benötigt wird. Ebenso ließen sich auf der Basis der Erhebung beider Sprachen auch Auswirkungen der allgemeinen kognitiven Entwicklung auf das Sprachverhalten eher erkennen." (GOGOLIN u. a. 2003: 81 f.)

Förderung im Regelunterricht
Eine bloße Teilnahme am Unterricht führt für Migrantenkinder nicht zu Erfolgen. Erforderlich ist nicht nur ein spezieller Förderunterricht, sondern darüber hinaus eine in jedem Fachunterricht stärker zu berücksichtigende sprachliche Förderung, wie sowohl die Autoren der PISA-Studie feststellen als auch die Verfasser/innen des BLK-Gutachtens: „Notwendig ist die Entwicklung einer in Deutschland kaum verbreiteten Auffassung, dass eine jede Lehrerin, ein jeder Lehrer auch für die Vermittlung der sprachlichen Mittel zuständig ist, die das Lernen der Sache oder das Lernen im Fach stellt. Hierzu liegen in anderen Bildungssystemen Erfahrungen vor, die aufgegriffen und für Deutschland weiterentwickelt werden sollten. Dazu gehört beispielsweise der in England etablierte Ansatz ‚language across the curriculum' – frei übersetzt: Sprache lernen in jedem Unterricht (vgl. BOURNE 2003). Eine Voraussetzung sine qua non hierfür ist die entsprechende Qualifikation der Lehrkräfte, sowohl für sprachdiagnostische Aufgaben als auch dafür, auf die Diagnoseergebnisse gestützte Fördermaßnahmen entwickeln zu können." (GOGOLIN u. a. 2003: 60)

Stütz- und Förderkurse, v. a. im Rahmen einer Ganztagsschule
In den meisten der „Spitzenländer" der internationalen PISA-Studie wird Schule in Ganztagsform organisiert. Mit der Organisationsform allein können sicher noch keine Leistungsspitzen erklärt werden, sicher aber scheint zu sein, dass damit mehr Lern-Zeit gewonnen wird, die in flexibler Weise „rhythmisiert" und im Sinne einer produktiven Lernkultur gestaltet werden kann: Lernphasen wechseln sich ab mit solchen der Freizeitgestaltung, der sozialpädagogischen Betreuung oder einer gezielten Förderung von lernschwachen wie von hochbegabten Schülerinnen und Schülern. Ganztagsschulen ermöglichen damit eine hoch entwickelte, integrierte und auf Fordern und Fördern in gleicher Weise ausgerichtete Lehr-Lern-Kultur.

WEBTIPP www.ganztagsschulverband.de sowie die Internet-Bibliothek von http://bildungplus.forum-bildung.de/templates/index.php

ARBEITSVORSCHLAG

Untersuchen Sie Ganztagsschulen in Ihrer Region (z. B. mittels Lehrer/innen-, Schulleiter/innen- und Schüler/innen-Befragung):
- Wird – über eine bloße Betreuung in den Nachmittagsstunden hinaus – ein pädagogisch begründetes **Konzept der Ganztagserziehung** entwickelt? Welche „Profilmerkmale" weist dieses aus? Wird es als Teil des Schulprogramms bzw. der Schulentwicklung verstanden?
- In welcher Weise werden **lernschwache Schüler/innen gefördert?** Auf

welche Bereiche bezieht sich diese Förderung (z. B. Hausaufgabenbetreuung, Stützkurse, Sprachkurse)?
- Wie ist die Akzeptanz dieser Maßnahmen? Wo werden Schwierigkeiten, wo Entwicklungsmöglichkeiten gesehen?
- Wie hat sich die **Tätigkeit der Lehrer/innen** durch die Ganztagsorganisation **verändert**? In welcher Weise waren/sind sie an der Einführung des Ganztagsbetriebs und an der Konzeptentwicklung beteiligt?
- Inwiefern konnten dadurch **neue Formen des Lehrens und Lernens** entwickelt werden (vgl. fächerübergreifender, projektorientierter Unterricht)?

Im Rahmen eines „Forschend Lehren lernen"-Seminars (vgl. Kapitel 5.2) zum Thema Ganztagsschule führten Studierende der Pädagogischen Hochschule Befragungen in Schulen der Region Freiburg durch. Fünf wesentliche Ergebnisse lassen sich zusammenfassen:
- In erfolgreichen Schulen wird versucht, über Ansätze einer Ganztagsbetreuung hinaus (etwa für Kinder berufstätiger Eltern, für Schüler aus sozialen Brennpunkten) ein pädagogisch begründetes Konzept einer Ganztagserziehung zu entwickeln, das etwa mit den pädagogischen Zielperspektiven „Persönlichkeitsbildung und Ich-Stärke" begründet wird. Wenn dann etwa „selbstorganisierte Lernphasen" eine große Rolle spielen, verändert sich die schulische Lernkultur insgesamt;
- Die erfolgreichen Schulen rhythmisieren den Schulalltag durch eine Vielfalt an Arbeitsgemeinschaften, Förderkursen und sonstigen (Wahlpflicht-)Aktivitäten etwa in den Bereichen Theater-, Sport-/Freizeit/Erlebnispädagogik, Schülerzeitung, Streitschlichtung. Zugleich wird versucht, im Rahmen eines Gesamtkonzepts schulischen Lernens „integrierte" Formen der Förderung v. a. von Schülern mit Lern- bzw. psychosozialem Förderbedarf zu entwickeln.
- Für diese Schulen ist „Öffnung von Schule" konstitutiver Bestandteil der Schulentwicklung, und zwar als „Öffnung nach innen" (Veränderung der Lehr-Lern-Formen, projektorientierter/fächerübergreifender Unterricht) wie als „Öffnung nach außen" (Kooperation mit Sozialarbeit, mit kommunalen und kirchlichen Einrichtungen der Jugendarbeit im Stadtteil, Familienzentren, benachbarten Schulen bzw. mit Partnerschulen im Ausland, Betriebs- und Sozialpraktika usw.).
- Die Initiative zur Entwicklung eines Ganztagsschulkonzepts geht oft von den Lehrpersonen aus und wird mit „veränderter Kindheit" bzw. „veränderten Familienverhältnissen" begründet, auf die die Schule eine zeitgemäße Antwort finden müsse: Ganztagserziehung habe eine Bedeutung nicht nur

für Schüler „mit besonderem Förderbedarf" (Brennpunktschulen, Behindertenschulen), sondern für alle Schüler.
- Die Lehrtätigkeit hat sich verändert. Auch wenn die zeitliche Belastung größer ist und mehr Erziehungsarbeit gefordert ist, wird positiv vermerkt, dass ein intensiveres Lehrer-Schüler-Verhältnis entwickelt werden kann, sich eine Tendenz zu stärker schülerzentrierten Unterrichtsformen beobachten lässt und zu stärkerer Kooperation mit Kollegen. (Quelle: unveröff. Seminarpapier, 11.02.2003/HOLZBRECHER)

Beratungsangebot (Laufbahnberatung, psychosoziale Beratung)
Spätestens beim Elternsprechtag taucht die Frage nach dem professionellen Selbstverständnis auf, letztlich die Frage, welche Aufgaben der Schule im Rahmen gesellschaftlicher Veränderungen zugeschrieben werden. Beratung gehört mit zum Spektrum der Lehrertätigkeiten, allerdings im Bewusstsein, dass eine Kooperation mit professionellen Helfern bzw. sozialpädagogischen Einrichtungen im Stadtteil in jedem Fall empfehlenswert ist. Sie frühzeitig in die Beratungs- und Erziehungsarbeit zu integrieren und eine Arbeitsteilung zu vereinbaren, erscheint allemal professioneller als ein Verständnis des Lehrers als „Generalisten" und „Alleskönner", zumal eines, der sich gegenüber dem Aufgabenfeld eines Sozialpädagogen nicht klar abzugrenzen gelernt hat.

ARBEITSVORSCHLAG

Diskutieren Sie die Frage, ob Sie sich eher für eine personelle Trennung der Lehr- und Beratungstätigkeit aussprechen würden oder für deren Integration in das Spektrum der Lehrtätigkeiten. Was ist „besser"
- für die betroffenen Schüler/innen bzw. deren Eltern,
- für Sie selbst, Ihr professionelles Selbstverständnis und Ihre psychische Belastbarkeit?

Beratung hat immer einen bestimmten *Anlass*. So gibt es
- Schullaufbahnberatung, etwa beim Eintritt in eine Vor-, Grund- bzw. weiterführende Schule,
- Beratung beim Übergang in den Beruf,
- Beratung bei Lernschwierigkeiten oder Verhaltensauffälligkeiten, schließlich
- pädagogisch-psychologische Einzelfallhilfe, die längerfristig v. a. dann zu nachhaltigen Wirkungen führt, wenn die Eltern mit einbezogen werden, d. h. eine „systemische Sichtweise" gewählt wird.

Bei intensiverer Beschäftigung mit möglichen *Ursachen* wird man auf Tiefenstrukturen stoßen, die einerseits systemisch bedingt sind, andererseits subjektiv (vgl. etwa entwicklungspsychologische, familiäre oder soziokulturelle Pro-

2.4 Schulische Maßnahmen für Kinder und Jugendliche mit Migrationsgeschichte

blemzusammenhänge). Von großer Bedeutung sind also *Diagnoseverfahren*, die es ermöglichen, sowohl die System- als auch die Subjektperspektive zu berücksichtigen.

Ob bei der Eltern-, der Schülersprechstunde oder bei einem Hausbesuch, von großer Bedeutung ist, dass man sich im Klaren über wünschenswerte und über realistische *Beratungsziele* ist.

Bei einer systemischen Problemsicht wird unterschieden zwischen
- dem **Mikrosystem** „(Klein-)Familie" (mit ihrem Wertesystem, ihren Wahrnehmungs-, Denk- und Handlungsmustern),
- dem **Mesosystem**, d. h. bedeutsamen Bezugsgruppen im Nahbereich (Verwandte, Freunde, Klassenkameraden, Nachbarschaft...), die vermutlich für Eltern andere sind als für ihre Kinder,
- dem **Makrosystem** (multikulturelle Gesellschaft, ökonomisches und politisches System im Emigrations- und im Herkunftsland). Vermittelnd zwischen den beiden zuletzt Genannten wirkt das
- **Exosystem**, d. h. etwa Beschäftigungsverhältnisse der Eltern, die Wohnsituation oder die Medien.

Mit Hilfe dieses sozialökologischen Modells (vgl. BRONFENBRENNER 1981) können mögliche Ursachenbereiche auch für migrationsspezifische Problemfelder identifiziert werden, ebenso kann die Frage, auf welcher der systemisch miteinander vermittelten Ebenen Veränderungen möglich bzw. wahrscheinlich sind, strukturierter beantwortet werden.

ARBEITSVORSCHLAG

Untersuchen Sie die Fallbeispiele in Kapitel 1.7 mit Hilfe dieses Modells, indem Sie mögliche Ursachen mit Blick auf die jeweiligen Systemebenen identifizieren.

Bei einer Beratung stehen sich immer (mindestens) zwei *unterschiedliche Sichtweisen* auf die gleichen Probleme gegenüber: die des Elternhauses und die der Schule.
- **Eltern und Jugendliche mit anderen soziokulturellen Hintergrunderfahrungen:** Dazu gehört sicherlich vor allem die Erfahrung, dass in den Herkunftsländern Eltern kaum bzw. keine Mitbestimmungsmöglichkeiten in der Schule haben. Hinzu kommt die Erfahrung soziokultureller Differenz, die häufig Schwellenangst hervorruft bzw. ein Minderwertigkeits- und Unterlegenheitsgefühl (vgl. DIETRICH/ABELE 1998). Die eigene Lernbiografie impliziert oft ein sehr enges Verständnis von Lernen, daher können die v. a. in der Primarstufe beliebten „offenen" und „freien" Unterrichtsmethoden zu Unverständnis und Ablehnung führen.

- **Die an Mittelschicht-Normen ausgerichtete Institution Schule** war und ist weitgehend durch ihren monolingualen und monokulturellen Habitus gekennzeichnet (vgl. GOGOLIN 1994). Plakativ ausgedrückt: Die Lehrpläne orientieren sich an nicht hinterfragten nationalen Standards, Elternmitarbeit wird ebenso wie kulturelle Heterogenität eher als „störend" wahrgenommen und die Lehrer/innen wissen in der Regel sehr wenig über die Lebenswelt ihrer Schüler/innen – und wenn, dann sind sie nicht dafür qualifiziert, mit bikulturellen Orientierungen pädagogisch fundiert umzugehen.

Diese grundsätzliche Differenz zwischen den Systemen Schule und Elternhaus kann, wie Oomen-Welke (2003) vermerkt, auf mehreren Ebenen *Missverständnisse* zwischen Lehrpersonen und Eltern zur Folge haben:

- **„Sprechstunden.** Wenn Eltern in die Schule kommen, haben sie meist ein dringendes Anliegen. Sie richten sich den Besuch zeitlich nach ihrer Abkömmlichkeit ein, was mit dem Stundenplan kollidiert, so dass sie zu hören bekommen, Sprechstunde sei dann und dann, jetzt nicht. Eltern mit geringer Schulbildung können nicht verstehen, warum die Lehrperson nicht Herrin ihrer Zeit ist, warum sie nicht mit ihnen spricht. Sie fühlen sich gedemütigt, in ihrem *face* verletzt, kehren unverrichteter Dinge um und zögern beim nächsten Gang in die Schule.
- **Die Rollen im Elterngespräch.** Vereinzelt kommt es vor, dass ein Migrantenvater eine Lehrerin oder Rektorin nicht respektiert und mit einem Mann sprechen will. Dieser Forderung muss die Lehrerin ruhig standhalten, was ihr von Amts wegen gelingen sollte. Hinderlich könnten – wegen der gegenseitigen Voreinstellungen – wenig dezente Kleidung der Lehrerin oder das Kopftuch der Mutter sein. Im Gespräch selbst werden wieder Nähe und Distanz, das Blickverhalten und die Gesprächsdauer unausgesprochen eine Rolle spielen. Extraverbale Faktoren wie die Sicherheit im Schulraum oder das Notenbuch als Statussymbol, in dem die Lehrperson blättert und Belege für ihre Worte findet, machen sie schwer angreifbar. Den Eltern wird von ihr zugemutet, die Hausaufgaben und das Lernen zu unterstützen und zu kontrollieren, wozu diese oft nicht in der Lage sind. So ist es manchmal Hilflosigkeit, die (bei auch noch begrenzten sprachlichen Mitteln) den Ton brüsk und laut werden lässt. Es leuchtet ein, dass die Lehrperson diesen Hintergrund durchschauen muss, um das Gespräch angemessen und ruhig fortzusetzen.
- **Der Umgang mit Papier und Informationsmaterial.** Viele Kinder kommen aus wenig schrifterfahrenen Elternhäusern. Es ist nicht immer Urkundenfälschung, wenn Kinder ihre Entschuldigungen selbst schreiben oder unter ihre Klassenarbeitsnote den Namen der Mutter schreiben; oft ist dies einfach der

2.4 Schulische Maßnahmen für Kinder und Jugendliche mit Migrationsgeschichte

Auftrag der schreibunkundigen Eltern. Mit den schriftlichen Informationsmaterialien sind viele überfordert, auch in der eigenen Sprache. Ganz besonders gilt das für Grafiken, wie sie bei Elternabenden z. b. vor dem Übergang in weiterführende Schulen gezeigt werden, um den Aufbau des deutschen Schulsystems darzustellen. Dass in schriftfernen Elternhäusern schriftliche Produkte wenig geschätzt und geschützt werden, ergibt sich mit wenigen Ausnahmen schon daraus, dass keine Mappen und Ablagen bereitstehen.

– **Elternabend und Hausbesuche.** Beim Elternabend haben viele Eltern Scheu, das Wort zu ergreifen, sie schweigen daher. Es wird Eltern als mangelndes Interesse ausgelegt, wenn sie nicht zum Elternabend erscheinen. Dabei kann die Abwesenheit durchaus, wie oben gezeigt, andere Gründe haben. Der baden-württembergische Ministerpräsident Teufel will künftig Lehrpersonen zu Hausbesuchen bei Eltern veranlassen, die nicht zum Elternabend kommen.

Teufel will Eltern bilden. Mittel aus Landesstiftung
STUTTGART (dpa). Als Reaktion auf die PISA-Studie will Baden-Württembergs Landesregierung die Elternbildung fördern ... Er wolle die Eltern verstärkt in die Pflicht nehmen, so Teufel. „Man könnte zum Beispiel sagen: Bei Eltern, die nicht am Elternabend teilnehmen, macht der Klassenlehrer einen Hausbesuch. Das halte ich für zumutbar."
(BADISCHE ZEITUNG vom 27. 8. 2002)

Auf diesen Vorschlag reagierte die GEW mit der Betonung arbeitszeitrechtlicher Probleme. Kein Gedanke wurde an die Tatsache verschwendet, dass Lehrpersonen auf die m. E. begrüßenswerten Besuche bei Eltern aus anderen Kulturen besonders vorbereitet sein müssten: Wie wohnt die Familie, zu welcher Zeit kann ich kommen, wie lange bleiben? Wie gestaltet sich die Begrüßung, wie nahe kommt man sich, worauf sitzt man wie, wer gehört zum Haushalt? Wie bringe ich meinen Respekt ihnen gegenüber, wie mein Interesse an ihrem Kind zum Ausdruck? Wie verhalte ich mich bei Bewirtung, kann ich einen Tee, Gebäck oder eine Mahlzeit annehmen? Wie bringe ich mein Anliegen vor, ohne die Eltern zu verletzen? Kann ich eine wirksame Verabredung herbeiführen? Wie bedanke ich mich, wie verabschiede ich mich?

– **Erziehungsvorstellungen.** Beim Kontakt mit den Eltern ergeben sich vielleicht unterschiedliche Vorstellungen bezüglich der Erziehungsmittel. Es ist bekannt, dass bestimmte Eltern den Umgang deutscher Lehrpersonen mit den Kindern zu lasch finden und dass Schlagen z. T. als ein anerkanntes Mittel gilt. Der umgekehrte Fall kann eintreten, wenn Eltern die schulischen Erziehungsmittel ablehnen." (OOMEN-WELKE 2003: 86)

Verstehen des Anderen heißt, zunächst seine Eigenlogik nachzuvollziehen – mit Schulz-von Thun könnte man sagen: die „Selbstoffenbarungs-Botschaft" zu entschlüsseln – und sich selbst vom Anderen her zu denken: Wie kann ich das Verhalten des Anderen als Ausdruck seines spezifischen Deutungsmusters und seines Lebensgefühls verstehen? Wie nimmt er sich selbst (in seiner Bezugsgruppe) wahr? Wie nimmt er mich/uns wahr? Was sagt diese seine Wahrnehmung über ihn aus? Was über mich/uns?

Abschließend seien noch einige thematische Bereiche genannt, die im Kontext der Frage stehen, welche schulischen Maßnahmen für einen Schulerfolg von Migrantenkindern/-jugendlichen eine bedeutsame Rolle spielen, die jedoch an anderer Stelle ausführlicher diskutiert werden sollen (vgl. Kapitel 4):
– Kooperation mit benachbarten Schulen, um auf kommunaler Ebene ein „integriertes" Angebot des Muttersprachlichen Unterrichts und sonstiger Fördermaßnahmen zu entwickeln
– Kooperation mit Einrichtungen der Jugendhilfe/Schulsozialarbeit, Jugendarbeit, Psychosozialen Beratungsstellen, Medien- und Kulturzentren usw.
– Entwicklung einer Schulkultur, die den Umgang mit Differenz/Vielfalt/Fremdheit und die Erfahrung von Gemeinsamkeit/Solidarität ermöglicht
– Interkulturalität/internationale Projektzusammenarbeit als Merkmal des Schulprofils (vgl. Schüleraustausch, internationale Betriebspraktika, bilingualen Unterricht)

Handlungsfeld Schulsystem

Ob leistungsschwache Schüler/innen im Rahmen einer Regelklasse gefördert und gefordert werden oder ob sie, um „leistungshomogene Gruppen" zu bekommen, in Sonder-Klassen und -Schulen zusammengefasst werden, ist weniger eine Entscheidung eines Kollegiums oder Schulleiters, sondern eine strukturelle Vorgabe der Bildungspolitik des Bundeslandes: Hier spiegelt sich nicht nur eine spezifische bildungspolitische Konzeption, sondern auch die gesellschaftspolitische Form der Anerkennung des/der Fremden: Werden sie als grundsätzlich „zugehörig" wahrgenommen – und damit in die Regelklasse integriert – oder als „nicht-zugehörig" – dann sind separierende Klassen die „logische" Organisationsform.
Trotz der Bildungsreform der 70-er Jahre des letzten Jahrhunderts ist das deutsche Bildungssystem im Prinzip dreigliedrig geblieben. In einigen SPD-regierten Bundesländern wurde ergänzend (nicht ersetzend) die Gesamtschule eingeführt, in der die äußere Differenzierung des Schulsystems durch eine jahrgangsbezogene Fach-Leistungsdifferenzierung ersetzt wurde, allerdings mit einer vergleichsweise hohen Durchlässigkeit. Doch im Prinzip hat sich in der

Bildungspolitik aller Bundesländer strukturell nur wenig geändert, weil die Vorstellung leitend war (und ist), dass leistungshomogene Lerngruppen in der Sekundarstufe – hier: durch eine Sortierung auf Haupt-, Realschule und Gymnasium – sowohl den schwächeren als auch den leistungsstärkeren Schülern zugute kommen würden. Dieses jahrzehntelang nicht hinterfragte pädagogische Dogma ist durch die international vergleichende PISA-Studie erschüttert worden. Denn es zeigte sich, dass in den „Spitzenländern" in der Sekundarstufe nicht nur Gesamtschulen in Ganztagsform die Regel sind, sondern auch, dass die Lerngruppen dort eine relativ große Leistungsheterogenität aufweisen, die für die Schwächeren offenbar lernstimulierend wirkt und auch für die Leistungsstärkeren nicht lernhemmend bzw. -behindernd. Entscheidend ist also eine Didaktik, in der es gelingt, alle Lernleistungsniveaus in gleicher Weise herauszufordern und zu fördern. Es ist noch nicht absehbar, inwiefern diese Erkenntnis Folgen für das Bildungssystem haben wird bzw. welche bildungspolitischen Konsequenzen auf Länderebene aus den PISA-Studien gezogen werden. Festzuhalten bleibt, dass Fragen wie die folgenden in den Kultusministerien der Länder entschieden werden.

- Welche Fördermaßnahmen gibt es für welche Gruppen von Migrantenkindern?
- Gibt es eher „additive" oder „integrative" Konzepte einer Förderung?
- Welche Stellung hat der Muttersprachliche Unterricht im Rahmen der Lehrpläne?
- Ab welcher Jahrgangsstufe wird bilingualer Unterricht angeboten? Usw.

ARBEITSVORSCHLAG

Erstellen Sie eine Expertise zu den vom Kulturministerium Ihres Bundeslandes vorgegebenen Rahmenbedingungen für Fördermaßnahmen und vergleichen Sie diese mit denen anderer Bundesländer.

WEBTIPP http://www.bildungsserver.de; von dort aus direkte Links zu den Bildungsservern der Bundesländer.
Zu internationalen Vergleichen: http://www.dipf.de/datenbanken/europa-links_europ.htm, http://www.dipf.de/perine/start/frameset.htm.

LITERATURHINWEIS Zum Muttersprachlichen Unterricht im internationalen Vergleich vgl. AUERNHEIMER 2003: 29 ff.

3 Gleichheit und Differenz:
Interkulturelles Lernen als Antwort der Pädagogik auf Multikulturalität

3.1 Interkulturelles Lernen – eine begriffliche Annäherung

> **ARBEITSVORSCHLAG**
>
> Bevor Sie sich mit den folgenden Definitionen zum Interkulturellen Lernen auseinander setzen, schlage ich Ihnen (als Einzelperson, als Gruppe) vor, sich dem Begriff zunächst mittels einer „Symbolisierung" anzunähern:
> - Zeichnen/malen Sie in möglichst abstrakter Form (auf ein Din-A4-Blatt, eine Wandzeitung, eine Folie …), was Sie mit „Kultur" assoziieren.
> - Alle Zeichnungen werden nun in die Mitte des Raums gelegt, man greift ein Produkt heraus und beginnt – ohne dass sich der Urheber zu erkennen gibt – über den möglichen Sinn der Symbolisierung zu diskutieren. Der/die Zeichner/in ergänzt und erläutert anschließend die „inneren Bilder", die damit zum Ausdruck gebracht worden sind – und greift das nächste (unbekannte) Bild, das auf die gleiche Weise besprochen wird, usw.
> - Erst nach dieser Phase sollten Sie sich mit wissenschaftlichen Texten (wie etwa den im Folgenden abgedruckten Definitionsbestandteilen) beschäftigen.
> - Diskutieren Sie abschließend, inwiefern eine solche „nichtintellektuelle" Annäherung an eine wissenschaftliche Thematik für Sie „Sinn macht".

„Kultur wird als ‚Alltagswissen' verstanden, das nicht allein die Objektivationen alltäglichen Handelns von Essen und Bekleidung bis zu Berufen und Verwandtschaftsbeziehungen umfasst, sondern ebenso die Ideen, die Alltagstheorien und die Deutungsmuster, in denen die Mitglieder einer Kultur in ‚natürlicher' Einstellung die sie umgebende Welt auslegen. Diese Deutungsmuster steuern alltägliches Handeln nach Maßgabe von Tradition und sozialem Kontext. In einen solchen Rahmen von Alltagsstruktur gehört dann auch die Sprache als der im kommunikativen Handeln festgelegte Orientierungsrahmen für die Auslegung von Situationen und Rollenbeziehungen sowie die Erziehung als das Hineinwachsen in bzw. Aneignen von Deutungsmustern. Für das handelnde Individuum erhält ‚Kultur' demnach die Bedeutung eines sozialen Ordnungsgefüges, das Regeln zur Strukturierung der Umwelt festlegt, die dann in subjektive Handlungsziele und -strukturen umgesetzt werden."
(STERNECKER/TREUHEIT 1994: 33)

Angesichts der Rede von einem „Zusammenprall der Kulturen" plädiert der Politologe Thomas Meyer im Anschluss an Wolfgang Welsch dafür,

3.1 Interkulturelles Lernen – eine begriffliche Annäherung

"das Kugelaxiom gegeneinander verschlossener Kulturen, das die Debatten der Gegenwart fortwährend narrt, durch etwas ganz Neues zu ersetzen: ein Verständnis von ‚Transkulturalität'. Ein solches Konzept stellt von vornherein in Rechnung, dass sich in der Gegenwart die überlieferten Kulturen als Ergebnis ihrer vielfältigen Interaktionen immer schon intern in bestimmendem Maße durchdringen. Was wir wirklich beobachten können, ist eben nicht der Zusammenstoß von Kugeln, sondern das ‚Weben transkultureller Netze', die an unterschiedlichen Orten auf je eigene Weise dann zu Verdichtungen und Strukturbildungen führen, die nirgends mehr den ehrwürdigen Homogenitätsfiktionen der Überlieferung entsprechen, es sei denn als Ergebnis einer bloß inszenierten kulturellen Eigentlichkeit." (MEYER 1997: 115 f.)

Nieke unterscheidet sechs unterschiedliche Bedeutungsfelder bzw. Diskurse – z. B. Kultur als Gegensatz zu Natur, als Gegensatz zu Zivilisation usw. (2000: 40 ff.) und schlägt eine heuristische Definition vor:
„1. Kulturen sind ein System von Symbolen, und zwar nicht irgendwelchen beliebigen, sondern Interpretations-, Ausdrucks- und Orientierungsmuster;
2. das Zusammenleben von Menschen mit unterschiedlichen Kulturen geht nicht ohne kulturelle und soziale Konflikte ab." (NIEKE 2000: 47; dort finden sich weitere Definitionen)

ARBEITSVORSCHLAG

Diskutieren Sie, inwiefern eine Klärung des Kulturbegriffs für das Verständnis interkultureller Kontakte notwendig ist:
– In welchen öffentlichen Diskursen ist von „Kultur" die Rede und mit welcher Bedeutung?
– Welches Weltbild lässt sich aus der Rede von einer „Leitkultur" erschließen?
– Welche Folgen haben solche kulturalistischen Diskurse für die Wahrnehmung von Vielfalt und Differenz in der Gesellschaft?

*Multi*kulturell ist ein Begriff, mit dem eine unter Globalisierungsbedingungen sich entwickelnde Gesellschaft zu beschreiben versucht wird. *Inter*kulturell sind die pädagogischen Bemühungen, auf diese Realität zu reagieren und Antworten auf die gesellschaftlichen Herausforderungen zu finden.
„Die theoretischen und praktischen Bemühungen interkultureller Pädagogik kreisen um vier Fragenkomplexe und Motive, denen implizit oder explizit die Annahme kultureller Differenz vorausliegt:
a) das Motiv der Fremdheit oder die Verstehensproblematik,

b) das Motiv der Anerkennung, das auf die Identitätsproblematik verweist,
c) das Engagement für Gleichheit, gegen Diskriminierung und Ausgrenzung auf Grund von Ethnisierung und Rassen-Konstrukten,
d) das Motiv interkultureller Verständigung in globaler Verantwortung."
(AUERNHEIMER 1998: 20)

Hans Joachim Roth fasst die Grundlagen Interkultureller Erziehung und Pädagogik folgendermaßen zusammen:
1. „Die Ausbildung dieses speziellen Bereichs der Pädagogik ist eine Antwort auf die Realität der multikulturellen Gesellschaften (...).
2. Interkulturelle Pädagogik versteht sich als ein offenes Handlungskonzept, das gesellschaftliche Veränderungen wahrnehmen und selbst innovative Prozesse einleiten soll.(...)
3. Sie bietet einen Beitrag zu Friedenserziehung und Konfliktlösung. (...)
4. Interkulturelle Erziehung basiert auf einer kindzentrierten Pädagogik. Anthropologische Basis ist – genauer – eine Subjektorientierung, d. h. ein Ansetzen an den spezifischen Lebensbedingungen, Erfahrungen und Bedürfnissen der Menschen im Sinne der Pädagogik Paulo Freires. (...) Kinder, Jugendliche und Erwachsene werden in der pädagogischen Arbeit aus ihrer Biografie heraus begriffen; Pädagogik hat daher stets die Aufgabe, diese individuellen Voraussetzungen zu bedenken und in die Planung einzubeziehen – ebenso wie die sozialen Bedingtheiten des individuellen und gesellschaftlichen Lebens – und nicht auf vorgegebene Ziel-Mittel-Strategien zu vertrauen.
5. Diesem Ansatz entsprechend bleibt interkulturelle Erziehung erfahrungsoffen und muss sich daher an den Orten orientieren, an denen Menschen primär ihre Erfahrungen machen: in ihrer Lebenswelt. (...)
6. Leitende allgemeinpädagogische Prinzipien sind: Lebensnähe, Selbsttätigkeit, Spontaneität, Berücksichtigung individueller, sprachlicher und kultureller Unterschiede. (...)
7. Adressaten interkultureller Erziehung sind *alle* Mitglieder einer Gesellschaft, nicht nur bestimmte ethnische Gruppen oder als defizitär etikettierte Personen. Ziel ist auch kein beziehungsloses Nebeneinander im Sinne eines relativistischen, so genannten kulturellen Pluralismus, sondern Integration unter Wahrung von Freiräumen zur Gestaltung des jeweiligen ‚kulturellen Habitus' mit Angeboten der Begegnung und des Dialogs. Interkulturelle Pädagogik geht daher von einem Integrationsverständnis aus, das sich nicht einseitig auf einzelne ethnische Gruppen richtet und ihre Assimilierung oder Segregation betreibt, sondern an der Interaktion ansetzt und sich dialogisch vollzieht, ohne die beteiligten Subjekte auf Objekte pädagogischer Behandlung zu reduzieren.

8. Interkulturelle Pädagogik versteht sich als Anwältin der Mehrsprachigkeit in einer Gesellschaft. (…)
9. (…) Interkulturelle Pädagogik ist keine Institution oder ein Schulfach, sondern ‚ein Prinzip, ein Suchhorizont' (Auernheimer), das auf verschiedenen Ebenen wirksam werden soll: Curriculum-Konstruktion, Schulorganisation, Unterrichtsgestaltung wie auch in der persönlichen Begegnung mit Schülern. (…)
10. Interkulturelle Pädagogik denkt von einem erweiterten Kulturbegriff aus, der Kultur theoretisch als Konstrukt und pragmatisch als gemeinsam geteiltes ‚System von symbolischen Bedeutungen' versteht, das in allen Lebensbereichen und Lebensvollzügen stets mit(re)produziert wird; sie ist ‚Orientierungssystem', ‚unabgeschlossen, prozesshaft' mit den Funktionen der ‚Sinnkonstitution und Identitätsbildung' (Auernheimer). (…)
11. Kultureller Pluralismus wird positiv bewertet. (…)
12. Zentral ist die (…) Trias von Zielbegriffen (…): ‚Begegnung mit anderen Kulturen – Beseitigung von Barrieren, die einer solchen Begegnung entgegenstehen – Herbeiführung von kulturellem Austausch und kultureller Bereicherung' (Hohmann).
13. Interkulturelle Pädagogik arbeitet von ihrer Programmatik her interdisziplinär. (…)
14. Interkulturelle Pädagogik ist (…) eine europäische und internationale Perspektive in einer immer mehr zusammenrückenden und sich austauschenden Welt, die zu Verständigung einer Weltgesellschaft beitragen soll." (ROTH 2002: 88–92)

Diese Zusammenstellung von Prinzipien interkultureller Pädagogik kann als die derzeit umfassendste betrachtet werden. Die meisten Autoren interkulturell pädagogischer Konzepte dürften sich hier wiederfinden, vermutlich aber jeweils in unterschiedlicher Weise Akzente bzw. Prioritäten setzen. Bei dem in den folgenden Abschnitten entwickelten Konzept wird das „Fremde" (in einem weiteren Sinn) ebenso zum Lern-Gegenstand wie der „Zwischenraum" zwischen dem Subjekt und einem Objekt: Dabei kann es sich um ein anderes Subjekt, ein Medium einer fremden Kultur (Text, Film, Musik) oder um „das unbewusst Gemachte" einer Kultur handeln, also etwa biografisch bzw. gesellschaftlich verdrängte Inhalte. Hier spielt der aus der Gestaltpsychologie stammende Begriff des „Kontakts" eine wichtige Rolle:

„Kontakt vollzieht sich stets an der Grenze zwischen dem Eigenen und dem Fremden, ist immer ein Prozess der Selbstvergewisserung und der Abgrenzung in einem stets im Fluss befindlichen Feld der Einfühlung in den anderen und des Verstehens des Eigenen." (DAUBER 1998: 73)

„Zwischenräume" bewusst wahrnehmen und aktiv gestalten zu lernen heißt zunächst, die Problematik zu erkennen, dass wir mit Begriffen wie „Kulturkreis", „Islam" oder „Ausländerkinder" Identitäten konstruieren, die uns zwar eine einfache Orientierung im Alltag ermöglichen, die aber eine Einheit und Homogenität suggerieren, die der Komplexität der Realität nicht gerecht wird. Sensibilität für Zwischenräume, Übergänge, Verwandlungen schützt vor Fest-Stellungen und Fest-Schreibungen und schärft die Sinne für die Dynamik, die sich an der Kontaktgrenze zwischen Eigenem und Fremdem entwickelt. Als Aktivität des Subjekts gesehen, entwickelt sich dieses *Bewegungsmuster* aus der Spannung zwischen dem Innehalten – der (Selbst-)Reflexion bzw. dem Gewahrwerden – und dem Versuch, den *Zwischenraum* aktiv und kreativ zu gestalten. Im Kontaktprozess mit dem Anderen entsteht ein *Spielraum* für die Entwicklung von Beziehungsfähigkeit und die Anerkennung des Anderen in seiner Subjekthaftigkeit.

Kontaktgrenzen wahrnehmen und gestalten heißt also, die Fähigkeit entwickeln, dem Anderen Raum zur Entfaltung zu geben, sich ihm zu öffnen und es/ihn zu Wort kommen zu lassen, *um damit* eigenen Spielraum (wieder) zu gewinnen (vgl. HOLZBRECHER 1997: 173).

3.2 Anders sein, gleich sein: Subjektentwicklung als Bezugspunkt einer Auseinandersetzung mit Fremdheit

Die Subjektentwicklung im Jugendalter scheint einer ähnlichen Logik zu folgen wie die Gruppenentwicklung: Dem Bestreben nach starker Bindung und Identifikation mit dem, was als „zugehörig" wahrgenommen wird, folgt eine Phase der Distanzierung, des Abstand-Nehmens, des Bedürfnisses nach Autonomie; schließlich werden in einem nächsten Schritt die beiden widerstrebenden psychologischen Strukturen zu einer qualitativ neuen Synthese integriert. Vor diesem Hintergrund ist es nahe liegend, die für die interkulturelle Pädagogik bedeutsamen Schlüsselbegriffe „Gleichheit" und „Differenz" aus subjekttheoretischer Perspektive zu begründen. Das entwicklungspsychologische Konzept Robert Kegans bietet m. E. dafür interessante Anknüpfungspunkte. Kegan (1994: 149 ff.) geht davon aus, dass sich die lebensgeschichtliche Entwicklung („spiralförmig") im Spannungsfeld zwischen den Bedürfnissen nach „Zugehörigkeit" und nach „Unabhängigkeit" vollzieht, wobei jeweils eine qualitativ neue Form der Subjekt-Objekt-Beziehung entwickelt wird. Subjektentwicklung kann damit als aktive Auseinandersetzung mit antinomischen psychologischen Strukturen verstanden werden, die es dem Subjekt ermöglichen,

neue Formen der Beziehung zum Selbst und zum Anderen zu erarbeiten. Gerade in der Phase der Adoleszenz osziliert die *Selbst- und Weltwahrnehmung* in einem Spannungsfeld gegensätzlicher, manchmal auch komplementär sich ergänzender Bedürfnisse:
- Mit dem Wunsch nach *Verschmelzung, Ich-Entgrenzung* in der Gruppe, als *Gleicher* anerkannt zu werden bzw. sein zu wollen wie alle entwickelt sich das Gegenstück, der Wunsch nach Abgrenzung, Ich-Behauptung und Selbstkonstruktion.
- Das Prinzip der *Einschließung,* der Konstruktion von *Gemeinschaft* und als homogen erscheinender *Ganzheiten* und *Identitäten* korrespondiert mit dem gegenpoligen Prinzip der *Ausschließung,* der *Errichtung von Grenzen und (Leit-)Differenzen,* die eine Konstruktion „des Eigenen" erst möglich machen.
- Die Suche nach *tragfähigen, „allgemein gültigen" Deutungsmustern,* nach einem stimmigen Selbst- und Weltbild ist begleitet von ständigen Ent-Täuschungen, dass sich diese Vorstellungen angesichts der *Vielfalt der Realität* im Rückblick immer wieder als zeitbedingte Konstruktionen erweisen: Dem Bedürfnis nach Konsistenz und Synthese entgegengesetzt ist das der Dekonstruktion, der Relativierung von „Wahrheit" und der Anerkennung der Differenz des Anderen.

In diesem „Wahrnehmungschaos" Halt zu gewinnen gelingt – zumindest kurzfristig – durch die Konstruktion eindeutiger, d. h. Sicherheit vermittelnder Bilder vom Selbst und vom Anderen: Indem diese Vorstellungen auf die Außenwelt projiziert werden, erscheint diese subjektiv „verstehbar". In diesem Licht betrachtet erscheint das *Bedürfnis nach Gleichheit* als narzisstische Projektion. Andere und vor allem die Eigengruppe („Gemeinschaft") verkörpern dann etwa ein ideales Selbst bzw. einen „sozialen Körper", dem man sich zugehörig fühlt.
Auf den zweiten Blick erst folgt die Erkenntnis der Unterschiede. Ausgehend vom Gegenpol des *Bedürfnisses nach Differenz* wird die radikale Autonomie des Einzelnen fokussiert – um dann festzustellen, dass andere in Bezug auf bestimmte Merkmale ähnlich oder gar gleich sind.
Der für unseren Diskussionszusammenhang entscheidende Aspekt des Kegan'schen Modells besteht darin, dass dann von einem qualitativ neuen Entwicklungsstand gesprochen werden kann, wenn das Subjekt nicht mehr in eine spezifische Wahrnehmungsform *eingebunden* ist – z. B. von Ängsten (etwa dem Fremden gegenüber) „gefangen" oder „getrieben" wird –, sondern diese zum *Gegenstand* einer bewussten Bearbeitung machen kann (KEGAN 1994: 112). Während also für das Kind andere(s) und Fremde(s) zunächst zum In-

strument zur Befriedigung eigener Bedürfnisse und Projektionsobjekt ambivalenter Gefühle werden, ermöglicht der nächste Entwicklungsschritt ein Bewusstwerden dieser Dynamik und die Entwicklung einer neuen Ich-Welt- Beziehung. Kegan beschreibt den Entwicklungsprozess als Aufeinanderfolge der Phasen „Ablösen aus dem Eingebundensein, ein Ganzes wird zum Teil eines neuen Ganzen, hin- und herschwankende Spannung zwischen Zugehörigkeit und Unabhängigkeit" (KEGAN 1994: 299).
In existenzieller Weise wird die Verflüssigung vertrauter Deutungsmuster als krisenhaft und als Identitätsverlust wahrgenommen. Diese Fremdheitserfahrung ist jedoch die Voraussetzung dafür, dass sich eine weniger ichbezogene („dezentrierte"), d. h. gleichberechtigtere Beziehung zum Anderen entwickeln kann. Vom psychischen „Zwang" befreit, eigene Ängste und Fremdheitserfahrung auf ihn zu projizieren, wird das Gegenüber als eine vom Selbst unabhängige Einheit wahrgenommen und als solche akzeptiert. Damit wird „die Grenze zwischen mir und dir immer wieder neu verlegt, womit ich dir jedes Mal eine qualitativ neue Garantie deiner von mir unabhängigen Eigenständigkeit gewähre (womit gleichzeitig ein qualitativ immer ‚größer' werdendes Du entsteht, mit dem ich in Beziehung treten kann)" (KEGAN 1994: 176). Zweifellos gewinnt das solcherart lernende Subjekt mehr Selbstbewusstsein und Gestaltungsfähigkeit, weil (besser: wenn) der/das Andere in seiner Fremdheit und Widerständigkeit als Herausforderung für die eigene Subjektentwicklung und Selbst-Aufklärung verstanden wird.
Fremdverstehen und Selbsterkenntnis sind somit als zwei Dimensionen desselben Lernprozesses zu verstehen, in dessen Verlauf sich das Subjekt ein jeweils neues Bild von sich selbst, vom Anderen und vor allem von der eigenen Stellung im lebensweltlichen bzw. gesellschaftlichen Kontext erarbeitet.
Kegans Ansatz, den Entwicklungsprozess als „Bedeutungsentwicklung" (1994: 36 ff.) zu konzipieren, zeigt, dass die Sphäre „des Eigenen" und die „des Fremden" Konstruktionen darstellen, die – mit emotional aufgeladenen Bewertungen versehen – für das Subjekt zur „Wirklichkeit" werden.

In keiner anderen Lebensaltersphase erscheint die Aufgabe der mühsamen Erarbeitung neuer Bedeutungen für das eigene Selbst im sozialen Kontext derart ambivalent, krisenanfällig und chancenreich wie in der Adoleszenz. Schwankend zwischen rigoristischer Selbstbehauptung und grenzüberschreitenden Größen- und Ganzheitsfantasien erprobt das jugendliche Subjekt neue Formen des Umgangs mit der jetzt wahrgenommenen Differenz: Subjektarbeit wird zum Prozess der Bedeutungsentwicklung, in dessen Verlauf sich der Jugendliche selbst ermächtigt, am Skript seiner Biografie – und seiner Beziehung zum Anderen – bewusster weiterzuschreiben. Interkulturelles Lernen, so die hier vertretene These, hat sich in zentraler Weise auf diese „Entwicklungsaufgaben" zu beziehen.

Zielbereiche interkulturellen Lernens werden häufig auf den Kompetenzbegriff bezogen. Aus der eben skizzierten Subjektperspektive gedacht, lassen sich dabei v. a. die folgenden drei Ebenen unterscheiden.

1. *Interkulturelle Kompetenz* ist zu beziehen auf makrostrukturelle Perspektiven.
Es dürfte immer weniger gelingen, Fremdes in globalisierten gesellschaftlichen Verhältnissen aus dem Wahrnehmungshorizont auszublenden. Zu offensichtlich dringen weltweite ökonomische, politische und soziale Veränderungsprozesse in die eigene Lebenswelt. Mit Armutsflüchtlingen aus aller Welt, Arbeitsmigranten aus Süd- und Osteuropa sowie politisch und religiös Verfolgten steht die „Dritte Welt" vor der eigenen Haustüre. Die Marginalisierung der Modernisierungsverlierer bzw. derer, die sich nicht anpassen und integrieren können (oder wollen), scheint im Kleinen wie im Großen zu einem Grundmuster einer auf ökonomische Denkmuster fixierten Politik zu sein: Im Bild der „Festung Europa" spiegeln sich soziale und politische Ausgrenzungsstrategien, ebenso im verzweifelten Bemühen, mittels ethnischer bzw. kulturalistischer Kriterien verlorene Sicherheit wiederzugewinnen. Die Auflösung Sicherheit vermittelnder sozialer und politischer Strukturen wird die sozialpsychologische *Dynamik der Ein- und Ausschließung des Anderen* verstärken und damit dem Einzelnen Entscheidungen abfordern, deren Legitimation immer weniger unter Verweis auf Traditionen oder „höhere Werte" gelingen mag, sondern diskursiv hergestellt werden muss. Demokratiegefährdend sind in diesem Prozess der Modernisierung weniger der „Werteverlust" als die sich verstärkende Tendenz, all das zum „Fremden" zu erklären, was sich der Logik der Zweckrationalität nicht fügt. „Erziehung zur Verantwortung" wird deshalb auch nicht durch Rhetorik, sondern durch die Praxis der Solidarität mit den weltweit von den gesellschaftlichen Mechanismen Marginalisierten realisiert. Diese gesellschaftliche Dynamik in der Bildungsarbeit ideologiekritisch zu analysieren ist eine notwendige, aber nicht hinreichende Bedingung interkulturellen Lernens. Zwar ermöglicht eine solche Analyse die wichtige Erkenntnis, dass die Kriterien, entlang deren soziale Identitäten konstruiert werden, relativ beliebig und damit austauschbar sind, dass Gruppen etwa nach Hautfarbe, ethnischen oder sonstigen äußerlichen oder (vermeintlich) historisch begründbaren Merkmalen unterschieden werden bzw. sich selbst damit von anderen abgrenzen. Doch bleibt diese Erkenntnis für das lernende Subjekt

so lange theoretisch bzw. „fremd", als sie nicht als persönlich bedeutsame Information angeeignet und zur „Wirklichkeit" werden kann. Es gilt also nach einem Bildungskonzept zu suchen, das eine derartige Verknüpfung ermöglicht. Angesichts der strukturellen Koppelung von globalisierten Marktstrukturen und denen der eigenen Lebenswelt gilt es den verbreiteten und zunehmenden Ohnmachts- und Desintegrationserfahrungen solche von Selbstwirksamkeit und Kompetenz entgegenzusetzen.

Die Unterstützung indigener Völker in Afrika, Asien oder Lateinamerika in ihrem Kampf um das Selbstbestimmungsrecht, die Betreuung politischer Gefangener in einer Amnesty-International-Gruppe, der Kontakt zu Flüchtlingsfamilien vor Ort, Hausaufgabenhilfe oder die Mitarbeit bei Freizeitaktivitäten für Migrantenkinder im benachbarten Stadtteilzentrum, Schulpartnerschaften ... Alle derartigen Aktivitäten einer „geöffneten Schule" dürften, so meine These, für die Subjektentwicklung der Schüler/innen nachhaltig wirksame Lerngelegenheiten bieten: Vermutlich sind es weniger kognitive Einsichten als vielmehr soziale (Gegen-)Erfahrungen, die jene psychischen Dispositionen hervorbringen, welche mit den Begriffen „Einstellungsänderung" oder „Vorurteilsabbau" nur ungenau bezeichnet werden. Im handelnden Umgang mit dem Fremden und in der Gestaltung der dialektischen Beziehung zwischen der Fremd- und der Selbstwahrnehmung entwickelt sich ein Habitus, der es ermöglicht, die Ambivalenz riskanter gewordener Verhältnisse weniger als Bedrohung und eher als Herausforderung wahrzunehmen.

Wenn mit Meueler „Bildung als Subjektentwicklung" konzipiert wird, scheint es zu gelingen, einerseits den Aneignungsprozess als persönlich bedeutsame Arbeit an einer widerständigen Realität und andererseits diese Aktivität als politische Aktivität zu verstehen. Der Subjektbegriff als „Chiffre für freiheitliches Fühlen, Denken, Wollen und Handeln, selbstständige Entscheidungen (...) steht für Widerständigkeit, Selbstbewußtsein und weitgehend selbstbestimmte Verfügung über Lebensaktivitäten. Es ist ein kämpferischer Begriff der Selbstermächtigung, gerichtet gegen die ausschließliche Funktionalisierung des Menschen für die Belange des Marktes." Gleichzeitig aber setzt Subjektivität Beziehungsfähigkeit voraus. „Sie bedarf, um zustande zu kommen, der solidarischen Wertschätzung durch andere ebenso wie der eigenen Offenheit für fremdes Leid" (MEUELER 1993: 8). Mit diesem bildungspolitischen Ansatz kann die schöpferische Auseinandersetzung mit den gesellschaftlichen Strukturen als Medium der eigenen Subjektentwicklung konzipiert werden. Indem sie für eine Verbesserung der Lebensbedingungen benachteiligter Gruppen hier und anderswo arbeiten und sich mit ihrer Differenz oder Gleichheit auseinander setzen, überwinden die Lernenden die totale Vereinnahmung durch die Marktgesetze, entdecken ihre Kompetenzen und entwickeln in der Auseinandersetzung mit der äußeren Realität ihre Subjekthaftigkeit.

2. **Interkulturelle Kompetenz ist auf die überschaubare Lebenswelt, den konkreten Interaktions- und Handlungsraum im Alltag der Lernenden, zu beziehen.**

Handlungspropädeutisch ist damit v. a. die Befähigung gemeint, im eigenen Lebensraum, z. B. der Region, kompetent pädagogisch und politisch handeln zu lernen. Denn im überschaubaren und gestaltbaren Lebensraum kann die Fähigkeit entwickelt werden, mit den vielfältigen Spannungen, Brüchen und Veränderungen des sozialen Systems selbstreflexiv umzugehen und Selbstwirksamkeit zu erfahren. Gleichzeitig bieten Sicherheit und Vertrautheit vermittelnde Wir-Identitäten – auch über Grenzen hinweg – das notwendige stabilisierende Moment. Nur in solchen überschaubaren Räumen (und dazu ist auch die Schule zu zählen) kann die Erfahrung von Kompetenz entwickelt werden, die es ermöglicht, sich weniger als ohnmächtiges Opfer und eher als selbstbewusster Gestalter wahrzunehmen und dabei die eigene Rolle (Beobachter und Handelnder) kritisch zu betrachten.

Bedeutsame Perspektiven für eine Weiterentwicklung interkultureller Didaktik ergeben sich, wenn wir die Dialektik der eigenen Subjektentwicklung und der des Anderen auf den *Umgang mit Gleichaltrigen* innerhalb und außerhalb der Schule beziehen: Wie fremden Menschen mit andersartigen Ansichten und Verhaltensweisen zu begegnen ist, wird zuallererst in alltäglichen Verstehens- und Handlungsversuchen erlebt und zu nachhaltig wirksamen Erfahrungen verarbeitet. Es gilt die Erfahrung zu ermöglichen, sich zunehmend als bewusster, *sich selbst und anderen gegenüber verantwortlicher* Konstrukteur der Lebenswelt zu begreifen.

Theaterstück

Zur Verdeutlichung dieses Aspekts dürfte das Bild eines gemeinsam zu erfindenden „Theaterstücks" geeignet sein.
Jeder ist ein Akteur auf einer gemeinsamen Theaterbühne. Man spielt zum einen die anerzogene, biografisch und kulturell bedingte Rolle, zum anderen orientiert man sich an dem, „was gerade gespielt wird": am gemeinsamen Stück und seinem Thema – vor allem aber daran, wie die Anderen/„Fremden" sich dem Handlungskern nähern, ihn umkreisen bzw. sich damit auseinandersetzen. Man beobachtet, tastet die Situation ab, erprobt spielerisch Möglichkeiten des Deutens und des Handelns, animiert andere zum gemeinsamen Experiment, zur Erkundung einer gemeinsamen Basis der Aktion und Reflexion. In diesem Prozess bekommt man auch selbst Rollen zugeschrieben und angetragen, probiert sie aus, wie man in der Garderobe des Theaterateliers mit Masken, Kleidern und Hüten spielt. Bezugspunkt allen Handelns bleiben das gemeinsame Stück und v. a. das Anliegen, dass das Stück weitergeht und alle dabeibleiben können. *Zielperspektive des Stücks ist der Prozess des Aushandelns gemeinsamer Deutungsmuster.* Für jeden „Mitspieler" wird damit die Frage grundlegend, wie man sich selbst vom Anderen her denken könnte. Im Kern geht es dabei um eine *sensible Wahrnehmung des Kontaktprozesses,* es gilt das eigene Handeln in seiner *möglichen* Wirkung auf andere zu antizipieren: Sie werden mich und mein Handeln danach beurteilen, inwiefern es der Sache und dem Fortgang des Stücks diente.

3. Außerdem gilt es die Ebene der psychosozialen Subjektentwicklung zu berücksichtigen.
Aus der Auseinandersetzung des Subjekts mit inneren und äußeren Widerständen, mit Ängsten und Wünschen, mit der faszinierenden und bedrohlichen „Fremdheit" der eigenen Entwicklung dürfte sich psychische Stärke entwickeln, die als Bedingung dafür gesehen werden kann, mit Mehrdeutigkeit, mit Veränderungen und Verwandlungen kreativ umzugehen. Wenn wir die Adoleszenz beschreiben als Phase besonders intensiver, risiko- und chancenreicher Suche nach einem selbstbestimmten Lebensweg, so stellt sich damit nicht nur die klassische identitätstheoretische Frage, inwiefern der „bedeutsame Andere" zur eigenen Identifizierung und Identitätsentwicklung beiträgt. Genauso wichtig wird die Frage, inwiefern die Subjekt-

entwicklung dialektisch verknüpft ist mit dem Respekt vor bzw. der Akzeptanz und Unterstützung der Autonomie des Anderen. Gerade in helfenden Berufen gilt es der Versuchung einer paternalistischen Haltung gegenüber den „Hilfsbedürftigen" zu widerstehen, die aus interkultureller Perspektive an einen historisch überkommenen kolonialistischen Habitus erinnert.

Zu fragen ist vor diesem Hintergrund, inwiefern interkulturelle Bildungsarbeit zur Entwicklung „handlungsermächtigender Strukturen" (STARK 1996: 163) beitragen kann: innerhalb der Schule etwa bei der Organisation und qualifizierten Artikulation von Schüler-Interessen im Rahmen der Schulmitwirkungsorgane, außerhalb der Schule z. B. bei der solidarischen Unterstützung von benachteiligten Bevölkerungsgruppen und deren Selbstorganisationspotenzialen. Die Erfahrung selbstbestimmten Handelns in der eigenen Lebenswelt scheint Voraussetzung dafür zu sein, dass sowohl in intersubjektiven Beziehungen als auch bezogen auf benachteiligte Personen und Gruppen andere in ihrem Bemühen um eine Selbstorganisation der eigenen Interessen unterstützt werden. Wie viele Beispiele aus der Praxis von Aktionsgruppen und bürgerschaftlichen Initiativen zeigen, scheint umgekehrt gerade eine solche gesellschaftspolitische Praxis geeignet zu sein, selbstbestimmtes Handeln im Alltag und in den persönlichen Beziehungen hervorzubringen.

3.3 Didaktische Konzepte und Perspektiven Interkulturellen Lernens

Grundlage für die Entwicklung curricularer Konzepte im Lernfeld „Interkulturelles und Globales Lernen" sind die 1997 verabschiedeten Empfehlungen der Kultusministerkonferenz „Interkulturelle Bildung und Erziehung in der Schule" und „Eine Welt/Dritte Welt in Schule und Unterricht". Dort heißt es:

„Zur Entwicklung interkultureller Kompetenzen sind Kenntnisse und Einsichten über die identitätsbildenden Traditionslinien und Grundmuster der eigenen wie fremder Kulturen eine notwendige Grundlage; Mutmaßungen und Vorurteilen kann nur mit differenzierter Wahrnehmung, reflektierter Klärung und selbstkritischer Beurteilung begegnet werden. Dabei geht es weniger um eine Ausweitung des Stoffs als vielmehr um eine interkulturelle Akzentuierung der bestehenden Inhalte. Im Einzelnen erscheinen folgende thematische Aspekte bedeutsam, um exemplarisch kulturelle, religiöse und ethnische Hintergründe und Beziehungen sowie Bedingungen des Zusammenlebens in kultureller Vielfalt kennen zu lernen:

- *Wesentliche Merkmale und Entwicklungen eigener und fremder Kulturen*
- *Gemeinsamkeiten und Unterschiede der Kulturen und ihre gegenseitige Beeinflussung*
- *Menschenrechte in universaler Gültigkeit und die Frage ihrer kulturellen Bedingtheit*
- *Entstehung und Bedeutung von Vorurteilen*
- *Ursachen von Rassismus und Fremdenfeindlichkeit*
- *Hintergründe und Folgen naturräumlicher, wirtschaftlicher, sozialer und demographischer Ungleichheiten*
- *Ursachen und Wirkungen von Migrationsbewegungen in Gegenwart und Vergangenheit*
- *Internationale Bemühungen zur Regelung religiöser, ethnischer und politischer Konflikte*
- *Möglichkeiten des Zusammenlebens von Minderheiten und Mehrheiten in multikulturellen Gesellschaften.*
(http://www.bebis.cidsnet.de/faecher/feld/interkultur/rechtindex.html; vgl. auch NIEKE 2000: 234 ff.)

Bei der Sichtung der Literatur fallen immer wieder vier Grundthemen oder -motive für interkulturelles Lernen auf:
1. Verstehen des Fremden/Umgang mit Fremdheit
2. Anerkennung des Anderen/Identität
3. „Alle anders – alle gleich": Nichtwertender Umgang mit Differenz
4. Grenzüberschreitende Verständigung in globaler Verantwortung

Diese Grundmotive oder -themen können auch als übergreifende Lehr-Lern-Ziele verstanden werden, die sich in unterschiedlicher Gewichtung in den didaktischen Konzepten wiederfinden, unabhängig davon, ob sie für den schulischen oder den außerschulischen Bereich konzipiert wurden.

Mit diesem Kapitel wird ein Versuch unternommen, der in mehrfacher Hinsicht schwierig ist. Positiv betrachtet geht es um eine Ausformulierung von Spannungsbeziehungen zwischen der Allgemeinen Didaktik und den verschiedenen Fachdidaktiken, zwischen einer Orientierung an theoretisch begründeten Prinzipien und der Vielfalt praktischer Ansätze im pädagogischen Alltag bzw. zwischen „hochfliegender Theorie und werkelnder Praxis" (ROTH 2000: 38). Beim Versuch, didaktische Konzepte interkultureller Bildungsarbeit in der Schule voneinander zu unterscheiden, erwartet man klare Kategorien, die eine Abgrenzung der Konzepte voneinander möglich machen. Doch beim Blick auf die Vielfalt bestehender Praxisansätze zeigen sich viele Überschneidungen und Übergänge. Erschwerend kommt hinzu, dass es in der Fachlitera-

tur kaum Versuche gibt, in denen die genannten Spannungsbeziehungen bezogen auf Interkulturelles Lernen reflektiert werden. Eine noch ausstehende Geschichte der Didaktik interkulturellen Lernens müsste darüber hinaus nicht nur den Schulstufenbezug berücksichtigen, sondern auch die jeweiligen Forschungsbestände und Erkenntnisfortschritte der Interkulturellen Pädagogik. Wenn im Folgenden von „didaktischen Konzepten" gesprochen wird, ist davon auszugehen, dass es sich dabei um Ansätze handelt, die inhaltlich eine „relative Geschlossenheit" aufweisen sowie eine kohärent erscheinende Entstehungsgeschichte. Allerdings wird sich zeigen, dass die Übergänge zwischen den Konzepten oft fließend sind. Es handelt sich also nicht um ein begriffliches „Schubladensystem", sondern um den Versuch, Unterscheidungen zu treffen und damit neue „Perspektiven" interkulturellen Lernens deutlich werden zu lassen. Angesichts der Zielsetzungen und (angenommenen) Leser-Interessen dieses Studienbuchs soll jener Zwischenbereich zwischen einer hochabstrakten und formalisierten Didaktiktheorie (vgl. „Didaktische Modelle") und praktischen Unterrichts-„Ansätzen" ins Blickfeld kommen. Bei der Unterscheidung der im Folgenden zu reflektierenden didaktischen Konzepte und Perspektiven
- Antirassistische Erziehung,
- Ethnische Spurensuche in Geschichte und Gegenwart,
- Lernen für Europa,
- Sprachliche, kulturelle und kommunikationsbezogene Allgemeinbildung,
- Globales Lernen,
- Bilder vom Fremden und vom Eigenen wahrnehmen und gestalten,

war weniger erkenntnisleitend, eine stringente Ableitung aus einer allgemeindidaktischen Theorie leisten zu wollen. Vielmehr sollten sie eine „heuristische Funktion" erfüllen, d. h. als Ordnungssystem eine erste Orientierung bieten, vor allem aber die pädagogische Fantasie der Leser/innen dieses Buches anregen, eine neue pädagogische Praxis zu (er-)finden.

Antirassistische Erziehung

Das Konzept der Antirassistischen Erziehung entstand in Großbritannien „in der polemischen Wendung gegen die interkulturelle Erziehung bzw. Multicultural Education. Der Vorwurf von Seiten schwarzer Intellektueller war der, dass die gängige Praxis nur Stereotypisierungen begünstige. Deshalb sollten kulturelle Eigenheiten auch kein Thema mehr sein. Stattdessen sollten die Heranwachsenden für alltägliche Diskriminierungen sensibilisiert und vor allem über den institutionellen Rassismus aufgeklärt werden" (AUERNHEIMER 1998: 22). Kritisiert wurden die „Kulturalisierung der Minderheitenfrage" oder der Paternalismus von Angehörigen der (weißen) Mehrheitsgesellschaft gegenüber Minderheiten. Die Schärfe dieser kritischen Position, so darf rückblickend behauptet werden, hat durch den ideologiekritischen Grundzug des antirassistischen Konzepts zu einer Selbstvergewisserung der interkulturellen Pädagogik geführt (zur politikdidaktischen Perspektive der Auseinandersetzung vgl. RINKE 2000: 101 ff.).

Das gegenwärtige Profil dieses Konzepts im deutschsprachigen Raum kann folgendermaßen skizziert werden:
- Als politischer und pädagogischer Begründungskontext kann Theodor W. Adornos Ansatz einer „Erziehung nach Auschwitz" (1966) gesehen werden: Erziehung habe über die politischen und sozialpsychologischen Mechanismen aufzuklären, die zu Auschwitz geführt haben, damit es sich nicht wiederhole. Vor dem Hintergrund der Maximen der Frankfurter Schule bedeutet dies vor allem eine Aufklärung über strukturell bedingte Herrschaftsverhältnisse (vgl. Kolonialismus). Weltweit wird *Rassismus identifiziert als Herrschaft legitimierende Ideologie*, die – zumeist in versteckter Form – zu einer institutionellen Diskriminierung von Minderheiten geführt hat. Die Verfolgung der Juden und der Sinti und Roma durch das NS-Regime kommt damit ebenso ins Blickfeld wie die Kolonialpolitik der Großmächte im 19. und 20. Jahrhundert oder die des Apartheid-Regimes in Südafrika. Dieser Ansatz beinhaltet also im Kern eine ideologiekritische und aufklärerische Zielsetzung, um die „Logik" von Herrschaftsstrukturen und der sie stützenden religiösen und/oder politischen Legitimationsmuster mit einem strukturellen Blick zu erkennen.

- Ergänzend hierzu wurde schon sehr früh die Notwendigkeit betont, rassistischen Erfahrungen in der eigenen Biografie auf die Spur zu kommen, entsprechende Sozialisationsmuster zu erkennen und durch Wahrnehmungsübungen und Trainingsprogramme aufzuarbeiten (vgl. VAN DEN BROEK 1988). Ähnlich wie dieser aus den Niederlanden stammende Ansatz plädiert auch Philip Cohen (1993) aus Großbritannien für spielerische und kreativitätsfördernde Methoden, um biografisch geprägten Deutungsmustern auf die Spur zu kommen.

- Nach den verstärkten rechtsradikalen Anschlägen Anfang der 90-er Jahre entstanden eine Vielzahl antirassistischer Initiativen, so etwa das Netzwerk „Schule Ohne Rassismus – Schule Mit Courage" (http://www.aktioncourage.org, http://www.sor-berlin.de) oder das Antirassistische Informationszentrum. Letzteres bietet etwa folgende Trainingsprogramme an:
  - *„Anti-Rassismus-Trainings machen Rassismus auf unterschiedlichen Ebenen z. B. durch Rollenspiele begreifbar, sensibilisieren für eigene Einstellungen und bieten Verhaltensmuster für Zivilcourage.*

- *Gewalt-Deeskalations-Trainings vermitteln die Kompetenz, Konflikte friedlich zu lösen, und trainieren den Umgang mit Gewaltsituationen und Bedrohung.*
- *Argumentations-Trainings stärken im Umgang mit alltäglichen Vorurteilen, rassistischen Stammtischparolen und rechten Lügen.*
- *Interkulturelle Trainings schulen im Umgang mit Menschen unterschiedlicher Herkunft und fördern das Verständnis für andere Lebenswelten (kulturelle/ethnische Gruppen).*
- *Lehrerfortbildungen informieren zum Umgang mit (der Thematik) Rassismus und Rechtsextremismus an Schulen und leiten an zu Konfliktmanagement, Mediation und Gewaltprävention.*
- *Multiplikatoren-Workshops leiten an zu Projektmanagement, Vernetzung und interkultureller Arbeit."*

  „In NRW vertritt ARIC das Projekt ‚Schule ohne Rassismus' der Aktion Courage als Landeskoordination. Neben der Vergabe des Titels helfen wir den Schülern und Lehrern bei der Planung der Veranstaltungen sowie der Projekte und helfen den Schulen Partner-Initiativen zu gewinnen. Auch bei der Suche nach Prominenten aus Politik, Sport, Film, Musik ... sind wir behilflich. Im Mai 2002 wurde in Dortmund die bundesweit 100. ‚Schule ohne Rassismus' ernannt."
  (http://www.aric.de/)

Mit dem von Lüddecke u. a. (2001) herausgegebenen Lehrerhandbuch „Interkulturelle und antirassistische Erziehung in der Schule" wird deutlich, dass „interkulturell" und „antirassistisch" zwei sich überschneidende Perspektiven auf eine Handlungspraxis darstellen. Die konzeptionellen Überlegungen der Autoren und die Fülle von didaktischen und methodischen Ansätzen für alle Schulstufen machen die häufig gemeinsamen Zielsetzungen deutlich: Es geht um Respekt vor und Wertschätzung der Vielfalt, Streitschlichtung und Mediation, Repräsentation von Inter-/Multikulturalität in der Schule (LÜDDECKE u. a. 2001: 43). Eine Vielfalt von Aktivitäten auf unterrichtlicher wie auf schulischer Ebene soll dazu beitragen, dass interkulturelles/antirassistisches Lernen zum Profil der Schule wird.

WEBTIPP Das Lehrerhandbuch „Interkulturelle und antirassistische Erziehung in der Schule" steht als Download zur Verfügung:
http://www.aric-nrw.de/de/docs/pdf/Lehrerhandbuch_Auszug.pdf,
in Buchform: ARIC 2003.

Konzeption des Projektes „Schule Ohne Rassismus – Schule Mit Courage"
Schüler erhalten von AKTIONCOURAGE mittels der „Startinfo" das Angebot, für ihre Schule den Titel „Schule Ohne Rassismus – Schule Mit Courage" zu erlangen. Hierzu müssen sich mindestens 70 % aller Schulzugehörigen (Schüler, aber auch Lehrer und andere Schulbedienstete) durch ihre Unterschrift zu den Grundsätzen von „Schule Ohne Rassismus – Schule Mit Courage" bekennen. Damit verpflichten sie sich, sich langfristig mit Aktionen und Projekten an ihrer Schule gegen Gewalt, Diskriminierung und Rassismus zu engagieren. Die Unterschriftenlisten werden bei der Bundeskoordination eingereicht. Im Gegenzug verleiht AKTIONCOURAGE der Schule dann in einem Festakt den Titel „Schule Ohne Rassismus – Schule Mit Courage".
Die Schüler suchen sich im Vorfeld einen Prominenten, der die Patenschaft über die Schule übernimmt und an der Titelverleihung teilnimmt. Den Termin der Titelverleihung sollten die Schüler frühzeitig mit der Bundeskoordination abstimmen.
Die 17-seitige Startinfo richtet sich direkt an interessierte Schüler und enthält alle notwendigen Informationen und Formulare zum Start des Projektes. Sie kann von der unten genannten Web-Seite aus heruntergeladen werden.
Die Schüler werden bei ihren Aktivitäten von einem Kooperationsnetz unterstützt, in das sie eingebunden sind. Dieses besteht aus der Bundeskoordination und den Landeskoordinationen sowie aus regionalen und überregionalen Kooperationspartnern aus der Jugendarbeit. Hierzu gehören NGOs und staatliche Stellen. Das Kooperationsnetz bietet Beratung und Information für Schüler, aber auch für Pädagogen und Multiplikatoren. Projekteigene Materialien geben ebenfalls Anregungen und Unterstützung. Außerdem finden Netzwerktreffen zur Motivation und Qualifizierung der Projektbeteiligten, zur Erarbeitung neuer Materialien und für die Öffentlichkeitsarbeit statt.
(http://www.sor-berlin.de)

Ethnische Spurensuche in Geschichte und Gegenwart
Zentraler Ansatz dieses Konzepts ist das Anliegen, „Zeichen der Gegenwart" auf ihre geschichtliche und kulturelle Tiefenstruktur hin zu befragen, um zu entdecken, dass multikulturelle Vielfalt nichts Exotisches und Neues, sondern ein zentrales Kennzeichen der Geschichte ist. Solche Zeichen können im weitesten Sinne sein:
- Orte der Erinnerung (Kriegsorte, Friedhöfe, Denkmäler …)
- Feier-/Gedenktage (vgl. multikulturelle Wurzeln „christlicher" Feiertage …)
- Sprache (vgl. Herkunft der Familiennamen, Wanderung von Fremd-Wörtern …)

3.3 Didaktische Konzepte und Perspektiven Interkulturellen Lernens

- Bilder/Fotos („Fremde/s" in meiner Familiengeschichte, in der Geschichte unseres Ortes/Stadtteils ...)
- Symbole und ihre Bedeutung für die Konstruktion sozialer Identitäten (vgl. Kopftuch-Sprache, gruppen-/jugendspezifische Bekleidung ...)

Die Bereiche „Feier-/Gedenktage", „Sprache/Namen" gehören sicher zu denjenigen, die schon seit längerer Zeit für interkulturelles Lernen etwa im Religions- oder im Deutschunterricht erschlossen worden sind. Ebenso dürfte der zuletzt genannte Bereich („Symbole") in verschiedenen Fächern den kulturell bedingten Konstruktionscharakter etwa von Kleidung deutlich und deren Bedeutung für die Entwicklung sozialer und personenbezogener Identität erkennbar machen.

„Orte der Erinnerung" didaktisch zu nutzen gehört seit langem nicht nur zum Grundbestand der Geschichts- und Politikdidaktik, sondern auch der außerschulischen Gedenkstättenpädagogik, etwa in Form internationaler Jugendbegegnungen. „Das Unbegreifliche begreifen und vermitteln" lautet der programmatische Titel eines Aufsatzes von Michel Cullin, Generalsekretär des Deutsch-französischen Jugendwerks: Gerade die Auseinandersetzung mit der gemeinsamen Geschichte, mit Erfahrungen des Krieges und des Widerstands sieht er als Voraussetzung für „europäische citoyenneté". Die „Bewusstwerdung europäischer Bürger, vor allem der jungen Bürger, ist ohne diese Erinnerungsarbeit nicht möglich" (CULLIN 2002: 65).

Interessante interkulturelle Perspektiven eröffnen sich, wenn Jugendliche mit Migrationshintergrund im Geschichts- und Politikunterricht mit Orten der Erinnerung aus der deutschen Geschichte, etwa aus der NS-Zeit, konfrontiert werden, eine Lerngelegenheit, die nicht nur mehrperspektivisches Denken ermöglicht (vgl. RINKE 2003), sondern auch zentrale Orientierungen des Politikunterrichts wie „Menschenrechte" oder „verständigungsorientierte Konfliktregulierung" erschließen lässt (RINKE 2000: 112 f).

Im NS-Dokumentationszentrum „EL-DE-Haus" in Köln wurden Führungen in türkischer Sprache eingeführt. Dogan Akhanli nennt in einem „taz"-Interview u. a. folgende Gründe dafür: „In der Türkei wurde Türken und Kurden nie ein kritischer Umgang mit Geschichte vermittelt, sondern eine staatstreue Linie. Wir kennen keine Vergangenheitsbewältigung. Von daher haben türkischstämmige Migranten in Deutschland eine andere Haltung zur Geschichte. Sie verdrängen und verleugnen die Geschichte und haben auch kein Interesse, dies zu ändern. Und diese Haltung finde ich für uns Migranten sehr problematisch. Sie fordern immer ihre Rechte als Minderheit, aber sie sind nicht bereit, für den selbst verursachten Rassismus Verantwortung zu übernehmen. Deshalb wollen wir ihnen einen anderen Umgang ermöglichen." (KAYA 2003: 14)

3 Gleichheit und Differenz

Lernen für Europa

Lernen für Europa war und ist ein nicht unumstrittenes Konzept, v. a. wenn man primär von einer geografischen Perspektive ausgeht und damit alle diejenigen ausschließt, die jenseits der heute festgelegten politischen Grenzlinie wohnen. Unverkennbar ist sicherlich das politische Bemühen, mit diesem pädagogischen Konzept zur Entwicklung einer „europäischen Identität" beizutragen. Ein Identitätsgefühl entsteht zum einen durch Selbstvergewisserung gemeinsamer Werte, zum anderen durch Abgrenzung von denjenigen, die diese Werte nicht teilen. Dem Diskurs über das, was „Europa" ausmacht, dürfte an sich schon interkulturelle Qualität zukommen, die sich in vier Punkten zeigen lässt.

(1) Das Bewusstsein könnte entwickelt werden, dass **Migration und kultureller Austausch** zu **zentralen Kennzeichen europäischer Geschichte** gehörten und gehören: Nicht nur ihre ökonomische und politische Entwicklungsdynamik erscheint ohne Arbeits- und Armutsmigration undenkbar; erkennbar wird auch, dass die Wirtschafts- und Kulturräume an den geografischen Grenzen, etwa im Mittelmeerraum, seit Jahrtausenden multikulturell geprägt waren und sind. Eine strikte Begrenzung auf den heutigen geografischen Raum, d. h. faktisch den Ausschluss der Türkei, erscheint vor diesem Hintergrund als Konstrukt einer als geschlossen gedachten „abendländischen Kultur", die alles „Fremdkulturelle" als nicht zugehörig ausschließt. Die Wahrnehmung der vielfältigen und wechselseitigen Einflüsse, ob im Bereich der Alltags-/Esskulturen oder in dem der Wissenschaften (vgl. Mathematik, Philosophie), lässt anschaulich werden, dass „Kultur" nicht als etwas Homogenes denkbar ist und dass die Rede von „Kulturkreisen" oder vom „Zusammenprall von Kulturen" Konstruktionen sind, die weniger der Realität angemessen sind als die Metapher des „Netzes", in dem es zwar auch Flächen gibt mit „relativer" Einheitlichkeit, meist aber Vermischungen und Übergänge die Regel sind.

„Eine globale Bruchlinie existiert, aber sie verläuft nicht zwischen den Kulturen, sondern in ihnen, nämlich zwischen jenen, die nach der politischen Vormacht für ihr eigenes Verständnis der kulturellen Überlieferung streben, und jenen, die einen politisch rechtlichen Rahmen für das Zusammenleben der verschiedenen Kulturen und Zivilisationsstile verlangen." (MEYER 1997: 83)

(2) Die Rede von einer „Bereicherung" durch die Vielfalt von Sprachen und Kulturen lässt sich ex negativo belegen: Barbarei wuchs dort, wo Fremdes ausgegrenzt wurde. Positiv und verallgemeinernd formuliert, belegt die europäische Geschichte, dass die **Begegnung und Auseinandersetzung mit dem Fremden als Bedingung für die Entwicklung einer Zivilgesellschaft**

verstanden werden kann: Verwandlungen, Grenz-Übergänge und die Gestaltung von Spannungsverhältnissen sind bei genauerer Betrachtung eine wesentliche Bedingung für die Humanisierung politischer Beziehungen und menschlicher Umgangsformen.
(3) Mit der Entwicklung einer **„citoyenneté",** einer „Bürger"- oder „Zivilgesellschaft", werden – auf der Basis der Aufklärung – **zentrale Werte der europäischen Ideengeschichte** angesprochen, die sich u. a. mit den Begriffen Gleichheit, Solidarität, Bürger- und Menschenrechte umschreiben lassen. Auch wenn es immer wieder historische Rückfälle gegeben hat und noch gibt, kann und muss der ständige Kampf gegen Despotismus, gegen religiös und/oder politisch legitimierten Fundamentalismus und gegen die Diskriminierung von Minderheiten zur Basis demokratischer Gesellschaften gehören.
(4) Europäische (Kultur-)Geschichte lässt sich lesen als ständiger Versuch, mit „dem Fremden" in seinen vielfältigen Erscheinungsformen umzugehen. Wie sich eine Gesellschaft ihm gegenüber positioniert und was sie als „fremd" konstruiert, lässt Rückschlüsse über ihren eigenen Zustand zu: **An ihrem Umgang mit Minderheiten kann eine Gesellschaft beurteilt werden.** Werden Minderheiten gezwungen, sich (einseitig) an „universalistische" Werte anzupassen, oder wird ihnen die Möglichkeit eingeräumt, ihre je eigenen Werte, Normen und Verhaltensweisen im Rahmen konstitutioneller Regeln zu pflegen und weiterzuentwickeln?

Wer die Webseiten der vielen „Europaschulen" studiert, wird feststellen, dass deren Schulprogramme außer einer intensiven Pflege von Schulpartnerschaften, einer Beteiligung an EU-Projekten (Comenius), der Einrichtung „Europäischer Klassen" mit bilingualem Unterricht eine schwerpunktmäßige Bearbeitung interkultureller Fragestellungen vorsehen (unter Einbeziehung etwa ökologischer Themen, vgl. „Agenda 21-Schule"). Zwar stehen vielfach deutsch-französische, -polnische oder -tschechische Austauschprogramme im Mittelpunkt, jedoch lässt sich eine Beschränkung auf „Europa" im engeren Sinn ebenso wenig belegen wie eine eurozentrische Programmatik. Häufig handelt es sich um Schulen, die den neuen reformpädagogischen Bewegungen aufgeschlossen sind, aktive und kreative Formen einer Schulöffnung/„Community Education" im Rahmen einer Ganztagsorganisation praktizieren und ein breites Projekt- bzw. fächerübergreifendes Angebot haben.

WEBTIPP Zu den Europaschulen in den einzelnen Bundesländern und zu den UNESCO-Projektschulen in Deutschland, Österreich und der Schweiz: www.ups-schulen.de/,
www.dipf.de/dipf/bildungsinformation iud eudok schul.htm
Zur Geschichte der Europaschul-Idee: http://www.dipf.de/dipf/EU sch ges.pdf

> **LITERATURHINWEIS** Bezogen auf die Lehrerbildung für dieses Konzept ist sehr anregend: FABRIZIO SCANCIO (Hg.), Imaginer l'Europe. Thèmes et méthodes pour un stage de formation, Freiburg 2001

Sprachliche, kulturelle und kommunikationsbezogene Allgemeinbildung

Interkulturelle Kontakte realisieren sich im Raum sprachlicher und nichtsprachlicher Zeichen. Dass unsere Wörter und unsere Gesten kulturell kodiert sind, bemerken wir häufig erst, wenn es zu Kommunikationsstörungen kommt, etwa weil ein Begriff nicht einfach zu übersetzen ist oder weil eine Geste nicht verstanden wird (vgl. Kapitel 1.6). Wörter wecken Gefühlswelten, so dass die kulturellen Kodierungen sprachlicher und nichtverbaler Zeichen oft aus dem Blickfeld geraten. Eine solche Gemengelage macht Kommunikation im Allgemeinen und interkulturelle im Besonderen so störungsanfällig. Dieses didaktische Konzept ist daher in einem umfassenden Sinn „allgemeinbildend". Seine zentralen Profilmerkmale sind:

- **Verständnis von Sprache als Medium der persönlichen und kollektiven Identitätskonstruktion:** Aus der Sprachphilosophie wissen wir, dass Wahrnehmen/Denken und Sprechen Aktivitäten sind, die sich wechselseitig beeinflussen. Die Erfahrung von Zugehörigkeit in einem vertrauten Raum, das Sich-heimisch-Fühlen („Identität") erfolgt wesentlich über das Medium Sprache, eben weil in ihr bestimmte kulturelle Erfahrungen verdichtet erscheinen. Interkulturelles Lernen findet statt, wenn ebendiese Codes erkennbar werden, die Codes der eigenen Sprache wie auch die der fremden. Wenn erkennbar wird, in welcher Weise historisch-gesellschaftliche und kulturelle Erfahrungen die Bedeutung der Wörter und der Gesten imprägniert haben. Die unterrichtliche Bedeutung dieses Ansatzes zeigt sich nicht nur in den modernen Fremdsprachen und im Deutschunterricht (vgl. das Lehr-Lern-Ziel der „language awareness", OOMEN-WELKE 2003 a: 72), sondern auch im Umgang mit den Migrantensprachen: Inwiefern erkennt die Schule das Bemühen Jugendlicher an, eine eigene Sprache als Medium der Identitätsarbeit zu nutzen? Inwiefern trägt die Institution Schule dazu bei, dass die Erstsprache auf Grund des Anpassungsdrucks emotional abgelehnt wird oder dass eine produktive Integration beider Sprachen/Kulturen im Prozess der persönlichen Identitätsentwicklung gelingt? Die sprachdidaktische Zielsetzung der „language awareness" beinhaltet also in ihrem Kern eine Pädagogik der Anerkennung (vgl. HAFENEGER u. a. 2002).

Damit wird ein weiteres bedeutsames Profil erkennbar:

- **Mehrsprachigkeit und „Begegnung mit Sprachen" als Entwicklungsperspektive:** Es gibt eine breite Diskussion über die Frage, ob und inwiefern der

"muttersprachliche Unterricht" für Schüler/innen mit Migrationshintergrund zu unterstützen sei (vgl. in Kapitel 2.4 „Handlungsfeld Unterricht"). Die einen betonen seine Berechtigung mit Verweis auf den Erhalt der „kulturellen Identität" des Herkunftslandes. Andere lehnen ihn ab mit der Begründung, es habe längst eine Integration in die deutsche Gesellschaft stattgefunden.
Wie immer man sich entscheidet: Das Erlernen mehrerer Sprachen ist für alle Schüler/innen eine plausible Entwicklungsperspektive, und zwar nicht nur der Weltsprachen Englisch oder Französisch, sondern auch die der türkischen, niederländischen oder tschechischen Nachbarn.
- **Nonverbale Aspekte interkultureller Kommunikation:** Ob als Vorbereitung einer internationalen Schülerbegegnung oder als Rückblick auf eine misslungene Kommunikation im Betrieb, die Sensibilisierung für die kulturelle Codierung von Gesten, Körperhaltungen oder Begrüßungsritualen erscheint unabdingbar in einer „globalisierten Gesellschaft", eben weil der Kontakt zwischen („inter") Kulturen vermutlich in erster Linie von der Deutung nichtsprachlicher Zeichen bestimmt ist (vgl. die Kapitel 1.6, 1.8).

Es fällt schwer, gerade dieses didaktische Konzept eindeutig von den anderen abzugrenzen. Auch bei Auernheimer, der von „Multiperspektivischer Bildung, Mehrsprachigkeit" spricht (2003: 142), bleibt der Eindruck, dass es sich dabei – ähnlich wie beim „Globalen Lernen" (im folgenden Abschnitt behandelt) – um ein Themenfeld handelt, das nur sehr schwer auf den sprachlichen bzw. kommunikationsbezogenen Aspekt zu konzentrieren ist. Ob Begrüßungsformeln oder nonverbale Signale, ob länderspezifische Kulturstudien oder literarische Dokumente eines fremden Landes im Unterricht thematisiert werden: Konstitutiv ist die Verknüpfung der sprachlichen Perspektive mit benachbarten Themenfeldern.
Deutsch- und fremdsprachendidaktische Ansätze sind hier sicherlich diejenigen, die am eindeutigsten zuzuordnen sind. Auernheimer ordnet auch den grundlegenden – und beispielsweise für den Geschichtsunterricht bedeutsamen – Gedanken einer Anerkennung der Subjekthaftigkeit des Anderen diesem Ansatz zu, der dazu auffordert, die unterschiedlichen Perspektiven der historischen Subjekte anzuerkennen, eine „doppelte originale Sichtweise" (GÖPFERT) bzw. eine mehrperspektivische Betrachtungsweise einzuüben (AUERNHEIMER 2003: 144).
Den Anderen/Fremden in seiner Eigen-Wertigkeit und Eigen-Deutung anzuerkennen, sich selbst in Beziehung zu ihm zu sehen und vom Anderen her zu denken, dieses Lehr-Lern-Ziel scheint der Kern Interkulturellen Lernens zu sein.

WEBTIPP Wer über eine Suchmaschine im Internet nach „Interkulturelle Kommunikation" sucht, bekommt mehrere Zehntausend Ergebnisse: Man erfährt, dass es an vielen Universitäten Ausbildungsmöglichkeiten zum Bereich „Interkulturelle Kommunikation" gibt (http://www.fak12.uni-muenchen.de/ikk/), stößt auf umfangreiche Literaturlisten (z. B. http://www.blik.uni-halle.de/IKK-Bibl.htm) und eine ganze Reihe interessanter Portale mit (Unterrichts-)Materialien, Veranstaltungshinweisen und Übungsprogrammen zum Interkulturellen Lernen (http://www.ikkompetenz.thueringen.de, http://www.interculture.de, http://www.daf-portal.de).
Zum Thema „Welt-Literatur" sei auf die Website der „Gesellschaft zur Förderung der Literatur aus Asien, Afrika und Lateinamerika" hingewiesen (http://www.litprom.de), die auch auf Aktionen und Projekte zu Kinder- und Jugendbüchern verweist, etwa „Guck mal übern Tellerrand, lies mal, wie die anderen leben". In diesem Zusammenhang muss auch die schweizerische Aktion „Erklärung von Bern" (http://www.evb.ch) erwähnt werden, die als Nichtregierungsorganisation mit anderen den „Kinderbuchfonds Baobab" unterhält und die Broschüre „Fremde Welten. Empfehlenswerte Kinder- und Jugendbücher zum Thema Dritte Welt und Rassismus" herausgibt.

Globales Lernen

Aus fachsystematischer Sicht erscheint es erklärungsbedürftig, ein so komplexes Lernfeld wie das des „Globalen Lernens" als Teilbereich des Interkulturellen Lernens aufzuführen. Folgt man dem allgemeinpädagogischen Ansatz von Christoph Wulf, bestimmen eine ganze Reihe von Spannungsfeldern weltweit die Bildungs- und Erziehungsprozesse, so etwa zwischen Globalem und Lokalem, Universalem und Singularem, Tradition und Moderne usw. (WULF 2001: 183 ff.). Ökonomische, politische, kulturelle und soziale Prozesse einer immer stärker werdenden weltweiten Vernetzung („Globalisierung") stellen den Kontext für Antworten des Bildungssystems auf die zentrale „Frage, wie mit lokalen, regionalen und nationalen Gemeinsamkeiten und Unterschieden in den verschiedenen Erziehungssystemen umgegangen wird" (WULF 2001: 174). Angesichts rasanter Prozesse der Globalisierung von Finanz- und Informationsströmen und der drohenden Gefahr, dass soziale Standards, das Recht auf humane Arbeits- und Lebensbedingungen, auf Bildung und die Einhaltung von Menschenrechten dem Diktat eines „Freien Markts" geopfert werden, muss Globales Lernen als angemessene Antwort der Pädagogik auf diese Herausforderungen betrachtet werden (vgl. auch SCHEUNPFLUG 2003).
„Global denken – lokal handeln" war der Slogan, der schon Anfang der 80-er Jahre auftauchte und signalisierte, dass gesellschaftliche Problem- und Handlungsfelder vor Ort im Kontext weltweit wirksamer ökonomischer Struktur-

prozesse zu sehen sind. Grundlage dieser Bewegung war der ethische Anspruch, der im Begriff der „sozialen Gerechtigkeit" zum Ausdruck kommt: Strukturell benachteiligten Bevölkerungsgruppen in den Ländern des Südens („Dritte Welt") wollte man eine Stimme geben, und nach der jahrhundertelangen Ausbeutung sollten gerechtere Weltmarktstrukturen faire Entwicklungsbedingungen für die Länder des Südens ermöglichen.

Ein wesentliches Merkmal dieser Bewegung war das Zusammen-Denken lebensweltlicher Probleme im Nahbereich mit denen im internationalen Bereich. So diente die Thematisierung der Problembereiche „Alltagsprodukte aus Dritte-Welt-Ländern" (Bananen, Kaffee usw.), „Menschenrechte und Demokratie" und „Klimaschutz" nicht nur der Aufklärung über strukturelle Zusammenhänge zwischen Nah- und Fernbereich, sondern auch dem Appell, den eigenen Lebensstil den Prinzipien einer „nachhaltigen Entwicklung" und „Zukunftsfähigkeit" anzupassen. Die **„Verantwortung für die Eine Welt"** sollte zur ethischen Basis für eine *Verknüpfung* von vier Bereichen werden:
- **Entwicklung/Soziale Gerechtigkeit,**
- **Demokratie/Menschen- und Bürgerrechte,**
- **Krieg und Frieden** sowie
- **Ökologie/Nachhaltige Entwicklung.**

Erste Berührungspunkte zwischen den Diskursen der „Ausländer"- bzw. „Interkulturellen Pädagogik" und der entwicklungsbezogenen Bildungsarbeit ergaben sich durch die Anwesenheit von Arbeitsmigranten bzw. die Perspektive der „Dritten Welt im eigenen Land" (HOLZBRECHER u. a. 1974). Deutlich wird eine solche Verknüpfung noch einmal durch die Arbeiten von Renate Nestvogel, so etwa in einer Publikation, die als Handbuch für Initiativen, die mit Flüchtlingen arbeiten, verfasst wurde (NESTVOGEL 1996). Zu den wenigen schulbezogenen Publikationen zu dieser Thematik erschien „Movies – Junge Flüchtlinge in der Schule" (CARSTENSEN u. a. 1998). Schließlich sei ein interkulturelles Schulprojekt zwischen einer deutschen und einer zimbabwischen Schule erwähnt, in dem explizit und fundiert interkulturelle und entwicklungsbezogene Perspektiven aufeinander bezogen werden (DAUBER u. a. 1998).

Mit der Aufnahme des „Globalen Lernens" als didaktischem Konzept interkulturellen Lernens kann vermutlich am wenigsten der Anspruch einer fachsystematischen Festschreibung verbunden werden. Aus anderem Blickwinkel betrachtet könnte man mit ähnlicher Berechtigung Interkulturelles als Teil des Globalen Lernens konzipieren. Wenn man unter Interkultureller Bildung die Aufgabenbereiche „Gemeinsames Lernen in einer multikulturellen Gesellschaft", „Globales Lernen in der einen Welt", „Förderung interkultureller Kompetenzen" und „Integration und Förderung von Schülerinnen und Schülern mit Migrationshintergrund" fasst, wird – ähnlich wie bei der Antirassistischen

Erziehung (siehe oben) – deutlich, dass es sich um unterschiedliche Perspektiven auf dasselbe Problemfeld handelt.

"Eine interkulturell arbeitende Schule erkennt folgende Entwicklungsnotwendigkeiten: Förderung von Mehrsprachigkeit, Entwicklung eines interkulturellen Schulprofils und Einbindung in das Schulprogramm, Aufbau regionaler Netzwerke für globales Lernen in neuen Kooperationen, Interkulturelles und globales Lernen mit Hilfe neuer Medien, besonders des Internets" (www.bezirksregierung-hannover.de).

Der wissenschaftliche Diskurs zu den Interdependenzen zwischen entwicklungsbezogener Bildungsarbeit, Interkulturellem Lernen und internationaler Bildungsforschung macht die Komplexität des Lernfelds deutlich, aber auch die Notwendigkeit, die Entwicklung zu einer „globalen Weltgesellschaft" als Herausforderung für interkulturelles Lernen zu verstehen (vgl. LANG-WOJTASIK/LOHRENSCHEIT 2003).

Im Laufe der letzten Jahre wurde eine Fülle von didaktisch aufbereiteten Materialien erstellt, die oft über den „grauen Markt" Zugang in die schulische und außerschulische Bildungsarbeit fanden. Autoren dieser Bewegung waren nicht nur Lehrer/innen, sondern auch Mitglieder von Aktionsgruppen bzw. Nichtregierungsorganisationen" (NGOs), den zentralen Akteuren der genannten Bewegung. Einen weiteren Auftrieb und die Chance, auch bisher nicht erreichte Bevölkerungsgruppen anzusprechen, bekam die Bewegung in den 90-er Jahren durch den „Agenda 21"-Prozess, mit dem der Slogan „global denken – lokal handeln" durch eine institutionelle Verankerung im kommunalen Feld politisch konkret werden konnte. Gleichzeitig, so kann beobachtet werden, sind zentrale Lehr-Lern-Ziele des „globalen Lernens" zu festen Bestandteilen fachdidaktischer Diskurse etwa der Sozial-/Politikwissenschaft, Geografie oder der Religionspädagogik geworden.

Angesichts der Fülle der (fach-)didaktischen Ansätze und unterrichtspraktischen Erfahrungsberichte soll im Folgenden der Versuch gemacht werden, aus allgemeindidaktischer Sicht eine Strukturierung vorzunehmen, die nicht nur eine systematischere Betrachtungsweise vorliegender Ansätze ermöglicht, sondern auch „generativ" auf die didaktische Fantasie der Leser/innen wirken soll. Da es in vielen Fällen nicht möglich ist, die vorliegenden Ansätze eindeutig einer der vier didaktischen Grundperspektiven zuzuordnen, soll das folgende **Vier-Felder-Modell** eine Verortung von Themen auch in „Zwischenbereichen" erlauben. Die Unterscheidung der Ansätze erfolgt nach dem Kriterium, welche der thematischen Perspektiven „Problem", „Personen", „Produkt" oder „Ort" jeweils dominiert.

3.3 Didaktische Konzepte und Perspektiven Interkulturellen Lernens

Problemorientierung	Personen-/Subjektorientierung
Menschenrechte Kalender/Zeit Weltkulturerbe	kulturelle Alltagspraxis/Feste Wohnen Spiele aus aller Welt Kinderarbeit/Kinder hier und anderswo anderen die eigene Stadt zeigen/„Heimat" Flüchtlinge/Flüchtlingskinder Indianer Frauen/Mädchen
Essen/Kochen Kleidung (Baumwolle ..., Altkleidersammlung) Nahrungsmittel (Tee, Kaffee, Kakao, Bananen, Gewürze ...)	Reisen
Produktorientierung	**Länderorientierung**

- **Problemorientierung:** Im Mittelpunkt steht hier ein Sachthema, das eine kultur- und länderübergreifende Erarbeitung und Erkenntnisse über strukturelle Zusammenhänge ermöglicht. Das Problemfeld „*Menschenrechte*" gehört mit Sicherheit zu den ersten Problembereichen, die hier zu nennen sind. Das Thema „*Zeit*" ermöglicht durch einen kulturvergleichenden Blick eine Relativierung gewohnter Muster der Strukturierung unseres Alltags und weitet wie viele andere Themen den Blick auf die Vielfalt von Lebensformen, indem das Vertraute als historisch-gesellschaftlich und kulturell bedingt erkannt wird. Gerade multikulturellen Klassen könnte eine Beschäftigung mit dem „*Weltkulturerbe*" helfen, ein Bewusstsein für die kulturbedingte Gestaltung der menschlichen Umwelten und damit Verantwortung für deren Schutz und Erhaltung zu entwickeln. Der Ansatz „Weltkulturerbe" bietet darüber hinaus die Lernchance, über nationale Grenzen hinaus globales Denken zu entwickeln (vgl. ALBERT 2001: 11; UNESCO Associated School Project [www.unesco.org/education/asp] sowie das Netzwerk der „UNESCO-Projektschulen" [www.ups-schulen.de/]).
- **Personen-/Subjektorientierung:** Lernen verläuft meist über Identifikationsprozesse. Man möchte sich vergleichen mit anderen, einen Einblick in ihren Alltag bekommen, sich freuen oder Gefühle der Angst, Trauer oder Hoffnung mit ihnen teilen. Wie leben, wohnen, lernen, feiern sie? Wie gehen sie mit den alterstypischen Entwicklungsaufgaben (Loslösung vom Elternhaus, Findung einer Geschlechtsrolle usw.) um? Eine erzählte Ge-

schichte eines Indiojungen aus Bolivien wirkt daher motivierender als eine sachliche Darstellung, ein Spielfilm ist spannender als jede Unterrichtsdramaturgie. Von konkreten Alltagsgeschichten auszugehen oder sich einfangen zu lassen von der subjektiven Wirklichkeit eines Straßenkindes in Kolumbien zwingt zunächst dazu, dem anderen zuzuhören und vor einer Be-/Verurteilung *seine* Sicht wahrzunehmen – ein zentrales Ziel interkulturellen Lernens. In den letzten Jahren konnte auf dem Markt der Kinder- und Jugendliteratur ein Qualitätssprung und ein breites thematisches Spektrum festgestellt werden, so dass heute mit Recht von der großen Chance gesprochen wird, die sich mit der Lektüre und projektorientierten Bearbeitung der interkulturellen Thematiken von Kinder- und Jugendbüchern eröffnet. Das didaktische Potenzial der Perspektive „Subjektorientierung" lässt sich erstens im Verstehen der Situation von Kindern und Jugendlichen in den Ländern des Südens und von Migranten-/Flüchtlingskindern vor Ort erkennen. Darüber hinaus – und die Überlegungen zu den Identifikationsprozessen deuteten dies an – geht es um eine Thematisierung der Subjektentwicklung der Lernenden selbst, um Gemeinsamkeiten und Unterschiede in der Arbeit an alters- und geschlechtsspezifischen Entwicklungsaufgaben. Von Bertolt Brecht stammt der Satz „Kein Mensch verweilt beim Schmerz eines anderen, wenn er ihm nicht helfen kann". Eine Projektpartnerschaft einer Schulklasse etwa mit einer Straßenschule in Kolumbien könnte konkrete Handlungsperspektiven eröffnen – und damit möglicherweise ein Stück Gegen-Erfahrung zu lähmenden Ohnmachtsgefühlen, eine Lernerfahrung, die irgendwo vor Ort vielleicht in einer Initiativgruppe oder einem Verein biografisch nachhaltige Wirkungen entfaltet.

- **Produktorientierung:** „Kauft keine Früchte aus Südafrika!" lautete bis zum Sturz des Apartheidregimes eine Forderung nach „politisch korrektem" Konsumverhalten. Es bleibt dahingestellt, ob solche Boykottaufrufe messbare politische Folgen hatten, unbestritten ist der nicht gering einzuschätzende Bildungswert der Kampagne: Eine ganze Generation von Studierenden und Junglehrern erkannte in exotischen Früchten aus den Ländern des Südens eine entwicklungspolitische Lerngelegenheit. Das didaktische Potenzial liegt nicht nur in der Frage etwa nach den Produktionsbedingungen des Produkts bis hin zum historischen Kontext des Kolonialismus, sondern auch in der Entwicklung eines kritischen und politisch fundierten Konsumentenverhaltens.
- **Länderorientierung:** Der Vollständigkeit halber sei die v. a. aus der Geografiedidaktik kommende Orientierung an spezifischen Problemen bestimmter Länder genannt, die natürlich mit jeder der genannten Perspektiven kombinierbar ist.

3.3 Didaktische Konzepte und Perspektiven Interkulturellen Lernens

LITERATURHINWEIS ANNETTE SCHEUNPFLUG/K. SEITZ, Die Geschichte der entwicklungspolitischen Bildung, Frankfurt 1995 (zur Geschichte der Didaktik der „Entwicklungspädagogik")
GREGOR LANG-WOJTASIK; CLAUDIA LOHRENSCHEIT (Hg.) (2003): Entwicklungspädagogik – Globales Lernen – Internationale Bildungsforschung: 25 Jahre ZEP, Frankfurt
... sowie zwei praxisbezogene Publikationen:
H. F. RATHENOW/D. SELBY, Globales Lernen, Berlin 2003
M. GEISZ, Praxisbuch Globales Lernen, Frankfurt 2002

WEBTIPP zum „Globalen Lernen":
http://www.friedenspaedagogik.de/themen/globlern/gl_14.htm (Beschluss der KMK zum Globalen Lernen v. 25.10.1996)
http://ww.weltinderschule.uni-bremen.de
http://www.globales-lernen.de/
http://www.globlern21.de/
http://www.eine-welt-netz.de/
http://www.globaleducationweek.de/
http://www.globales-lernen.de/konzept/index.htm (Portal zur Didaktik des GL)
http://www.nadir.org/nadir/initiativ/agp/ (Peoples Global Action) ähnlich wie: http://www.attac.de/index.php (eine globalisierungskritische Aktion)
http://www.venro.org
http://www.buko.info/ (Bundeskongress entwicklungspolitischer Aktionsgruppen)
stellvertretend für viele NGOs: http://www.medico.de, http://www.gfbv.de, http://www.tdh.de/ (terre des hommes, mit interessanter Kinderseite)
http://www.brot-fuer-die-welt.de/ (empfehlenswerte Zeitschrift „Globales Lernen" zum Download, pdf-Format)
... und zur „Agenda 21-Bewegung":
http://www.agenda21-netzwerk.de/
http://www.agendaservice.de/
http://www.learn-line.nrw.de/angebote/agenda21/

Bilder vom Fremden und vom Eigenen wahrnehmen und gestalten

Bevor wir fremden Personen begegnen, sind schon die Bilder da, Bilder aus der eigenen Lebensgeschichte, aus Kinderbüchern, Filmen, aus der Tagespresse oder aus Geschichten, die die Wahrnehmung und Wirklichkeitskonstruktion mit all ihren Gefühlsqualitäten nachhaltig eingefärbt haben. Neben lebensweltlichen Einflüssen sind noch kulturgeschichtlich bedingte Deutungsmuster wirkungsmächtig, die ihre Dynamik aus dem „gesellschaftlich unbewusst Gemachten" (Erdheim) erhalten. So wirkt etwa der Topos des „Schwarzen Mannes" seit Jahrhunderten, fand seinen Ausdruck in unzähligen Kindergeschichten und konnte in der Angst vor dem unbekannten (und „zu kolonisierenden") Afrika und seinen Bewohnern ebenso Ausdruck finden wie im jüdischen Golem-Mythos oder im Bild des Unheimlichen, Bedrohlichen in einem aktuellen Fernsehfilm.

So schwer diese Bilder greifbar sind, so bedeutsam erscheint es, sich im Rahmen Interkulturellen Lernens mit ihnen auseinander zu setzen. Denn von ihrer Qualität und „Einfärbung" hängt ab, in welcher Weise mit dem konkreten Fremden – Person, fremdes Objekt oder Ort – umgegangen wird. Die Wirkung dieser „inneren" oder „Vorstellungsbilder" ist v. a. deshalb schwer zu begreifen und wissenschaftlich zu überprüfen, weil sie ihre Dynamik erst im Kontext familiärer Sozialisationsbedingungen und historisch-gesellschaftlicher Einstellungsmuster entfalten: Sie wirken nicht „an sich", etwa im Sinne eines monokausalen Denkmodells: hier eine rassistische Darstellung, dort die entsprechende Einstellung. Vielmehr muss davon ausgegangen werden, dass bestimmte Bedingungen die Wahrscheinlichkeit erhöhen, dass rassistische, fremdenfeindliche oder gewalttätige Darstellungen „auf fruchtbaren Boden fallen". Zu solchen Bedingungen gehören mit großer Wahrscheinlichkeit biografische Erfahrungen und soziokulturelle bzw. gesellschaftliche Kontextbedingungen.

Aus pädagogischer Sicht geht es um die Suche nach einem didaktischen und methodischen Konzept, das eine Artikulation derartiger Bilder ermöglicht, um sie auf dieser Grundlage kommunizierbar und veränderbar zu machen.

Gegen-Informationen reichen sicherlich nicht aus, um Einstellungsmuster zu verändern. Ein Lernen, das auf kognitive Wissenserweiterung fixiert bleibt, geht an der skizzierten psychischen und sozialpsychologischen Dynamik von Selbst- und Fremdbildern vorbei. Wenn „Erkennen" beinhalten soll, dass es mit einer „nachhaltig wirksamen" Erfahrung verbunden ist, hat dies sowohl didaktische als auch methodische Konsequenzen.

Mit der Zielperspektive, das „Fremde in uns selbst" (KRISTEVA), die Ambivalenz des Selbst zu entdecken, „Identität" nicht als feste Größe, sondern eher als „Fließgleichgewicht" und zu gestaltenden Prozess zu begreifen, wird deutlich, dass der Bezug zur Subjektentwicklung der Lernenden dafür wesentlich ist.

Der Kontakt mit Jugendlichen aus sozio-/kulturell unterschiedlichen Lebenswelten, die aktive Auseinandersetzung mit der Fremdheit der Alltagswelt und mit „fremden" Themenbereichen ist untrennbar verbunden mit intrapsychischen Kontaktprozessen, die es zu thematisieren gilt. In welcher Weise nehme ich „Fremdes" wahr: Macht es Angst oder löst es Faszination aus? Wie weit lasse ich die Befremdung zu? Wo ziehe ich die Grenze, um mein Selbst- und Weltbild, meine Identitätskonstruktion zu sichern? Diese Fragen verweisen auf die Selbstwahrnehmung in kommunikativen Prozessen und lassen die projektiven Anteile des Beobachters erkennen, die Bestandteile seines Bildes vom Fremden sind. In selbstreflexiver (und kreativer) Weise sollte diese „Resonanzwahrnehmung" bearbeitet werden, um unbewusste Vorstellungsbilder „zur Sprache" zu bringen und gemeinsam Handlungsmöglichkeiten zu entwickeln (vgl. HOLZBRECHER 1997).

Wesentliche Zielperspektive dieses didaktischen Ansatzes ist es, zu erkennen, dass Fremdheit eine biografische und historisch-gesellschaftlich bedingte Konstruktion darstellt.

Die Konsequenz des hier vertretenen wahrnehmungsorientierten Ansatzes ist die Reflexion der gesellschaftlichen und kulturgeschichtlichen Bedingungen der Konditionierung unserer Wahrnehmung, insbesondere unseres Körperbilds, denn dieses kann aus neurologischer Sicht als Grundmuster des Selbst- und des Weltbilds verstanden werden. Wie und was als das Andere und Fremde wahrgenommen wird, ist Teil des lebensgeschichtlich codierten Fühl-, Denk- und Handlungsmusters. Dieses komplexe Muster ist nicht einfach als Speicher von Erfahrungsinhalten zu verstehen, denn es modifiziert und strukturiert gleichzeitig diese vielfältigen Erfahrungen und bringt spezifische Verarbeitungsmodi hervor. Historische, kultur- und milieuspezifische Muster der Weltdeutung können als Kontextbedingungen für die Form der Wahrnehmung und Bewertung subjektiver Erfahrungen betrachtet werden. Andererseits wirken die mit biografischen Körper-, Kontakt- und Grenzerfahrungen verbundenen Affekte im Sinne eines „Filters". Damit wird plausibel, dass die Wahrnehmung des eigenen – physischen und psychischen – Körpers zum Muster der Wahrnehmung und Bewertung von Ganzheiten und Grenzen schlechthin wird: Angriffe auf die Integrität dessen, was als eigener sozialer Körper gesehen wird (vgl. Identität stiftende Bezugsgruppen vom Fußballverein oder weltanschaulichen Gemeinschaften bis zur „Nation"), provozieren diejenige Gefühlsqualität, die mit der Verletzung der eigenen Körpergrenze verbunden ist. Andererseits dürfte die Fähigkeit, sensibel mit dem Anderen umzugehen, in emotional positiv besetzten (Körper-)Kontakterfahrungen ihre Grundlage haben.

„Die Entwicklung von Machtstrukturen war in der europäischen Geschichte ein wichtiges Mittel zur Bewältigung der Angst vor dem Frem-

den. In dieser Geschichte der Wahrnehmung spielt die Entwicklung des Sehsinns eine herausragende Rolle: Sichtbare Zeichen ermöglichen eine Vermittlung von Innen- und Außenwelt, das Bewusstwerden des eigenen Körperbilds im Verhältnis zu anderen Menschen, die Definition von (Körper-)Grenzen und – davon abgeleitet – die imaginierten Grenzen zwischen dem Eigenen, Vertrauten und dem Nicht-Ich. Die Dominanz des Sehsinns hat sich im Kontext des Zivilisationsprozesses als Medium der Distanz entwickelt: Die Beherrschung der Welt aus der Zentralperspektive durch den absolutistischen Herrscher ist nur die eine Seite dieses Prozesses, letztlich geht es um die ‚Züchtigung des Blicks und die Entzauberung der Welt' (Kleinspehn). Im mechanistischen Weltbild erscheint der menschliche Körper als zu beherrschende Maschine, und für irreal erklärt wird alles, was nicht in dieses Bild passt: Einbildungskraft, Träume, ästhetische – nichtrationale – Wahrnehmungs- und Erkenntnisformen gelten als „unwissenschaftlich" und damit als minderwertig.

Die Membran, die Kontaktgrenze zwischen dem Außen und dem Innen, ist das System unserer Sinne. Die Fähigkeiten, hören, riechen, schmecken, tasten und sehen zu können, bedürfen – entwicklungspsychologisch betrachtet – des kulturellen Kontextes, um sich entwickeln zu können. Was sich ekelhaft anfühlt, unangenehm riecht oder schmeckt bzw. (sich) chaotisch anhört, ist somit wesentlich kulturell bedingt. Wahr-Nehmen heißt, einen (Sinnes-)Reiz zu registrieren, ihn entsprechend der kulturellen Konditionierung des Wahrnehmungscodes zu bewerten und mit dieser Sinnzuschreibung ins vorhandene Wirklichkeitskonzept einzuordnen.

Ein grundlegendes Muster des Weltbilds, so die hier entwickelte These, ist die Konstruktion des Fremden auf der Folie des Eigenen. (...) Was in der europäischen Geschichte als fremd wahrgenommen wurde, lässt Rückschlüsse auf das herrschende, ästhetisch dominante, d. h. als normal empfundene Muster des Sehens, Hörens oder des Riechens zu. Zu einem wichtigen Kennzeichen dieses Musters gehört die historisch spezifische Kultivierung und Weiterentwicklung bestimmter Sinnesmodi ebenso wie die Ausgrenzung anderer, die zugunsten der nun dominanten Wahrnehmungs- und Erkenntnisform an Bedeutung verlieren. Dass damit Formen der Selbst- bzw. Körperwahrnehmung vorgeprägt werden, ist deutlich geworden: Sie werden zum Wahrnehmungscode, der die Welt in einem bestimmten Licht erscheinen lässt." (HOLZBRECHER 1997: 183 f.)

Diese Zusammenhänge machen deutlich, dass Interkulturelles Lernen untrennbar mit einer Thematisierung von Grenz- und Ambivalenzerfahrungen verbunden sein sollte. Diese „kultur- und psychohistorische Dimension" öff-

net den Blick für ein breites Spektrum von Fragestellungen, die über das der anderen didaktischen Ansätze des interkulturellen Lernens weit hinausgehen (HOLZBRECHER 1997: 186 ff.). Wesendliche Fragestellungen sind:
- *„Das WeltBildDesign bestimmt das Bewusstsein"*
Wie sehen Ureinwohnervölker sich selbst und die äußere Realität/„Fremde"? Welche Wechselwirkungen zwischen beiden Konstruktionen sind erkennbar? Inwiefern spiegeln sich diese Denkstrukturen in der Sprache wider? Wo und in welcher Form zeigt sich ein euro-/ethnozentrisches Weltbild? Welche Muster unseres europäischen Weltbilds lassen sich identifizieren, und auf welche (kultur)geschichtlichen Wurzeln sind diese zurückzuführen? Lässt sich (und wie) eine Geschichte der Weltbilder beschreiben? Welche Parallelen sind erkennbar zwischen dem entwicklungspsychologischen und dem kulturgeschichtlichen Prozess der Weltbildentwicklung?
- *„Wie wirklich ist die Wirklichkeit?"*
Was uns medial als Realität präsentiert wird, sollte als interessenbedingte Wirklichkeitskonstruktion erkannt werden, deren spezifische Struktur sich als Zusammenspiel politisch-ökonomischer Strukturen und kulturell bzw. psychologisch bedingter Rezeptionswünsche beschreiben lässt. Die strukturelle Analyse der „Weltinformationsordnung" oder des internationalen Agentursystems greift zu kurz, wenn sie nicht ergänzt wird durch die Ebene subjektiver Rezeption: In welcher Weise bedingen sich beide Ebenen gegenseitig? Lassen sich milieuspezifische Muster der Wahrnehmung identifizieren, und inwiefern sind diese zu deuten vor dem Hintergrund spezifischer Sicherheitsbedürfnisse? Wie lassen sich die Folgen des immer dichter werdenden Weltinformationsnetzes beschreiben?
- *Fundamentalistische Weltbilder*
Unter welchen historischen Voraussetzungen entstehen derart geschlossene Deutungsmuster? Welche strukturellen Parallelen lassen sich erkennen zwischen politischem und religiösem Fundamentalismus? Welche gesellschaftlichen Bedingungen begünstigen eine Veränderung derartiger Weltbilder? (Vgl. das Kapitel 1.4.)
- *„Vom Fahren, Erfahren und Heimfinden"*
Reisen ist die wohl verbreitetste Form des interkulturellen Kontakts. Das Fremde begegnet dem Reisenden in unterschiedlicher Gestalt, und die Wahrnehmung von Differenz dürfte zum Wesen einer Reise gehören. Empirisch und ideologiekritisch könnte beispielsweise untersucht werden, welche Erwartungen und Befürchtungen mit einer Urlaubsreise verbunden werden, in welcher Form Kontakt mit der einheimischen Bevölkerung aufgenommen wird, oder in welcher Weise die Bilder vom Fremden bestätigt oder verändert wurden. Versteht man das Fotografieren als eine Form der Aneignung

der fremden Realität, könnte die Frage diskutiert werden, ob von spezifischen Mustern der Gestaltung von Fotos auf Muster der Wahrnehmung geschlossen werden kann.
Die historische Reiseliteratur eignet sich in besonderer Weise, um die Erkenntnis zu vermitteln, dass das sinnlich Wahrgenommene zunächst auf den Beobachter selbst (und seine Zeit) verweist. Was Heine und Goethe über Italien schreiben oder Hesse, Grass oder Drewitz über Indien, zeigt zunächst einmal die Brille der Autoren. Vorgefasste Bilder, Wünsche und Ängste geben der Wirklichkeitskonstruktion ihre spezifische gefühlsmäßige Färbung. Wie verhält sich der in der europäischen Romantik verbreitete Topos der „Reise nach innen" zur Erkundung der äußeren Welt?
- *Bilder des Fremden*
Welche Bevölkerungsgruppen in der eigenen Gesellschaft, in anderen Ländern wurden und werden zu Objekten einer Verteufelung und einer Exotisierung? Inwiefern lassen sich Beziehungen herstellen zwischen einer allgemeinen Krisenwahrnehmung und der Projektion von negativen bzw. positiven Bildern des Anderen? Was sagen diese Bilder über die historisch spezifische Welt- und Selbstwahrnehmung aus?
- *„Mit den Augen der anderen"*
Wahrnehmung anderer heißt immer auch, sich ein Bild von ihnen zu machen. Die umgekehrte Perspektive, nämlich vom Anderen selbst wahrgenommen, d.h. auch bewertet zu werden, ist zentrales Medium der Erkenntnis eigener Weltbild-Muster: Wie sehen uns die Bewohner Afrikas, Lateinamerikas oder Asiens? Wie werden wir von Zuwanderern wahrgenommen? Oder bezogen auf internationalen Schüleraustausch: Welche historisch vermittelten „Beziehungsmuster der Verwicklung" (DAUBER 1998: 63) prägen die Bilder, die man sich vom Anderen im interkulturellen Kontakt macht und die den Interaktionsprozess bestimmen?
- *„time is cash, time is money"*
Es gibt nicht viele Themenbereiche, die in derart grundlegender Weise den Blick für Muster unserer Selbst- und Weltwahrnehmung öffnen können, wie das Thema „Zeit". Unterschiedliche Zeitwahrnehmung kann zur Quelle vielfältiger Missverständnisse im interkulturellen Kontakt werden. Die Logik der Beschleunigung, Kennzeichen unseres Wirtschaftssystems, kann im kontrastiven Vergleich klarer erkannt werden: Wie lässt sich das „zyklische Zeitempfinden" der Ureinwohnervölker beschreiben? Welche litcrarischen Texte von ihnen können uns eine Vorstellung davon vermitteln?
Welche Realitätswahrnehmung entspricht der Sonnenuhr, der Sanduhr ... der mechanischen und der Digitaluhr? Wie wurde im Verlauf der Neuzeit die Uhr zur Mutter aller Maschinen, und wie spiegelt sich diese Entwick-

lung in der (philosophischen) Konstruktion unserer Selbst- und Weltbilder? Welche Konsequenzen hat(te) dieses Bild des Maschinen-Menschen für die Bewertung nichtquantifizierbarer Wahrnehmung (vgl. Rolle der Gefühle und der Fantasie)?
- *Sinn und Sinne: Das Körperbild als Erkenntnismodus*
Alltägliche Beziehungsformen sind Ausdruck gesellschaftlicher Muster der Beziehung zum Eigenen wie zum Fremden. Nähe oder Distanz, spontaner, expressiver (Körper- und Gefühls-)Ausdruck oder ritualisierte Verhaltensmuster codieren als Modi des Kontakterlebens die Wahrnehmung des Anderen. Sie bestimmen die Form der Grenze zu dem, was als Nicht-Ich wahrgenommen wird. Die Stilisierung eines eindeutig abgegrenzten Eigen-Körpers von dem – diffusen – der anderen lässt eine Identitätskonstruktion erkennbar werden, die aus dem Geist der Herrschaft lebt: Die Rigidität der Grenze zum Anderen verweist auf die Dynamik der Angst vor der Auflösung der so hergestellten Klarheit. Die Ausgrenzung des Nicht-Eindeutigen zeigt sich dabei in besonderer Weise im Umgang mit sinnlichen Wahrnehmungsformen bzw. den damit vermittelten Aspekten einer Kultur. Welche Beziehungsmuster sind aus Begrüßungsritualen bzw. Formen alltäglicher Kontakte abzulesen? Inwiefern spiegeln sie sich in der Bewegungs-, Spiel-, Tanz- und Festkultur? Welche Bedeutung haben dabei Nähe/Sinnlichkeit vs. Distanz/starre Regeln? Welche (milieuspezifischen) Formen der Ess- und Trinkkultur lassen sich identifizieren? Inwiefern wird der sinnliche Genuss – das Riechen, Schmecken oder der Anblick von Speisen und Getränken – bewusst erlebt? Welche Nah- und Fernsinne werden kultiviert, welche werden mittels bestimmter Instrumente „verlängert" ...? Welche Konzepte von Gesundheit und Krankheit bestimmen das kulturelle Bewusstsein, welche Heilungsmethoden entsprechen ihnen? Welche Bezüge zur Philosophie und Religion lassen sich herstellen? Inwiefern finden diese Muster der Selbst- und Weltwahrnehmung in der Literatur ihre Entsprechung: Welche Ängste, Träume und Fantasien verarbeiten die Geschichtenerzähler? Welchen Habitus, welche Gesten drücken sie damit aus?
Vor allem bei diesen Dimensionen der Wahrnehmung muss der Blick in die eigene Geschichte und in die anderer Kulturen ergänzt werden um die Perspektive der geschlechtsspezifischen Wahrnehmung: Bei jedem der skizzierten Problembereiche dürften dann die Antworten jeweils unterschiedlich ausfallen. Dabei geht es nur vordergründig um die Vorstellung „typisch männlicher" oder „weiblicher" Wahrnehmungsmuster. Deren Tiefenstruktur zeigt in besonderer Weise den historisch vermittelten Modus der Herrschaft.
Mit dieser Vielfalt an möglichen Fragestellungen wird deutlich, welche kon-

zeptionellen Entwicklungsperspektiven erkennbar werden, wenn Interkulturelles Lernen in einem weiten Sinn verstanden wird: Die Wahrnehmung des Fremden wird zur **Lerngelegenheit**, zur Gelegenheit, über die eigenen Deutungsmuster nachzudenken, indem der Umgang mit kultureller Differenz als kreativer Kontakt-Prozess gestaltet wird.

3.4 Ein heuristisches Modell

> *heuristisch (von griech. heuriskein, finden), das Finden und Entdecken betreffend. 1. Richtlinien für mögliche Forschung (Kant). 2. In der modernen Wissenschaftstheorie gibt es zwei Arten methodologischer Regeln: Die positiven h. Regeln geben einem Forschungsprogramm die Richtung vor, die negativen h. Regeln zeigen auf, was zu vermeiden ist (Lakatos).* (HÜGLI/LÜBCKE 1995: 253 f.)

Ein heuristisches Modell soll zur (Er-)Findung neuer didaktischer Schritte, zur Entwicklung „didaktischer Fantasie" beitragen und bezieht sich auf den Prozess der Gestaltung des Lehr-Lern-Prozesses. Mit dem folgenden Prozessmodell soll ermöglicht werden, die subjektiv-biografische Ebene mit der lebensweltlichen bzw. der historisch-gesellschaftlichen zu verknüpfen. Dem Modell liegt ein Konzept von Lernen zugrunde, bei dem „Erfahrung" als Resultat komplexer Wechselwirkungsprozesse verstanden wird: Das lernende Subjekt „organisiert" oder „produziert" seine Erfahrung, indem es auf bestimmte Erlebnisse besondere Aufmerksamkeit lenkt und sie thematisch verdichtet verarbeitet und dabei solche Bedeutungen findet, die rückblickend und vorausschauend als „sinnvoll" erscheinen. Erkenntnistheoretisch lässt sich diese biografisch zu entwickelnde Aktivität als Wechselwirkung zwischen den Erfahrungsdimensionen der Wahrnehmung, der Reflexion sowie des Handelns beschreiben.

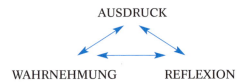

AUSDRUCK

WAHRNEHMUNG   REFLEXION

- **Wahrnehmung:** In Bezug auf die Dimension der Wahrnehmung entwickeln Lernende etwa die Fähigkeiten, sich selbst und andere(s) bewusster zu erleben, mit allen Sinnen wahrzunehmen, Fantasien und Vorstellungsbilder (z. B. Zukunftswünsche/-ängste) zu erzeugen und mit ihnen umzugehen

oder sich selbst als Teil von Kommunikations- und Verstehensprozessen wahrzunehmen.
- **Reflexion:** Mit der Kompetenzentwicklung im kognitiven Bereich erwirbt das Subjekt die Fähigkeit, mit Hilfe der Sprache bzw. abstrahierender Begriffe immer größere Zusammenhänge herzustellen und zu verstehen. Die lebensgeschichtlich zunehmend aktivere Auseinandersetzung mit sich selbst und mit der Außenwelt verstärkt den Wunsch, die Realität mit geschärftem Blick wahrzunehmen und sich in Beziehung zu ihr zu setzen. Das (jugendliche) Subjekt macht die Erfahrung, dass dieses Begreifen umso besser gelingt, je präziser die Begriffe sind: Das Denken wird flexibler und die äußere Realität kann situationsunabhängiger interpretiert werden. Erst wenn sie zur Sprache kommt, kann die gefühlsmäßige Wahrnehmung Konturen gewinnen und mit anderen Erfahrungen zu einem konsistenten Ganzen zusammengefügt werden. Das Subjekt gewinnt damit eine immer größere Souveränität gegenüber eigenen Empfindungen, Wünschen, Interessen und Weltbildern, weil eine Brücke zwischen einer vorrationalen Wahrnehmung und dem logischen Denkvermögen geschlagen wird. Jetzt kann davon gesprochen werden, dass eine verstehende Auseinandersetzung mit der inneren und äußeren Wirklichkeit stattfindet, bei der sich das Subjekt die Fähigkeit aneignet, sich selbst als Beobachter und Interpreten zu reflektieren.
- **Ausdruck:** Mit der Dimension des Ausdrucks wird – im weitesten Sinn – soziales Handeln gefasst, d. h. die politische Gestaltung der Lebenswelt ebenso wie etwa die ästhetische Praxis: Durch das kommunikative Handeln in seiner Lebenswelt bringt der Lernende Wahrgenommenes und Reflektiertes zum Ausdruck, wirkt auf seine Welt ein, und in der Auseinandersetzung mit der Widerständigkeit der Realität entwickelt er die Fähigkeit, solche Formen des (politischen) Handelns oder Möglichkeiten des Sich-Ausdrückens zu finden, die in Bezug auf die Realität und auf die eigenen Kompetenzen jeweils angemessen erscheinen. Kompetenzentwicklung in dieser Erfahrungsdimension bedeutet, dass das Subjekt immer wieder neue Perspektiven des Handelns entwickelt und somit seine Wirklichkeit kreativ hervorbringt.

Das hier vorgeschlagene didaktische **Prozessmodell** ermöglicht die Unterscheidung folgender Ebenen; dabei sind die Erfahrungsdimensionen der Wahrnehmung, des Ausdrucks und der Reflexion jeweils verschieden akzentuiert.
Auf der **I.**, der **Subjektebene** geht es um
- ein „tastendes" Herangehen an das Thema,
- einen (kreativen) Ausdruck der Vorstellungsbilder und
- ein Festhalten möglicher Irritationen,

- eine Klärung des Vorverständnisses und
- eine Vergewisserung der Erwartungshaltung bzw. des Erkenntnisinteresses in Bezug auf das Thema.

Die Frage „Was sagt meine/unsere Wahrnehmung des Themas über mich/uns selbst aus?" verweist auf die **II. Ebene**, auf der die in der I. zum Ausdruck gebrachten Vorstellungsbilder auf ihre **lebensweltlich bzw. biografisch erlernten Bedeutungsgehalte** hin untersucht werden: Es werden
- Spuren gelesen und entziffert sowie
- Bezüge hergestellt, die den sozialen Kontext biografischer Erlebnisse erkennbar werden lassen.

Auf der **III.**, der **historisch-gesellschaftlichen Ebene** werden diese Erkenntnisse in makrostrukturellen Zusammenhängen verortet:
- Inwiefern wird mein/unser Verstehenshorizont als historisch, kulturell und gesellschaftlich bedingt erkennbar?
- Welche weiteren strukturellen Zusammenhänge müssen erschlossen werden, um sowohl eigene als auch fremde Deutungs- und Handlungsmuster in ihrem jeweiligen Kontext als historisch-gesellschaftliche und kulturelle Konstruktion verstehen zu können?
- Welche Zusammenhänge werden beim Vergleich zwischen seiner und meiner Welt erkennbar?

Die zentrale Perspektive der Arbeit auf diesen drei Ebenen ist die Frage, wie – auf einer **IV. Ebene** – „hier & jetzt" in der **Lerngruppe** neue Formen des Deutens, Handelns bzw. der Beziehung zum Thema erarbeitet werden können. Dabei werden die drei bisher erarbeiteten Dimensionen der Erfahrungsbildung miteinander verknüpft:
- Welche Handlungsmöglichkeiten und -perspektiven gilt es, subjekt-, lebenswelt- bzw. gesellschaftsbezogen zu entdecken und gemeinsam zu erarbeiten?
- Wie kann diese Arbeit als offener Suchprozess gestaltet werden, bei dem Fremd- und Selbstwahrnehmung dialektisch miteinander verknüpft sind?
- Welche Deutungsmuster ermöglichen, sich als kompetente und selbstwirksame Subjekte in einer Gruppe wahrzunehmen? Wie kann man sich gegenseitig *Raum* geben?

Als **V. Ebene** folgt auf die Arbeit innerhalb der Lerngruppe die der **politischen bzw. ästhetischen Aktion**. In überschaubaren Räumen (z. B. schulischer, kommunaler Öffentlichkeit) sollen
- die Möglichkeiten politischer Partizipation und Einwirkung erfahrbar werden,
- gewonnene Erkenntnisse und Erfahrungen veröffentlicht werden,

- Denkanstöße und Handlungsimpulse gegeben und dabei
- neue Ausdrucksformen erprobt werden, um damit
- die Wirksamkeit eigenen Handelns zu erkennen.

Auf einer **VI. Ebene,** der **Evaluation,** wird rückblickend die Wirksamkeit des Handelns überprüft, und zwar in Bezug auf
- die *Qualität der Erfahrungsdimensionen in den einzelnen Phasen:* Welche Formen der Wahrnehmung, des Ausdrucks und der Reflexion wurden jeweils entwickelt?
- die *Entwicklung der Arbeitsmotivation der Gruppenmitglieder:* Welche Erfahrungen wurden gewonnen? Welche Fähigkeiten und Erkenntnisprozesse haben sich entwickelt? Wie haben sich die subjekt- und die gruppenbezogenen Motivationen verändert? Welche politischen Lernbedürfnisse wurden geweckt? Von welchen Einflussgrößen war dies abhängig?
- den *Sacherfolg:* Was wurde faktisch erreicht? In welcher Weise konnten politische Zielvorstellungen vermittelt und sichtbare Erfolge erzielt werden? Inwiefern war/ist der Sacherfolg abhängig von der Arbeitsatmosphäre in der Gruppe?
- die *Angemessenheit der Lern- und Aktionsformen:* Wie motivierend waren sie für die Akteure? Inwiefern entsprachen sie zum einen dem Thema/Lerngegenstand, zum anderen der Handlungskompetenz der Gruppe? Welche Außenwirkungen sind feststellbar?

Ein Arbeiten mit diesem Prozessmodell könnte Folgendes deutlich machen:
- Dass alle Formen der *Selbst- und Weltwahrnehmung historisch-gesellschaftlich bzw. kulturgeschichtlich überformt* sind. Dies ist die Voraussetzung für die Erkenntnis der Relativität von „Wahrheit".
- Dass *Lernaktivität als kommunikativer und kreativer Prozess* (vgl. Phase IV: „Lerngruppe") gestaltet wird, bei dem mehrere Dimensionen der Erfahrungsbildung Berücksichtigung finden. Dies kommt auch der Aneignungsaktivität der Lernenden entgegen, d. h. den unterschiedlichen Lerntypen bzw. geschlechts- und milieu-/kulturspezifischen Formen der Wahrnehmung und Verarbeitung.
- Die auf den einzelnen Ebenen unterschiedliche Akzentuierung der drei Dimensionen der Erfahrungsbildung regt zur *Entwicklung einer methodischen Vielfalt* an sowie zur Verortung einer Vielzahl von methodischen Praxisansätzen im didaktischen Prozess.
- *Lernaktivitäten im Binnenraum* der Lerngruppe werden *verknüpft mit solchen im Außenraum,* sei es durch Veröffentlichung der Lernergebnisse oder soziale bzw. politische Aktionen (vgl. HOLZBRECHER 1997: 261 ff.).

ARBEITSVORSCHLAG

Greifen Sie eine der Fragestellungen aus dem vorigen Unterkapitel „Bilder vom Fremden und vom Eigenen wahrnehmen und gestalten" (S. 114) heraus und skizzieren Sie eine Lehr-Lern-Einheit in Anlehnung an dieses Prozessmodell.

4 Interkulturelles Lernen durch Öffnung von Schule

„Öffnung von Schule" oder „von Unterricht" ist zu einem geläufigen Stichwort im Schulentwicklungsdiskurs geworden. Häufig wurden von engagierten Lehrerinnen und Lehrern mehrere reformpädagogische Ansätze miteinander verschmolzen, so dass nur noch mit dem wissenschaftlichen Blick erkennbar ist, dass die Idee des „Klassenrats" auf Céléstin Freinet, das Konzept der Kind-/Subjektorientierung auf Maria Montessori oder die Vorstellung, Schule als Ort der Einübung in eine demokratische Gesellschaft zu konzipieren, auf John Dewey zurückgeht. Die Bildungsreformbewegung der letzten Jahrzehnte ließ in Deutschland einen weitgehend unbestrittenen Grundbestand an reformpädagogischen Ideen entstehen, in dessen Zentrum das Konzept einer Schule als Lern- und Lebensort steht, – ein Konzept, das zumeist mit Hartmut von Hentig, dem Begründer der Bielefelder Laborschule, in Verbindung gebracht wird.

„Schule als Haus des Lernens" (vgl. BILDUNGSKOMMISSION 1995) impliziert zum einen eine stärkere Verknüpfung schulischer Aktivitäten mit denen des Stadtviertels bzw. der Kommune, zum anderen eine Veränderung der schulischen Lehr-Lern-Kultur selbst. In einer Ganztagsschule erfährt solches Lernen seine organisatorische Rahmung. Die vielerorts entwickelte Praxis zeigt, dass die nach außen gerichteten Aktivitäten die Form des Lehrens und Lernens verändern – und umgekehrt. Dies gilt in besonderer Weise für interkulturelles Lernen: Lüddecke u. a. schlagen vor, für ein solches Profil die Ebenen der Schule, des Unterrichts und des lernenden Subjekts zu verknüpfen und dabei folgende Aktivitäten zu entwickeln:

- Kooperation mit internationalen Organisationen
- Mitarbeit bei der Entwicklung eines internationalen Netzwerkes gegen Rassismus
- Schüler- und Lehreraustausch
- Runder Tisch mit Vertretern z. B. aus Politik, Schule, Kirche und Wirtschaft
- Regionales Aktionsbündnis gegen Rassismus
- interkulturelle „Community Education"
- interkulturelles Schulprogramm
- interkulturelles/antirassistisches Curriculum
- Anti-Diskriminierungs-Schulgesetze
- Interventionsprogramm gegen Rassismus
- schulinterne Lehrerfortbildung (SchiLf)/Supervision
- Ausbau des Beratungs- und Förderungsangebotes
- verstärkte Kooperation z. B. mit Eltern, Ausbildungsstätten, Polizei oder Jugendamt
- Schulsozialarbeit, Schulpsychologische Beratungsstelle
- Anhebung des Anteils von Migrant/innen in Mitbestimmungsgremien

Im Bereich interkulturelle/antirassistische Didaktik:
- interkulturelle/antirassistische Projekte, Arbeitsgemeinschaften, fächerübergreifender Unterricht
- Unterrichtsreihen zum Thema „Rassismus".
- interkulturelles Streit-Schlichter-Programm
- Muttersprachenunterricht/Sprachförderung
- Selbstverteidigungskurse für Schülerinnen und Schüler
- Interkulturelle/antirassistische Schulbücher (Lesebücher, Erdkundebücher, Geschichtsbücher, Religionsbücher ...)

Auf der Personenebene: interkulturelle/antirassistische Sensibilisierung durch
- Anti-Gewalt-Training
- Anti-Rassismus-Training
- interkulturelles Training/Sensibilisierungs-Training
- staatlich geförderte Fort- und Weiterbildungsmaßnahmen
- Lehrerinnen- und Lehrerbildung an der Universität (LÜDDECKE u. a. 2001: 21).

In den folgenden Kapiteln wird versucht, die Idee einer Verknüpfung solcher Maßnahmen im Rahmen von Schulentwicklungsprozessen theoretisch zu begründen und mit praktischen Beispielen zu veranschaulichen.

4.1 „Community Education"

Schule als Insel, als Lernort, der im N/Irgendwo angesiedelt ist: So dürften sie die meisten von uns erfahren haben. Wozu also „Stadtteilschulen", „Gemeinwesenorientierte" oder „Nachbarschaftsschulen"? Die Erfahrung der letzten Jahrzehnte zeigt, dass es vor allem Schulen in „sozialen Brennpunktvierteln" waren, die zunächst aus purer Notwendigkeit, dann aber aus pädagogischer Überzeugung heraus den Kontakt zu Einrichtungen der Jugendhilfe oder psychosozialen Beratungsstellen suchten, um die schulische Lernarbeit in den Kontext einer als umfassend verstandenen Bildungs- und Erziehungsarbeit zu stellen. Eine solche Vernetzung schulischer und gemeinwesenbezogener Entwicklung lässt (schul-)theoretisch drei Positionen erkennbar werden (vgl. REINHARDT 1992: 28 ff.).

1. Ein radikaler Gemeinwesenbezug der Schule, die zu einem Kristallisationspunkt der vielfältigen kommunalen Aktivitäten wird, seien es kulturelle, bildungsbezogene oder politische, bezogen auf alle Altersgruppen. Begründungskontext ist eine explizit gesellschaftskritische pädagogische und politische Theorie.
2. Eine „reformorientierte Position", die sich für eine Öffnung von Schule im Sinne einer engeren Kooperation von Schule und Elternhaus ausspricht, für

eine Einbeziehung außerschulischer Lernorte, eine Nutzung der Kompetenzen von „Laienpädagogen" sowie eine Integration von Formen der Schulsozialarbeit.
3. Eine ablehnende Position, deren Vertreter gegen eine „Sozialpädagogisierung" schulischen Lernens polemisieren, auf eine Überforderung der Schule bei Übernahme gesellschaftlicher Probleme hinweisen bzw. für die die Schule ausschließlich einen Ort der Wissensvermittlung darstellt, daher sei eher Distanz und weniger Nähe und Öffnung notwendig.

Mit dieser analytischen Trennung wird deutlich, dass hinter den drei Positionen unterschiedliche schultheoretische Konzepte stehen, unterschiedliche Antworten auf die Frage, in welcher Form Schule auf neue gesellschaftliche Herausforderungen antworten kann und soll, allgemeiner formuliert: welche Funktion(en) Schule in der Gesellschaft zu erfüllen hat. In der schultheoretischen Literatur gibt es eine Vielzahl von Theorien, die sich mit dieser Thematik auseinander setzen. Im folgenden Modell werden die „klassischen" gesellschaftlichen Funktionen (vgl. FEND 1981) ergänzt um die Personalisationsfunktion, wobei davon ausgegangen wird, dass die Funktionen in einem wechselseitigen Verhältnis zueinander stehen:

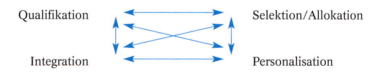

Qualifikation — Selektion/Allokation

Integration — Personalisation

In jeder schultheoretischen Position findet eine unterschiedliche Gewichtung der *vier Funktionen von Schule* statt, und jede Schule entwickelt aus einer solchen Gewichtung ein spezifisches Profil:
- Eine Schule, die die Qualifikationsfunktion verbindet mit einer harten Leistungsselektion, ist als „klassische Paukschule" bekannt. Wird hier „Integration" als Unterordnung verstanden, spielt „Persönlichkeitsentwicklung" so gut wie keine Rolle.
- Scharf davon zu unterscheiden ist eine Konzept von Schule, in der die Personalisation im Vordergrund steht, etwa in Freien oder Alternativschulen. Der Selektionsfunktion (vgl. Versetzungsregeln auf der Grundlage eines bestimmten quantifizierbaren Lern-Leistungsstands) wird demgegenüber eine untergeordnete Bedeutung zugeschrieben. Das gute Abschneiden der Laborschule in Bielefeld bei der internationalen PISA-Studie belegt, dass mit einer solchen Fokussierung nicht zwangsläufig eine geringere Leistungsfähigkeit (Qualifikationsfunktion) einhergeht.

4.1 „Community Education"

ARBEITSVORSCHLAG

Diskutieren Sie die Profile Ihnen bekannter Schulen mit Hilfe dieses Modells, v. a. im Hinblick darauf, inwiefern sich die anderen Faktoren in ihrer Gewichtung verändern, wenn einer besonders stark betont wird.

„Im Gegensatz zu den angelsächsischen Ländern und den USA hat Community Education in der Bundesrepublik Deutschland erst eine relativ kurze Geschichte. In der pädagogischen Fachöffentlichkeit wurden Ansätze und Konzepte der Community Education erstmals Mitte der 70er Jahre diskutiert. In Bezug auf die Übertragbarkeit dieser Ansätze auf das bundesdeutsche Bildungswesen stand damals der Aspekt „Community Education als Slumpädagogik" im Vordergrund der Diskussion. Erfahrungen aus den englischen Projekten im Grund- und Sekundarschulbereich der Industriemetropolen Liverpool, Manchester und Coventry standen Pate für diesen Ansatz." (BUHREN 1991: 6)

Eine Verortung gegenwärtig bestehender „gemeinwesenorientierter", „Nachbarschafts"- oder „Stadtteilschulen" im o. g. Modell zeigt, dass der Funktion der gesellschaftlichen Integration eine besondere Bedeutung zugesprochen wird – in enger Verbindung mit dem Anspruch einer Förderung personenbezogener Kompetenzen und psychosozialer Entwicklungsmöglichkeiten. Schule soll zu einem „sinnstiftenden Erfahrungsraum" werden, indem Wissen vermittelt und identitätsbildende Erfahrung ermöglicht wird (vgl. HOFMANN u. a. 1993: 138 ff.). Beim Versuch einer begrifflichen Präzisierung des Konzepts „Community Education" nennen Hofmann u. a. (1993: 106) folgende „Prüfkriterien für die zutreffende Verwendung des Begriffs Community Education": die Bedürfnisorientierung, eine antipaternalistische Grundorientierung, generationenüberschreitende Arbeit, Ganzheitlichkeit und Partizipation. Grundlegend ist demnach ein hohes Maß an Anerkennung und Mitgestaltungsmöglichkeit.
Die Erfahrung von Selbstwert und Selbstwirksamkeit im Kontext einer „Schule als Lebensraum" kann als bedeutsamster und nachhaltig wirksamer Schutz gegen fundamentalistische Orientierungen und rassistische Gewalt angesehen werden: Wer sich als Subjekt ernst genommen und anerkannt fühlt, kann ein stabiles Selbstbild aufbauen, das die psychische Grundlage für einen gestaltenden Umgang mit der Differenz der Anderen darstellt. Die „Integrationsfunktion" von Schulen, die sich diesen Prinzipien verpflichtet fühlen, besteht damit v. a. in der Anerkennung „des Politischen" pädagogischer Bildungsarbeit, was bedeutet, dass Demokratie von allen Beteiligten gelebt, politische Einmischung und Partizipation als Lernprozess ermöglicht und damit „Selbst-

wirksamkeit" erfahren wird. Eine Öffnung von Schule durch Schulsozialarbeit, eine Kooperation mit Einrichtungen der Jugendhilfe und der psychosozialen Dienste, mit Vereinen und Jugendverbänden, d. h. eine Vernetzung schulischer, soziokultureller und sozialpädagogischer Aktivitäten zu einem integrierten Konzept stellt sich damit als wichtige gesellschaftspolitische Aufgabe dar, die weit über den traditionellen Bildungsauftrag der Schule hinausgeht.
Die folgenden Thesen und Fragen sind (2004) fast 20 Jahre alt.

> **ARBEITSVORSCHLAG**
>
> Diskutieren Sie die Aktualität folgender Fragen des Pädagogen und jahrelangen Förderers der Community-Education-Idee Otto Herz (1986) und entwickeln Sie ggf. eine kritische Gegenposition, indem Sie die Ihnen wichtigen Funktionen von Schule herausarbeiten (vgl. auch REINHARDT 1992).

„Schule als Stadtteil- und Gemeindezentrum
 Wie lassen sich die schulischen Ressourcen multifunktional nutzen, wie sich die außerschulischen Lernorte für schulisch organisiertes Lernen erschließen? Wie lassen sich vorhandene Lernorte vernetzen, wie „Satelliten" außerhalb der Schule aufbauen?

Gemeinwesenorientiertes Curriculum
 Akute Problemlagen der Gemeinde und Perspektiven der Gemeindeentwicklung: Wie können sie zum Lerngegenstand, wie zur Handlungsherausforderung für schulisches Lernen werden? Wie sind dabei die Eltern, wie die Bürger der Nachbarschaft einzubeziehen? Die Entwicklung welcher Lernformen, die Entwicklung welcher Rollenverständnisse von wechselseitigem Lehren und Lernen erfordert das?

Stadtteilnahe Erwachsenenbildung als Teil lebenslangen Lernens
 Welche Rollen können Erwachsene als Laienpädagogen im Unterricht wahrnehmen? Wie können Erwachsene als Ausdruck ihres eigenen Gestaltungswillens eine erzieherische Umwelt für Kinder und Jugendliche schaffen?

Migranten
 Wie können die Gewohnheiten und Traditionen der durch die Ausländerkinder repräsentierten Kulturen zur Bereicherung des Schullebens beitragen? Durch welche Projekte kann ethnozentrisches Denken in multikulturelles Begreifen überführt werden? Wie kann Zweisprachigkeit über Sprachdrill hinaus gefördert werden?

Jugend und Beruf
 Wie können Schüler, Eltern und Lehrer mehr wissen und weitersagen über die realen Berufschancen vor Ort? Wie kann Erlebnisarbeit kompetenzstär-

kend und Selbstvertrauen mehrend angesichts mangelnder Möglichkeiten zur Erwerbsarbeit gestaltet werden? Wie kann Erwerbsarbeit geschaffen werden?
Jugend und Kultur
Wie können Künstler und Kulturschaffende zu Kompagnons für Schüler werden? Wie wird das Kunstschaffen von Schülern zum belebenden Element im Stadtteil?
Junge und Alte
Wie können verschiedene Jahrgänge in einer Schule besser zusammenarbeiten und mehr miteinander und dadurch voneinander lernen? Wie können Eltern, Experten aus der Nachbarschaft in die Gestaltung des Unterrichts einbezogen werden? Wie können Frührentner, wie Rentner und alte Menschen überhaupt ihren Erfahrungsreichtum in Schule einbringen und dabei erleben, dass sie kein ‚altes Eisen' für den gesellschaftlichen Müllhaufen sind?
Schulverbundene Gemeinwesenentwicklung
Wie können Selbsthilfeprojekte und Bürgerinitiativen unterstützt werden? Wie kann sich das Lernen in Selbsthilfegruppen und Bürgerinitiativen als ein Beispiel selbstorientierten Lernens in der Schule fortpflanzen? Wie können die Schlüsselfragen der Lokalentwicklung Gegenstand für schulisches Lernen und Praxiserfahrung vermittelndes Handeln werden? Wie lässt sich die Partizipationsbereitschaft von Eltern und verantwortungsbewussten Nachbarn erhöhen?" (HERZ 1986)

WEBTIPP http://www.selbstwirksameschulen.de/
http://www.community-education.de/

4.2 Das Modell „RAA" in Nordrhein-Westfalen

Das Kürzel RAA steht heute für „Regionale Arbeitsstelle zur Förderung von Kindern und Jugendlichen aus Zuwandererfamilien" (früher: „Ausländerkinder"). Angestoßen in den 70-er Jahren als Idee „Regionaler Pädagogischer Zentren" (HOFMANN u. a. 1993: 10), begann Anfang der 80-er Jahre im Ruhrgebiet der Modellversuch „RAA" im Kontext der Bemühungen um eine „Gestaltung des Schullebens und einer Öffnung von Schule". Hintergrund war die Erkenntnis, dass sich Schule angesichts der Multikulturalität der Schülerschaft verändern müsse. Auf der Internet-Seite der Hauptstelle in Essen heißt es:
„Interkulturelles Miteinander als Chance für die Entwicklung aller Kinder, für hier geborene, hier aufgewachsene und zugewanderte Kinder – gleich welcher Herkunft sie sind: Dafür entwickeln die RAA Programme und Projekte und setzen diese in Kooperation mit Partnern wie Kinder-

tagesstätten, Schulen, Jugendämtern, Kammern von Industrie und Handwerk und Berufsberatung um. Die Regionalen Arbeitsstellen zur Förderung von Kindern und Jugendlichen aus Zuwandererfamilien sind Einrichtungen von Kommunen und Kreisen, gefördert durch das Land NRW." (www.raa.de)

Heute gibt es 27 solcher Regionalen Arbeitsstellen in Nordrhein-Westfalen, nach dem Mauerfall außerdem eine Reihe von Neugründungen im Partner-Bundesland Brandenburg und in Berlin. Die **Aufgabenfelder der RAA in der Schule** sind
- Beratung von Eltern, Kindern und schulischen Institutionen
- Einrichtung von Konfliktbearbeitungsprogrammen in multikulturellen Schulen
- Entwicklung von Konzepten und Unterrichtsmaterialien zum interkulturellen Lernen, besonders zur Entwicklung von Mehrsprachigkeit
- Entwicklung von Konzepten zur Beratung und Förderung von Seiteneinsteigern
- Angebote zur Lehrerfortbildung
- Entwicklung von Konzepten zur Öffnung von Schule

Unterstützungsmaßnahmen und Integrationshilfen beim Übergang von der Schule in den Beruf war von Anfang an einer der Schwerpunkte der RAA, sie
- beraten Jugendliche und ihre Eltern und vermitteln Beratung,
- arbeiten mit Schulen und Partnern der Berufsorientierung,
- bieten Fortbildung an,
- stellen Materialien bereit,
- vermitteln Kontakte,
- kooperieren mit den Partnern vor Ort und bauen gemeinsam funktionierende Netzwerke auf.

Die RAAs verstehen sich als Vermittlungsagenturen zwischen „user systems", z. B. Lehrern, Schulen, Schulverwaltungen usw.) und „resource systems", d. h. Universitäten, Forschungseinrichtungen, Informationsdiensten (HOFMANN u. a. 1993: 13). Ihr Anliegen war und ist es, einerseits alle in einer Kommune beteiligten Partner zu einer intensiveren und konzeptionell abgestimmten Kooperation zu motivieren, andererseits sollen Schulen angeregt werden, „ihre pädagogische Insellage aufzugeben und sich zur sozialen Nahumgebung im Stadtteil zu öffnen" (HOFMANN u. a. 1993: 101).

Im Folgenden einige Einblicke in die vielfältige Arbeit der RAA, wie sie Monika Springer in ihrem Beitrag „Vielfalt als Chance – 20 Jahre RAA in NRW" auf der Website darstellt:

"In den von den RAA initiierten interkulturellen Schülerklubs findet das Konzept der Community Education in den späten neunziger Jahren noch einmal einen neuen Antrieb. Mithilfe der Initiative des Landes NRW ‚Kooperation von Jugendhilfe, Schule, Sport und Migrationssozialarbeit zur Verbesserung der Integration von zugewanderten Jugendlichen' regt das Konzept an, ein Freizeitangebot in Schulen zu verankern, das von allen Schülerinnen und Schülern angenommen wird und das die im herkömmlichen Freizeitbereich zu beobachtende Aus- und Abgrenzung zwischen zugewanderten und einheimischen Jugendlichen verhindert.
44 interkulturelle Schülerklubs sind im Zeitraum von 1997 – 2000 in NRW entstanden. Ein Schülerklub wird in Kooperation von Schule und außerschulischen Partnern umgesetzt. Der Erfolg eines Schülerklubs ist dann gegeben, wenn er in das von allen Lehrern geteilte Schulprogramm integriert, also Teil eines pädagogischen Konzepts ist, das die gesamte Schule aktiv gestaltend verändert. Und wenn er den Schülerinnen und Schülern ermöglicht, ein nach eigenen Bedürfnissen gestaltetes Konzept zu entwickeln, in dem gemeinsame und trennende Werte untereinander ausgehandelt werden können. Gemeinsames Tun zwischen Mehrheit und Minderheit stellt sich nur dann ein, wenn ein gemeinsames Interesse für ein Vorhaben zugrunde liegt und die Freiheit existiert, sich verantwortlich zu engagieren. (…)
Voraussetzung für eine effektive, früh einsetzende Förderung von Muttersprache und Zweitsprache ist das Aufeinanderbeziehen der Verantwortlichkeiten zwischen elterlicher und institutioneller Sozialisation und Bildung. Diese Prämisse reflektieren zwei Leitlinien des RAA-Ansatzes, nämlich der Vernetzung und der Einbeziehung der Eltern. Die RAA hat aus den Niederlanden die Programme Rucksack und Griffbereit adaptiert und für die Bedingungen in Deutschland bearbeitet, mit denen die Kompetenzen der Mütter aus Zuwandererfamilien für die Förderung ihrer Kinder in der Erstsprache genutzt werden. Mithilfe von Rucksack und Griffbereit werden die Mütter für diese Aufgabe geschult. Als wichtigste Sozialisationsinstanz werden sie mit dem Bildungssystem vernetzt. Sie arbeiten mit ihren Kindern in der Erstsprache, die Kindertagesstätte in der Zweitsprache. Dieser Ansatz setzt so früh wie möglich an – Griffbereit im Alter von 2 – 4 und Rucksack im Alter von 5 – 6, um den Kindern eine positive Entwicklung ihrer Fähigkeiten zu ermöglichen. In der Umsetzung arbeitet entweder eine muttersprachliche Fachkraft, die auch in die Kindergartenarbeit eingebunden ist, mit einer Gruppe von Müttern. Oder Elternbegleiterinnen werden ausgebildet, das

sind Mütter, die andere Mütter in ihrer Nachbarschaft für eine bessere Sprachentwicklung ihrer Kinder weiterbilden. (...)
Für den Erfolg in der Zweitsprache zeigt es sich, dass der Erstsprache eine große Rolle zukommt. Verfügt ein Kind in seiner Muttersprache über ausgebildete Sprachstrukturen, so kann es auch erfolgreich eine Zweitsprache erlernen. Familien mit einem Migrationshintergrund wissen oft nichts über diesen Zusammenhang und mithilfe des Rucksack-Programms werden die Mütter als Expertinnen für das Erlernen der Erstsprache angesprochen. Sie werden darin versichert, dass das Bücherlesen, Geschichtenerzählen, Malen, das Spielen, das Sprechen wichtig für die Entwicklung ihrer Kinder ist. Und ihre Potentiale werden mit denen des Kindergartens und der Schule vernetzt.
In Essen beispielsweise ist die Arbeit im Elementarbereich vernetzt mit der Arbeit in fünf Grundschulen, in denen Förderkonzepte in den Eingangsklassen erprobt werden, deren Herzstücke die koordinierte zweisprachige Alphabetisierung im Team-Teaching von Muttersprachen- und Klassenlehrerin bzw. -lehrer und ein geplanter und systematischer Aufbau der deutschen Sprache sind. In das schulische Programm sind die Migranteneltern, vermittelt über ihre Selbstorganisationen, eingebunden. Dieses umfassende Konzept fußt auf der Überzeugung, dass kein Partner ausgelassen werden darf, wenn ein Netzwerk innovativ und erfolgreich Wirkung zeigen soll. (...)
Ein kommunales Netzwerk zum Auffangen der benachteiligten Jugendlichen auf der Schwelle in den Beruf gehört zum Standard des RAA-Ansatzes. Ziel ist die individuelle Beratung aller Jugendlicher aus Zuwandererfamilien, die zu den potenziellen Frühabgängern ohne Schulabschluss gehören könnten, um die für ihre Voraussetzungen richtige Maßnahme zu ermitteln, die den Übergang in den Beruf erfolgreich ermöglicht. (...)
Die RAA gibt Impulse für Interkulturelle Bildung und Gestaltung, die ihre Verwirklichung durch die Pädagoginnen und Pädagogen in den Systemen finden müssen. Die Aktivitäten der RAA, die sie als innovative Anregung oder als Dienstleistung für das Regelsystem anbieten, bauen aufeinander auf und bedingen sich gegenseitig, wollen sie Wirkung zeigen. Wir wünschen uns viele innovativ motivierte Partnerinnen und Partner, die die Impulse aufnehmen und in produktiver Auseinandersetzung zurückgeben, weiterhin stabile Netzwerke, die Ressourcen bündeln und Kompetenzen aufeinander beziehen, und die Unterstützung durch Träger, Verwaltung, Politik und andere fördernde Instanzen, ohne die unsere Arbeit und die der Pädagoginnen und Pädagogen nicht möglich wäre."
(www.raa.de)

Abschließend sei angemerkt, dass die Selbstdarstellung einer Organisation wie der RAA sich zunächst einmal an einem idealen Selbstverständnis orientiert, d. h. noch nichts über die tatsächliche Wirksamkeit der unterschiedlichen Maßnahmen aussagt. Auch wenn m.w. dazu (noch) keine empirisch gesicherten Studien vorliegen, ist beeindruckend, in welcher Weise diese Arbeit eingebunden ist in eine langjährige Praxis von Schulöffnung, gemeinwesenorientierter und interkultureller Bildungsarbeit im schulischen und außerschulischen Bereich. Es ist zu vermuten, dass sich die vielfältigen Initiativen in Nordrhein-Westfalen, nicht zuletzt im Rahmen des Anfang der 80-er Jahre initiierten staatlichen Programms „Gestaltung des Schullebens und Öffnung von Schule" (GÖS; vgl. www.learnline.nrw.de/angebote/goes/), in ihrer Wirkung wechselseitig beeinflussen, so dass eine isolierte Betrachtung der RAA-Praxis sicherlich verkürzt wäre.

4.3 Medien- und kulturpädagogische Perspektiven

Öffnung von Schule und Unterricht beinhaltet in besonderem Maße, dass das Wissen und Können von Laienpädagogen für die Arbeit im Fachunterricht genutzt wird. Entweder werden außerschulische Lernorte aufgesucht (Exkursionen), Workshops und Praktika absolviert oder die Experten werden befragt bzw. in die Schule eingeladen, möglicherweise auch im Rahmen projektorientierter Arbeit oder integriert als Leiter von Arbeitsgemeinschaften im Rahmen eines Ganztageskonzepts. Auf diese Weise wird nicht nur ein Einblick in verschiedene Berufsfelder vermittelt, sondern auch Expertenwissen, über das die Lehrperson in der Regel nicht verfügt. Neben einer möglichen Kooperation mit Sportvereinen, mit dem Jugendamt, psychosozialen Diensten oder mit Einrichtungen der Berufs-, Ernährungs-, Drogen- und Verbraucherberatung (vgl. Kapitel 4.2) soll an dieser Stelle besonders eine Vernetzung schulischer Arbeit mit Medien- und Kulturzentren propagiert werden, dies v. a. aus konzeptionellen Gründen (vgl. SIEBEN O.J.).

Wie bereits an früherer Stelle deutlich geworden ist (vgl. Kapitel 3.2), lässt sich die von mir favorisierte pädagogische Grundkonzeption auf das Prinzip der Subjektorientierung fokussieren. Die didaktische Leitfrage lautet: Inwiefern kann Bildungsarbeit das lernende Subjekt dazu herausfordern und dabei unterstützen, Erfahrungsbildung als aktiven, kreativen Suchprozess zu gestalten? So verstanden kann der Prozess der Erfahrungsbildung als Wechselspiel zwischen den Dimensionen der sinnlichen Wahrnehmung, der Reflexion und des Ausdrucks beschrieben werden. Damit lässt sich die didaktische Grundfrage präzisieren.

4 Interkulturelles Lernen durch Öffnung von Schule

Didaktische Grundfrage:
Welche *Herausforderungen* und welche *Unterstützung* sind notwendig, damit die lernenden Subjekte Kompetenzen (weiter)entwickeln, um
- sich selbst und ihre Welt sensibel, d. h. mit geschärften Sinnen, *wahrzunehmen und sinnlich zu erleben*,
- sich *reflektierend* gegenüber sich selbst und der Welt zu verhalten,
- *ästhetisches, soziales und politisches Handeln* als Mittel des subjektiven Ausdrucks und der Kommunikation zu nutzen?

Damit bekommen die *Medien der Erfahrungsbildung* eine entscheidende Bedeutung, ebenso wird erkennbar, dass die *Form des Lernens* wesentlich zur „Nachhaltigkeit" des Bildungsprozesses beiträgt. Interkulturelles Lernen beinhaltet im Kern eine Arbeit an zumeist unbewussten Vorstellungsbildern, die sowohl biografisch-lebensweltlich als auch kulturell bzw. historisch-gesellschaftlich bedingt sind. Da diese Bilder vom Eigenen/Vertrauten und vom Fremden/„Anderen" für den Identitätsbildungsprozess konstitutiv sind, sollte – so die hier vertretene These – Interkulturelles Lernen über informationsbezogenes, kognitives Lernen hinaus *als aktiver und kreativer Prozess konzipiert* werden, durch den Kompetenzen entwickelt werden,
- mit Befremdung/Fremdheitserfahrung umzugehen,
- Wahrnehmung zu sensibilisieren und damit erfahrungsfähig zu werden,
- die freigesetzte Fantasie zur Suche nach neuen Deutungs-, Handlungs- und Ausdrucksmöglichkeiten zu nutzen.

Als theoretischer Bezugsrahmen eines solchen Konzepts bietet sich ein *„integriertes" Konzept von Medienbildung* an, bei dem nicht ein (Sach-)Medium im Mittelpunkt steht, sondern das mit Medien und ästhetischen Ausdrucksformen arbeitende Subjekt. „Integriert" bezieht sich dabei subjektbezogen auf den Prozess der Erfahrungsbildung, objektbezogen auf die sachbezogene Verknüpfung von kulturellen, medialen bzw. ästhetischen Arbeitsweisen. Zentrale didaktische Leitbegriffe eines solchen „integrierten" Konzepts von Medienbildung sind – aus der Subjektperspektive formuliert:
- Wir informieren uns und andere
- Wir zeigen uns und kommunizieren
- Wir mischen uns ein

Wir informieren uns und andere

Jede Lernarbeit hat die Aneignung von Wissen zur Grundlage, etwa indem Experten (Ausländerbeauftragte, Politiker, ehemalige Entwicklungshelfer) befragt werden oder Sachmedien als Mittel zur Informationsbeschaffung genutzt werden. Vor allem für das Konzept des „Globalen Lernens" bietet sich das *Internet* als Medium der Recherche an (vgl. SOLIDARISCH 2002). Zu den medienpädagogisch bedeutsamen Lehr-Lern-Zielen gehört, dass sachangemessene Fragestellungen und erkenntnisleitende Interessen sowie Suchstrategien und -techniken entwickelt werden, um sich in der Flut von Informationen zurechtzufinden. Wichtig ist dabei zu erkennen, dass Informationen interessengebunden (vgl. politische Ausrichtung von Presse) bzw. kontextabhängig sind. Schließlich geht es um eine sachgerechte Verarbeitung sowie eine adressatengerechte Aufarbeitung der Informationen.

Wir zeigen uns und kommunizieren

„Selbstausdruck durch Medien" (NIESYTO 2001) lautet der programmatische Titel eines Buches zur aktiven Medienarbeit mit Jugendlichen. Vor dem Hintergrund des Konzepts der Erfahrungsbildung (vgl. HOLZBRECHER 1997, 2001 a)

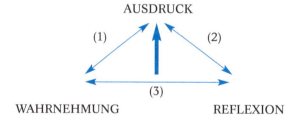

geht es – auf eine Formel gebracht – (1) um ein „Zum-Ausdruck-Bringen" von zunächst diffusen Vorstellungsbildern (z. B. Bildern des Fremden, Vorwissen/Vor-Einstellungen) mittels eines ästhetischen, „symbolisierenden" Mediums (Foto, Film, Musik, Zeichnung oder Plastik, Körpersprache/Theater u. a.), um diese dann (2) zu kommunizieren und (3) verstehend durchzuarbeiten.
Ein „Selbstausdruck durch Medien" ermöglicht eine Arbeit an Selbstbildern und Körper-Bildern und damit die Erkenntnis, inwiefern diese lebensgeschichtlich und kulturell bzw. historisch-gesellschaftlich beeinflusst sind:
– Welche Formen von Nähe und Distanz kommt etwa in unseren *Begrüßungsritualen* zum Ausdruck, welche in denen anderer Kulturen?
– Inwiefern ist die *räumliche Distanz* zwischen zwei Kommunikationspartnern abhängig von geschlechts- oder kulturspezifischen Normen?

- Welche Gefühlsqualitäten werden durch die Nachahmung, das *Nachstellen von Körperhaltungen* geweckt, wie sie etwa in historischen Bildern zum Ausdruck kommen?
- Welche kollektiven Lebensgefühle und welche kulturellen Beziehungsmuster lassen sich aus zeittypischen *Tanzformationen* ablesen, etwa aus dem Rokokotanz oder dem Tango?
- *Geschlechtsspezifischer Habitus:* Wenn Jungen „typische" Körperhaltungen und -rhythmen von Mädchen nachahmen (und umgekehrt): Welche Gefühle löst diese Erfahrung aus? Inwiefern kann aus der „Kontrasterfahrung" auf eine kulturelle Konditionierung geschlossen werden?
- Inwiefern ist *ästhetischer Geschmack* bedingt durch biografische Erfahrung oder durch milieubedingte Prägung?
- Mit welchen Gefühlszuständen ist die pantomimische Darstellung von Begriffen oder Sprichwörtern verbunden (z. B. „eine Position beziehen", „sich gehen lassen", „sich auseinander setzen")? Wie kann an der Körperhaltung oder an einer improvisierten Szene noch weiter modelliert werden, etwa durch Übertreibung, Verfremdung oder Verlangsamung rhythmischer Muster?

„Was nicht klar gesagt werden kann, davon muss man schreiben." Mit diesem Titel eines Aufsatzes der Kunstpädagogin Maria Peters (1997: 449) wird deutlich, dass es oft erst über die ästhetische Praxis möglich erscheint, ambivalente Vorstellungsbilder subjektiv begreifbar zu machen. Ein belastendes und diffus erlebtes Angstgefühl verliert häufig allein dadurch, dass es ausgedrückt wird, seine bedrohliche Dynamik. Im Prozess des körpersprachlichen Ausdrucks, des kreativen Schreibens oder Malens scheint sich eine Art „Katharsis" zu vollziehen, vermutlich weil diese Gefühlsqualität nun Gestalt gewinnt und in dieser objektivierten Form bearbeitet werden kann. Neben dieser subjektbezogenen Wirkung ästhetischen Gestaltens ist die soziale Dimension dieser Tätigkeit konstitutiv: Kreatives Schreiben, bildnerisches Gestalten, Pantomime, Tanz, Theater usw., mit diesen ästhetischen Ausdrucksmedien wirkt das Subjekt in seine Lebenswelt hinein und entwickelt die Kompetenz, soziale Beziehungen zu gestalten. Ästhetische Praxis ermöglicht also – im Wortsinn – ein Hervorbringen von Wirklichkeit. Die Arbeit an der Widerständigkeit des Gegenstandes ist eine doppelte: Zum einen wirkt die Mehrdeutigkeit des Vorstellungsbildes, zum anderen die äußere, soziale Realität mit ihren Herausforderungen spannungserzeugend. Kreatives ästhetisches Handeln im kommunikativen Raum stellt damit als solches einen produktiven Suchprozess dar, in dessen Verlauf es möglich wird, das zum Ausdruck Gebrachte kommunikativ zu bearbeiten.

Fantasie ist eine zentrale Produktivkraft des Bildungsprozesses
Die Kategorie der *Möglichkeit*, des Eröffnens neuer Perspektiven, hat in der menschlichen Wahrnehmung ihren Ort, wo von Fantasie die Rede ist. Sie ist diejenige Kraft, über die „sich Triebstruktur, Bewusstsein und Außenwelt miteinander verbinden", insofern ist sie als „Produktionsmittel" menschlicher Erfahrungsorganisation zu verstehen (NEGT/KLUGE 1972: 73). Die Bedeutung des Fantasierens, des Erfindens und des Spielens mit Elementen kann darin gesehen werden, dass das zeitweilige Sich-Lösen von der Realität es ermöglicht, mit verschiedenen Problemlösungsstrategien probeweise umzugehen. Solche „Erkundungsfahrten" ins Reich der Möglichkeiten halten Wünsche, Sehnsüchte und Träume wach. Die Fantasie ist hier insofern „Produktionsmittel", als mit alten Deutungsmustern spielerisch umgegangen und dabei *aktiv* Neues erkundet und erprobt wird. Diese Aktivität befreit von einer Fixierung auf die Logik von Sachzwängen und eines eindeutigen Fest-Schreibens von Identitäten. Somit entwickelt sich die Fähigkeit, zunächst nicht nach *der richtigen* Lösung zu suchen, sondern mehrere auszuprobieren, mit Perspektiven und Kombinationsmöglichkeiten der Elemente zu spielen.
Fantasie freisetzen heißt, der Wahrnehmung Dynamik zu verleihen und damit die Grenzen zum Unbewussten hin durchlässiger, d. h. kontaktfähiger zu machen: Nicht nur blockierte Gefühls- und Erfahrungselemente geraten *in Fluss*, sondern auch blockierte Kompetenzen. Die bisherige Angst, sich darauf einzulassen und mit dem Hinweis auf das eigene Unvermögen zu rationalisieren, weicht einer Erfahrung von Kompetenz: Diese und eine Freisetzung von Fantasie verstärken sich wechselseitig. Die Erfahrung, kreativ schreiben oder den Körper als Ausdrucksmedium gezielt nutzen zu können, „beflügelt", d. h. motiviert dazu, diesen Weg mit einer gesteigerten Neugierhaltung weiterzugehen. An dieser Stelle wird deutlich, inwiefern der aus dem ökonomischen Bereich stammende Begriff „Produktionsmittel" zutreffend ist. Fantasie ist nicht einfach ein Mittel zur Förderung unbewusst gemachter Gefühle. Vielmehr ermöglicht und unterstützt sie die aktiven „Umbauarbeiten" in der Erfahrungsorganisation. Fantasie als „Erkenntnisvermögen" zu verstehen heißt, durch Erinnerungsarbeit vergangene und abwesende Bilder zu mobilisieren. Das heißt, sie hat neben dieser reproduktiven auch eine produktive Seite. Gunter Otto sieht im Ästhetischen den „Stimulus (…), der die Institution immer wieder daran erinnert, dass es Wirklichkeiten gibt, die nur gewahr wird, wer aus dem Gehäuse ausbricht, wer Grenzen überschreitet, wer nicht mehr allererst Sicherheit und Schutz in Konventionen und Kategorien sucht" (OTTO 1998: 49). Die kreative Arbeit an den Bruchlinien unserer Identitätskonstruktionen, an dynamisch sich entwickelnden Körperbildern, gehört zum Programm einer Ästhetischen bzw. Medien-Bildung, die den Anspruch verfolgt, Erfahrungen

von Selbstwirksamkeit zu ermöglichen und damit die Lernenden zum kompetenten Gestalten gesellschaftlicher Veränderungsprozesse zu befähigen.

Lernen als aktiver und kreativer Prozess der Bedeutungsbildung
Festzuhalten bleibt, dass der ästhetischen Bildung im weitesten Sinn eine große Bedeutung für das Interkulturelle Lernen zukommt, ob im Rahmen des schulischen (Fach-) Unterrichts, einer Kooperation mit Medienzentren, Theatergruppen oder bei internationalen Begegnungen. Denn gerade die Mehrdeutigkeit von Vorstellungsbildern und ästhetischen Produkten zwingt dazu, starres Identitätsdenken zugunsten eines Denkens in Übergängen und Zwischen-Räumen aufzubrechen, festgeschriebene Bedeutungen zu verflüssigen und gleichzeitig nach neuen Ausdrucksformen und Deutungsmustern zu suchen.

> **ARBEITSVORSCHLAG**
>
> Entwickeln Sie für die Medien Fotografie, Film/Video, Musik, Tanz/Theater/Pantomime ... Projekt-Ideen etwa zu den **Themen** „Fremdes und Vertrautes", „eingegrenzt – ausgegrenzt", „regionale Identität und Globalisierung", „GrenzErfahrung", „GrenzGänger", „Meine Stadt aus der Sicht der Fremden", Portrait einer multikulturellen Klasse: „Das sind wir" ...
> Experimentieren Sie mit unterschiedlichen **Ausdrucksformen** und Kombinationen, z. B. Fotografieren zu Texten, (Sach-, lyrische) Texte zu Fotos schreiben, Musik zu Bildern, Inszenieren eines Vorstellungsbildes (mit Musik und Texten: „literarische Collage"), „Visuelles Tagebuch" ...

Die folgenden Übungen sind, sofern nicht anders vermerkt, aus der eigenen pädagogischen Praxis hervorgegangen (zu ihrer theoretischen Verortung vgl. HOLZBRECHER 1997).

> **ARBEITSVORSCHLAG**
>
> **Collage „Eigenes und Fremdes"**
> Zielgruppe: ab 10 J.
> Ziele: Durch diese spontane Aktion (eignet sich gut als Einstieg) werden viele kreativen Energien freigesetzt, gleichzeitig kommen sich unbekannte Teilnehmer/innen primär auf nonverbale Weise näher und zeigen „Eigenes" und „Fremdes".
> Material/Vorbereitung: Plakatkarton für jede Gruppe, Schreibzeug, Klebstoff.
> Durchführung: Der Teilnehmerkreis wird in Kleingruppen von ca. 3–5 Mitgliedern aufgeteilt; jede Gruppe bekommt folgendes „Aufgabenblatt":

4.3 Medien- und kulturpädagogische Perspektiven

Arbeitsauftrag: Gestaltet eine Collage aus den euch zur Verfügung stehenden Gegenständen:
- ein persönlicher Gegenstand von jedem Gruppenmitglied
- mindestens 2 Haare
- von jedem Gruppenmitglied ein gemaltes (und in die Gesamtkomposition integriertes) Symbol für „Fremdheit"
- ein Objekt, das allen Gruppenmitgliedern gemeinsam „befremdlich"(?!) ist
- ...
- ...

und gebt eurer Produktion einen Titel

Nach einer festgelegten Zeit (nicht zu lange, etwa 45 Min.) kommen alle wieder zusammen, die Collagen werden ausgestellt und besprochen, wobei zunächst die anderen Mitglieder der Gesamtgruppe mit möglichen Deutungen beginnen und erst danach die Gruppe selbst dazu Stellung nimmt.

ARBEITSVORSCHLAG

Meinen Körper mit Leben füllen
Zielgruppe: ab 10 Jahre
Ziele: Selbstdarstellung, erste Annäherung an das Thema „Fremdsein".
Material/Vorbereitung: große Wandzeitungsrolle (erhältlich bei Zeitungsdruckereien als Reste), Schreibzeug
Durchführung: Jede/r Teilnehmer/in legt sich auf die Papierbahn und lässt von sich (mit Bleistift) den Körperumriss nachzeichnen; man selbst fährt diese Linie dann mit dickerem Filzstift nach. In den Körperumriss wird geschrieben und gemalt:
„ich kann gut ...;
ich bin ... (positive Eigenschaft),
ich wäre gerne mehr ...
mir macht Angst, wenn ...,
Fremdsein heißt für mich ..." oder
Was mir durch dern KOPF geht, was mir am HERZEN liegt, wo ich hinGEHE ...
Auswertung: Die Körperumrisse werden im Raum aufgehängt und besprochen, wobei sich möglichst ein Dialog zwischen allen ergeben sollte über die jeweiligen Inhalte/Personen. Wer platziert welche Inhalte in welche Körperpartie? Wo sind unsere Verdrängungen in diesem „Körper" lokalisiert/

lokalisierbar? Wie empfinden wir dies? Auf Grund welcher Erfahrungen wird „Fremdheit" zu einem subjektiv bedeutsamen (positiv oder negativ gefärbten) Wahrnehmungsmuster? Welche Gefühlsdimensionen schwingen mit, wenn wir Fremdes (Wortfeld bestimmen!) wahrnehmen: fremde Klänge, Gerüche, Berührungen ...

ARBEITSVORSCHLAG

Selbstbild – Fremdbild: Analogiespiel
Zielgruppe: ab ca. 13 Jahren
Ziele: Erkennen, wie mich andere sehen vs. wie ich mich selbst sehe.
Material/Vorbereitung: keine
Durchführung:
1. Variante: Man sitzt im Kreis, eine Person erklärt sich bereit, eine andere (anwesende) Person zu charakterisieren, die Restgruppe versucht diese herauszubekommen durch „Analogiefragen" wie z. B.: „Wie stellst du dir die Person vor als Farbe, Landschaft, Gewässer, Musikinstrument, Buch, Haus, ..." Da der Reiz des Spiels – darin besteht, dass die zu ratende Person möglichst viele Facetten dieses „Psychogramms" von Seiten der einen Person mitbekommen möchte, sollte nicht zu früh geraten werden, um wen es sich handelt. Nach der „Auflösung" hat die „geratene" Person die Möglichkeit zurückzufragen, z. B. wenn bestimmte Charakterisierungen nicht mit dem Selbstbild übereinstimmen.
2. Variante: Eine Person verlässt den Raum, die Restgruppe einigt sich auf einen aus dem Kreis; die Person, die den Raum verlassen hatte, stellt nun die „Analogiefragen", wodurch u. U., da mehrere Antworten auf eine Frage möglich sind, ein heterogenes Bild entsteht. Die zu ratende Person gibt selbstverständlich auch Antworten, allerdings ohne sich dabei gleich zu verraten.

ARBEITSVORSCHLAG

„GegenSätze"/Fremdheiten/Grenzen
Zu diesem Themenkomplex sind eine Reihe von Methoden denkbar bzw. kombinierbar mit diversen Textbausteinen. Ausgehend von dem Hinweis, dass wir es überall im Alltag mit Gegensätzen und Fremdheiten zu tun haben, z. B. in der Beziehung zum anderen Geschlecht, zu Menschen, die „anders" sind bzw. sich verhalten als wir, zu Fremden im Alltag oder im Urlaub usw., können sich unsere Reaktionsformen in folgendem Spannungsfeld bewegen:

- Verteufelung, Sündenbockprojektion, Hexenverfolgung
- Beherrschungswunsch, um die angsterregenden Inhalte zu „binden"
- Symbiosewunsch, Verschmelzung von Gegensätzlichem
- Verengelung/Verherrlichung/Exotisierung des Fremden als Projektion positiver Wunschfantasien

(Inwiefern) Gibt es andere Möglichkeiten, das Andere anders sein zu lassen und diese Ambivalenz auszuhalten? Welche gesellschaftlichen und welche individuellen (psychischen) Bedingungen sind als Voraussetzungen hierfür anzusehen?

Wandzeitung
Eine Wandzeitung wird auf dem Boden oder auf dem Tisch ausgebreitet, die Gruppe in zwei Teilgruppen aufgeteilt, die sich jeweils an den Längsseiten einen Platz suchen.
Jede/r beginnt nun, „sein Territorium", die „Grenzen" usw. zu malen und (ohne dass gesprochen wird) evtl. seinen Nachbarn/Nachbarinnen in kurzer Textform Mitteilungen zu machen. Wichtig ist in dieser Phase, dass diese Übung ihre Eigendynamik entwickeln kann.
Auswertungsgesichtspunkte könnten sein, wer in welcher Weise seine Grenzen markiert/betont bzw. offen lässt: Inwieweit können wir diese Offenheit ertragen? Inwieweit brauchen wir gewissen Grenzziehungen, deren Respektierung wir von anderen erwarten? Welche Beziehungsfantasien haben wir in Bezug auf das/den/die Fremde? Was erwarten oder befürchten wir vom Zulassen des Gegensätzlichen/Andersartigen?

Szenische Übungen
Können kombiniert werden mit Textbausteinen zu einer Collage. Sie können die Funktion haben, innerhalb einer Gruppe bestimmte inhaltliche Aspekte zu vertiefen; andererseits eignen sie sich auch als Szenen, die einer breiteren Öffentlichkeit vorgestellt werden können.
Lassen sich relativ einfach entwickeln aus einer Arbeitsphase, in der die Teilnehmer aufgefordert werden, sich den Sachverhalt X als Bild bzw. Symbol vorzustellen, das als Grundlage für Geschichten bzw. Handlungsabläufe verwendet wird.

> **ARBEITSVORSCHLAG**
>
> **Meine deine unsere Welt: Berührungspunkte**
> Zielgruppe: ab ca. 15 Jahre
> Ziel: Das Berühren, der konkrete sinnliche Kontakt mit dem Anderen, ist in unserer Gesellschaft stark tabuisiert bzw. in den Privatbereich gedrängt. Das Gewahrwerden dieser Form der Wahrnehmung könnte sensibilisieren für die „Wahrnehmung des Fremden" – des fremd gewordenen Sinns wie einer fremden Person; es bietet die Gelegenheit, die eigene Wahrnehmung (Wie nehme ich mich selbst wahr? Wie nehme ich andere wahr?) zu reflektieren.
> **1. Variante:**
> Material: Bilder von Berührungssituationen, z. B. Michelangelo: Gott/Adam in der Sixtinischen Kapelle, Wandzeitungen
> Durchführung: „Schreibgespräch" zum Bild:
> Eine große Wandzeitung wird auf dem Tisch oder Boden ausgerollt, alle Teilnehmer beginnen zunächst, für sich assoziativ Gedanken zu diesem Bild aufzuschreiben. Nach einer gewissen Zeit (ca. 15 Min.) beginnen sie, die Texte der anderen zu lesen und zu kommentieren. Wichtig: Es sollte dabei nicht gesprochen werden, das „Gespräch" findet nur in schriftlicher Form statt.
> **2. Variante:**
> Man sitzt sich gegenüber vor einem großem Blatt Papier und malt zunächst Bilder oder Symbole zur eigenen Lebenswelt. Dann ergibt sich aus dem methodischen Arrangement zwangsläufig der Zeitpunkt, zu dem man „ins Bild des anderen hineinmalen" muss: Es gilt die Grenzlinie zu gestalten zwischen dem „Eigenen" und dem „Fremden".
> Material: Din-A3-Bögen mit großem Kreis (Kopien), je 1 Bogen für 2 Personen; Mal-/Filzstifte
> Durchführung: Die Gesamtgruppe teilt sich in „gemischte" Zweiergruppen; man sitzt sich gegenüber, jede/r beginnt von der eigenen Seite aus zu malen,
> – was für die eigene Lebenswelt typisch ist,
> – Muster, Symbole aus der eigenen Kultur, die für einen selbst Bedeutung haben usw.
> Wichtig: Währenddessen läuft Musik, es sollte auf keinen Fall gesprochen werden.
> Auswertungsaspekte:
> Wie gestalteten die Partner/innen den Prozess der „Grenzgestaltung" bzw. des Kontakts? Inwiefern fanden Abgrenzungen statt? In welcher Form? Inwiefern dominierte der Wunsch nach „Verschmelzung" bzw. fließenden Übergängen? Wie weit wurde ins Bild des/der anderen hineingemalt? Wie reagierte der/die andere darauf? …

4.3 Medien- und kulturpädagogische Perspektiven

> **ARBEITSVORSCHLAG**
>
> **Kleider machen Leute**
> Zielgruppe: ab 10 Jahre
> Ziele: Bewusstwerden/Erfahren, dass man in anderer, „fremder" Kleidung anders behandelt wird als sonst; Mut zum Rollenspiel trainieren.
> Man verkleidet sich als „Türke", „Aussiedler", „Sinti" ... und geht durch die Stadt, setzt sich in ein Café. Eine Kontrollgruppe beobachtet die Verkleideten und die Passanten. Evtl. ins Gespräch mit den Passanten kommen.
> Vor dem Auswertungsgespräch sollte jede/r seine Empfindungen in Textform festhalten.

Jutta Heppekausen (PH Freiburg) entwickelte folgende Übung:

> **ARBEITSVORSCHLAG**
>
> **Das Kulturelle Atom**
> Ziel: Die Arbeit mit dem Kulturellen Atom veranschaulicht die Vielfalt von kulturell geprägten Rollen, über die ein Individuum bei der Gestaltung einer konkreten – schwierigen – Interaktionssituation verfügen kann. Das Kulturelle Atom ist die kleinste funktionale Einheit von Rollenmustern und Rollenverknüpfungen, die denjenigen gemeinsam sind, die kulturelle Muster miteinander teilen. Bezogen auf eine reale Situation, z. B. eine Konfliktsituation, zeigt es die jeweils subjektive Landkarte von Bedeutungen als individuelle Ausgestaltung von kulturellen Vorgaben. Mit dem Malen des Kulturellen Atoms und der anschließenden Aufstellung auf der Bühne kann die eigene Wahrnehmung von Rollen im beruflichen, privaten und kulturellen Bereich in der dialogischen Beziehung der verschiedenen Rollen untereinander und mit den jeweiligen Gegenrollen des Gegenübers bewusst gemacht und geklärt werden.
> Zeit: mindestens 90 Minuten
> Gruppengröße: 8 – 25 Teilnehmer/innen
> Material: große Papierbögen, Stifte, eine bunte Knopfsammlung; ein großer Raum ohne Tische
> Schritte: (nach einer Demonstration eines exemplarischen Kulturellen Atoms durch die Seminarleitung am Flipchart):
> – *Themenerwärmung:* Die Teilnehmerinnen[*] erinnern sich im Austausch mit einer Partnerin an eine selbst erlebte Konfliktsituation mit interkul-

---

[*] Wg. der besseren Lesbarkeit werden nur die weiblichen Formen benutzt. Männer sind selbstverständlich jeweils mitgemeint.

turellem Hintergrund. Auf einem Blatt Papier markiert dann jede für sich einen Punkt, der sie selbst darstellt, und einen zweiten Punkt für das Gegenüber und überlegt: Welche inneren Stimmen haben bei meinem Verhalten eine Rolle gespielt? Für jede dieser Stimmen sucht sie sich einen Knopf aus und legt diese rund um den Punkt, der sie selbst symbolisiert. Dabei ordnet sie die Abstände je nach Intensität der inneren Stimme (nah = intensiv), spielt mit den unterschiedlichen Abständen und malt am Schluss die gefundene Knopfposition und die dazugehörigen Sätze auf. Anschließend tauscht sie sich mit der Partnerin aus und formuliert ihr Anliegen in einem Satz mit der Formulierung: „Ich möchte jetzt hier klären, wie ich in einer solchen Situation ... kann." (Bei Zeitmangel: Diesen Schritt auslassen und nach einer Themenanwärmung mit dem folgenden Schritt beginnen.)
- *Soziometrische Fallgeberinnenwahl:* In der Raummitte liegt ein Ball, alle Teilnehmerinnen gehen umher und überlegen, ob sie ihr Anliegen in diesem Rahmen bearbeiten möchten, und stellen sich dann entsprechend auf: Wer arbeiten möchte, geht nah an den Ball. Die Nächststehenden stellen ihr Anliegen kurz vor, die anderen Gruppenmitglieder stellen sich danach hinter die Fallgeberin, deren Fall sie am meisten interessiert. Der Fall mit dem meisten Gruppeninteresse wird bearbeitet.
- *Rollentausch:* Die Fallgeberin stellt ihr Kulturelles Atom auf der Seminarbühne auf, indem sie für jede innere Stimme und das Gegenüber jeweils ein Gruppenmitglied wählt. Anschließend fühlt sie sich nacheinander in die Rollen der inneren Stimmen ein und gibt ihnen eine Körperposition und einen typischen Satz. Die Spielerinnen der inneren Stimmen gucken von der Position der Fallgeberin aus – d.h. im Zentrum des Kulturellen Atoms, markiert durch ein Objekt – zu und übernehmen dann Körperposition und Satz. (Bei Zeitmangel: Doppeln, d.h. die Fallgeberin tritt hinter die Rollenspielerinnen und spricht den Satz, die Spielerinnen übernehmen ihn und improvisieren eine Körperhaltung dazu).
- *Spiegel:* Die Fallgeberin schaut dabei von außen zu und ordnet diese innere Stimme mit Unterstützung der Leitung und der restlichen Gruppenmitglieder kulturell vorgeprägten Rollen zu (z. B. „die Mütterliche" oder „die rebellische Tochter", „die konkurrierende Kollegin" oder „die Chefin", „die Helferin", „die engagierte Christin" ...)
Am Schluss können aus der Gruppe Vorschläge kommen, welche Stimmen evt. noch fehlen. Die Vorschlagenden demonstrieren ihren Vorschlag, indem sie sich mit passender Körperhaltung und Satz auf die Bühne stellen. Die Fallgeberin entscheidet, ob sie den Vorschlag annimmt.
- *Intra- und Interrollenkonflikte:* Die Fallgeberin geht an den Bühnen-

rand und schaut zu. Die Spielerinnen improvisieren Dialoge zwischen den verschiedenen Rollen. Ggf. kann die Leitung einen Impuls geben: Wer hat die besten Ratschläge für die Fallgeberin in dieser Situation?
- *Gegenrollen:* Nun stellt die Fallgeberin mit Unterstützung der Gruppe (Verfahren wie oben) das von ihr wahrgenommene oder vermutete Kulturelle Atom des Gegenübers auf und tritt dann wieder an den Bühnenrand.
- *Intra- und Interrollenkonflikte beim Gegenüber:* Die Rollenspielerinnen rund um das Kulturelle Atom des Gegenübers improvisieren Dialoge: Wer hat die besten Ratschläge für das Gegenüber der Fallgeberin?
- *Gegenrollen- und Kontextkonflikte:* Die Rollenspielerinnen improvisieren Dialoge mit den Rollenspielerinnen der anderen Person: Wem möchte ich dringend etwas sagen? Mit wem könnte ich mich verbünden? Wer ärgert mich am meisten?
- Wenn noch Zeit und Energie vorhanden ist: *Veränderungsimpulse:* Die Fallgeberin kann nun auf eigenen Wunsch die Rollenspielerinnen ihres eigenen Kulturellen Atoms umstellen. Welche Rolle möchte sie näher an sich selbst stellen, welche weiter entfernen? Sie versucht die Spielerinnen verbal und körperlich zu einer Positionsveränderung zu bewegen. Keine Rolle kann ganz weggeschickt werden. Die Rollenspielerinnen argumentieren, warum sie die bisherige Position sinnvoll finden, und lassen sich nur umstellen, wenn sie aus ihrer Rolleneinfühlung heraus wirklich überzeugt wurden.
- *Entrollen:* Die Fallgeberin bedankt sich bei allen Mitspielerinnen und entlässt sie von der Bühne. Zusammen mit der Leitung überlegt sie, was sie bezogen auf ihr anfangs formuliertes Anliegen herausgefunden hat.
- *Auswertung (Sharing und Rollenfeedback):* Im Sitzkreis benennen die Gruppenmitglieder, was sie von dem dargestellten Fall aus eigenem Erleben kennen, und in einer weiteren Runde, was sie beim Spielen der Rollen bzw. bei einer möglichen Identifikation mit einer der Rollen beim Zuschauen erlebt haben. Zum Abschluss teilt die Fallgeberin ihre Befindlichkeit mit und welche Erkenntnis in diesem Moment für sie die wichtigste ist.
- Mögliche *Fortsetzung:* In Kleingruppen sortieren die Teilnehmerinnen (auf Metaplankarten), welche der Rollenmuster in einer „nationalen Kultur" wurzeln und welche Rollenmuster einem weiteren Kulturverständnis entsprechen (Gender, soziale Schicht oder Klasse, Machtverhältnis, Religion Familienstatus ...).

<u>Plenum:</u> Präsentation der Ergebnisse und Diskussion verschiedener Kulturbegriffe.

(Literatur zu dieser Methode S. 188)

Wir mischen uns ein

„Demokratie heißt, sich in die eigenen Angelegenheiten einmischen", schreibt Max Frisch. Unsere Gesellschaft lebt davon, dass sich ihre Bürger/innen politische Problemlagen zu Eigen machen, sie als eigene wahrnehmen und aus diesem Bewusstsein heraus politisch verantwortlich handeln. Der Politologe Thomas Meyer fordert, dass in unserer Gesellschaft „das Politische" als regulative Idee wirksam werden soll. Gemeint ist vor allem die Fähigkeit, mit Differenz, mit Konflikten und sich verändernden Strukturen umzugehen. Dafür müsse das Politische „in der Gesellschaft in molekularen Formen konstitutives Prinzip sein" (MEYER 1994: 265). Die Praxis einer Vielzahl von Gruppen, die selbstorganisiert politisch lernen, kann in diesem Sinn als Laboratorium zur Entwicklung einer neuen politischen Lernkultur gesehen werden. Das Vertrauen in die eigenen Entwicklungsmöglichkeiten, die Kompetenzerfahrung und die psychische Stärke, die aus der Arbeit an inneren und äußeren Widerständen gewonnen wird, befähigen dazu, sich in einer immer unübersichtlicher werdenden Gesellschaft nicht nur zurechtzufinden, sondern die Offenheit und Dynamik gesellschaftlicher Strukturen als herausfordernde Gestaltungsaufgabe zu begreifen. Erfahrungen dieser Qualität können in erster Linie im überschaubaren Nahbereich gemacht werden, und so trifft der aus den 70-er Jahren stammende Slogan „global denken – lokal handeln" den Kern der Sache: Wer die Erfahrung einer aktiven Aneignung und Gestaltung der unmittelbaren Lebensräume – in Familie, Schule, Vereinen, Kommune – gemacht hat, wer eigene politische, soziale und ästhetisch-kulturelle Interessen artikulieren konnte, dürfte die Motivation und Sensibilität entwickeln (können), sich auch mit „fremden" Problemen und den Schicksalen anderer Menschen auseinander zu setzen. Erfahrungen von Selbstwirksamkeit und Subjekthaftigkeit dürften das wichtigste „Gegenmittel" sein, um Ohnmachtserfahrungen abzubauen. Sich einmischen heißt, den Raum zu verlassen, der durch Apathie, Ängste und Hemmungen geschützt wird, beinhaltet das Risiko des Widerspruchs – und die Entwicklungschance durch die Arbeit an diesen Widerständen.

Man muss nicht Mitglied einer der zahlreichen Nichtregierungsorganisationen sein, auch als Lehrer/in und Schüler/in hat man im Rahmen bzw. ausgehend von einer „geöffneten" Unterrichtsarbeit vielfältige Möglichkeiten zivilgesellschaftlichen Handelns und interkulturellen Lernens.

Erstellen und Präsentieren kultureller Produktionen

„Produktive" Auseinandersetzung mit Romanen, Kurzgeschichten, Gedichten, mit Filmen, Musik von Autorinnen und Autoren aus Afrika, Asien und Lateinamerika in Form einer öffentlichen Präsentation, etwa als „literarische Collage".

Einladen ausländischer Künstler/innen

Unmittelbare Begegnungen mit Zeitzeugen, Flüchtlingen oder Künstlern bieten ein unschätzbares didaktisches Potenzial, und es ist nicht zuletzt die Authentizität der Darstellung, die einer solcher Begegnung eine „nachhaltige" Wirkung verleiht: Eine Lesung, ein Theaterstück, eine Ausstellung, ein Konzertabend – evtl. in Kooperation mit Medien- und Kulturzentren vor Ort – können Anstoß sein, sich intensiver mit einem Land bzw. einer „fernen" Problematik zu beschäftigen.

Hilfsaktionen vor Ort

Diese lassen sich grob einteilen in solche, bei denen (a) konkreten Personen vor Ort geholfen wird, z. B. Hausaufgabenhilfe für Flüchtlings- bzw. Migrantenkinder, Solidaritätsaktionen zugunsten eines Mitschülers, der abgeschoben werden soll, und (b) Spendensammlungen, die bestimmten Organisationen (unicef, terre des hommes usw.) zugute kommen oder etwa der Partnerschule in Brasilien. In der Praxis sind diese Aktivitäten meist verbunden mit der Vermittlung entsprechender Informationen.

WEBTIPP Unüberschaubar sind die Websites ganz unterschiedlicher Organisationen, wenn man „Flüchtlingshilfe" als Suchbegriff eingibt. Exemplarisch sei auf eine Publikation hingewiesen, die an der Pädagogischen Hochschule Schwäbisch Gmünd entstanden ist und – über die Arbeit des „Förderkreises Schule für alle e. V." berichtet (BECKER – 1997) (Website über http://www.ph-gmuend.de), eine beispielhafte und nachahmenswerte sozialpädagogische Aktion zur Arbeit mit Asylbewerbern und ihren Kindern! Vgl. hierzu auch CARSTENSEN u. a. 1998 sowie NESTVOGEL 1996.
Stellvertretend für viele andere und als Anregung sei die „ausLÄNDERinitiative Freiburg e. V." genannt, die 2002 einen ersten Preis beim Wettbewerb des Bundespräsidenten „Auf Worte folgen Taten" erhielt. Als ehrenamtlich arbeitende Initiative erfüllt sie ähnliche Aufgaben wie die RAAs (vgl. Kapitel 4.2) und bietet interessierten Bürgerinnen und Bürgern vielfältige Betätigungsmöglichkeiten von der schulischen Förderung über Freizeitgestaltung bis zu kulturellen Angeboten (www.paritaet.org/via/member/aif.htm).

Internationale Schulpartnerschaften

Diese gehören vielerorts inzwischen zum Alltag der Schulen. Der Schüleraustausch dürfte dabei am häufigsten praktiziert werden. Die Praxis vieler Schulen zeigt jedoch, dass es darüber hinaus vielfältige Möglichkeiten gibt, eine solche Schulpartnerschaft mit Leben zu füllen, etwa durch
– internationale Betriebspraktika in der Partnerstadt

- Begegnungswochen
- E-Mail-Korrespondenz (Texte, Fotos, Musik)
- Internationale Schülerzeitung mit den Partnerschulen.

Gerade die Internet-Kommunikation bietet zusätzlich zur persönlichen Begegnung (ob als Vorbereitung oder als „Kontakt-Halten" im Anschluss) viele Möglichkeiten der Kooperation. Ob im Rahmen des Fremdsprachenunterrichts oder zur Vorbereitung gemeinsamer Aktionen in der Agenda 21-Arbeit: E-Mail, Mailinglisten, Chat-Rooms oder die gemeinsame Arbeit an einer Website bieten interessante Medien zur Kommunikation und Projektpräsentation. Doch auch bei der Arbeit mit diesen Medien gilt es das Problem der Asymmetrie mitzubedenken: Schon bei gegenseitigen Besuchen stellt sich v. a. bei Nord-Süd-Partnerschaften das Problem der unterschiedlichen Finanzkraft und medialen Ausstattung der Partner, was etwa leicht zu einer „Patenschaft" führt, d. h. dazu, dass der eine Spenden sammelt und der andere in der Nehmerrolle fixiert wird.

WEBTIPP Empfehlenswert ist die sehr gute, kommentierte Linkliste zum Thema „Schul-/Globale Partnerschaften" von „GlobalPartnershipNet" (http://www.gpnet.info/linkliste.htm). Aus der Vielzahl der Websites zum Thema „Schulpartnerschaften" sei exemplarisch die der Körber-Stiftung genannt, die sich besonders im Bereich des Deutsch-Türkischen Dialogs bzw. Schüleraustauschs profiliert hat (http://www.stiftung.koerber.de).

Lobbyarbeit und Beteiligung an laufenden Kampagnen von Nichtregierungsorganisationen

Internet-Recherchen bestätigen, dass es eine große Zahl von Schüler-Gruppen gibt, die – etwa ausgehend von einem Projektwochen-Angebot von Greenpeace oder einer Einladung eines Amnesty-Mitglieds – sich entschlossen haben, in selbstorganisierter Form Informationen aufzuarbeiten und öffentlichkeitswirksame Aktivitäten zu entwickeln, um
- Einfluss auf politische Entscheidungen zu nehmen (vgl. Lobbyarbeit),
- denjenigen eine Stimme zu geben und zu ihrem Recht zu verhelfen, die dies nicht – oder noch nicht – selbst können,
- für die Durchsetzung politischer Ziele Öffentlichkeit herzustellen und
- den Prozess des Lernens in der Gruppe selbst zu organisieren bzw. als Teil des politischen Projekts zu begreifen.

Im Folgenden seien einige der für selbstorganisiertes Lernen in der Schule relevanten Gruppen exemplarisch genannt.

- **Amnesty International: Menschenrechte**
  WEBTIPP Suchen Sie über eine Internet-Suchmaschine (Eingabe „amnesty international Schüler") nach Schülergruppen, die eine Amnesty International-Gruppe an ihrer Schule gegründet haben und über ihre Arbeit berichten. Die Startseite der deutschen Sektion: http://www.amnesty.de/

Folgender Text der „ai Schüler- und Jugendgruppe Gelnhausen" zeigt exemplarisch Aufgaben und Schwierigkeiten der Menschenrechtsarbeit an einer Schule:
Die Gruppe „*existiert seit 15 Jahren am Grimmelshausen Gymnasium Gelnhausen (GGG). Im Rahmen einer Projektwoche beschäftigte sich eine Gruppe von SchülerInnen mit der Menschenrechtssituation in Chile, in der Türkei und der damaligen DDR. Es wurden eine Ausstellung vorbereitet und Briefe für politische Gefangene in den entsprechenden Ländern formuliert. Nach dem Ende der Projektwoche waren sich die meisten einig, die Arbeit fortzusetzen – aus der Projektgruppe wurde die AG amnesty international.*
Die AG beteiligte sich zunächst an der Aktion Gefangene des Monats und auch an ‚urgent actions'. In der Schule wurden Info-Tische aufgebaut. Nach einem Jahr konnte sich die Gruppe an der Fallarbeit beteiligen. Sie setzte sich für die Freilassung eines inhaftierten Schülers in Südafrika ein. Sehr schnell konnte Briefkontakt zu dem Rechtsanwalt, zu der Mutter und zu dem Schüler selbst hergestellt werden. Bereits nach der zweiten Briefaktion wurde der betreute Gewissensgefangene freigelassen – ein Erfolg, der die Motivation in der ai-Gruppe enorm erhöhte. Die Arbeit zu dem 2. Fall (die Aufklärung des Schicksals zweier Verschwundener in Sri Lanka) gestaltete sich wesentlich schwieriger. Offizielle Stellen des Landes reagierten nicht auf die Briefe. Als jedoch über unsere Arbeit in Zeitungen des Landes berichtet wurde und darin auch die Adresse eines ai-Mitgliedes angegeben wurde, erhielt die Gruppe sehr viele Briefe mit der Schilderung persönlicher Schicksale und der dringenden Bitte, sich für die Ausreise nach Deutschland einzusetzen. Die Absagen zu formulieren fiel allen sehr schwer. Dieser Fall wurde dadurch abgeschlossen, dass wir leider vom Tod der beiden ‚Verschwundenen' erfuhren.
In den nächsten Jahren bereitete die AG je eine Ausstellung zu den Themen ‚Todesstrafe' und ‚Asyl' vor. Parallel dazu wurden immer wieder Info-Tische in der Schule aufgebaut und Filme gezeigt. Im Rahmen der Verschwundenen-Kampagne konnte die Gruppe auch den Spielfilm ‚Missing' im örtlichen Kino zum Selbstkostenpreis vorführen, den sich die gesamte Oberstufe der Schule anschaute. Die Bereitschaft, vorbereitete Briefe

abzusenden, war sehr groß. Die Gruppe organisierte zwei Konzerte mit Lesungen zwischen den einzelnen Musikbeiträgen." (http://www.grimmels.de/spektrum/ag_ai_geschichte.htm)

- **terre des hommes: Kinderrechte**

  WEBTIPP Eine Unterstützung der Kinderrechtsorganisation „terre des hommes" wird sehr erleichtert durch eine entsprechende Öffentlichkeitsarbeit: Über http://www.tdh.de/kinderseiten/inhaltsverzeichnis.htm gelangt man auf eine Website, die nicht nur Materialien und methodische Ideen für den Unterricht anbietet, sondern auch mit entsprechenden Tipps zu Aktionen in der schulischen und kommunalen Öffentlichkeit auffordert.

- **Friedensarbeit: Antikriegsaktionen, gegen Waffenhandel, Landminen ...**

  WEBTIPP Auch zu dieser Thematik bietet die o. g. Website von „terre des hommes" Materialien und Ideen. Empfehlenswert ist ebenso die des „Instituts für Friedenspädagogik Tübingen e. V. (http://www.friedenspaedagogik.de), die auch zu Themenbereichen wie „Konflikte", „Zivilcourage", „Kriegsdienstverweigerung" oder „Globales Lernen" ein breites Spektrum an Materialien und Aktionsideen anbietet.

- **medico: Basisgesundheit und Menschenrechte**

  WEBTIPP „Nothilfe, Basisgesundheit und Menschenrechte" sind drei zentrale Aufgabengebiete der NGO „medico international", deren Website (http://www.medico-international.de/) auch und gerade für Lehrer/innen und Schüler/innen zur Recherche, didaktischen Planung und zur Aktionsvorbereitung zu empfehlen ist. „medico" koordiniert auch die „Aktion gegen Landminen" und bietet entsprechendes Aktionsmaterial an.

- **Attac: Globalisierungskritische Bewegung**

  WEBTIPP Die bekannteste der globalisierungskritischen Bewegungen ist sicherlich „attac". Die Website http://www.attac.de/regional/regionalgruppen_alle.php zeigt, dass das Netz der lokalen Aktionsgruppen inzwischen recht dicht ist: Warum nicht mal ein Mitglied der Gruppe in den Unterricht einladen – oder vielleicht selber mal zu einem Treffen gehen?

- **Greenpeace**

  WEBTIPP Über http://kids.greenpeace.de/ gelangt man zur Website der Jugendorganisation „Greenteam" der Umweltorganisation, die zu zahlreichen Mitmachaktionen auffordert, vertiefendes Informationsmaterial bietet und ein Kommunikationsforum für Gleichgesinnte darstellt.

4.3 Medien- und kulturpädagogische Perspektiven

Eine Beteiligung an einer der Kampagnen solcher NGOs ermöglicht einen doppelten Lernprozess: Kompetenz entwickeln in Bezug auf die Herstellung von Öffentlichkeit *und* in Bezug auf die Organisation der gruppeninternen Lernprozesse. Die Kurzlebigkeit vieler Gruppen bestätigt, dass diese selbstorganisierte Arbeit in hohem Grad vom Scheitern bedroht ist – und oft nur ein bloßes Strohfeuer bleibt, wenn nicht mitreflektiert wird, welche Motivationen und gruppendynamischen Faktoren in diesem Lernprozess eine Rolle spielen.

Beobachten wir Jugendliche oder Erwachsene, wenn sie *selbstorganisiert*, d. h. ohne Anleitung von außen, lernen, stellen wir fest, dass sie v. a. den Wunsch haben, die Grenzen ihrer Fähigkeiten und Einsichten zu erweitern. In Anlehnung an das Drei-Dimensionen-Modell der Erfahrungsbildung (vgl. S. 120 ff.) können folgende Motive unterschieden werden.

Motive für ein Engagement in selbstorganisierten politischen Gruppen:
- Häufig anzutreffen ist der Wunsch, größere *Sachkompetenz* zu erwerben, um die (politische) Realität besser verstehen zu können. In *reflexiver* Weise wird *Sach*wissen erarbeitet und *Aktions*wissen erworben, um mit dem Kompetenzgewinn eine größere Handlungssicherheit zu gewinnen.
- Das Bedürfnis, „etwas zu tun", anderen zu helfen oder die eigene Lebenswelt mitzugestalten, ist nicht nur für Neumitglieder handlungsmotivierend. Bei dieser *Dimension des Ausdrucks und des Gestaltens* dürfte zunächst der diffuse Wunsch dominieren, sich „irgendwie" praktisch zu betätigen – anstatt nur verbal über die Verhältnisse zu klagen. Es ist anzunehmen, dass dieser diffuse, häufig moralisch grundierte Handlungsantrieb in der gemeinsamen Auseinandersetzung mit der Sache konkretere und reflexiv gestützte Gestalt gewinnt. Dieser Dimension ist auch das Bedürfnis nach kreativen Darstellungsformen oder der Gestaltung öffentlichkeitswirksamer Aktionen zuzuordnen.
- Mit der dritten *Dimension*, der der *sinnlichen Wahrnehmung*, werden die Bedürfnisse erfasst, die der sozialen Orientierung, der Pflege zwischenmenschlicher Kontakte und dem emotionalen Gemeinschaftserleben zuzuordnen sind: Man möchte in der Gruppe akzeptiert werden, das Gefühl haben, gebraucht zu werden, und in der gemeinsamen Arbeit neue soziale Fähigkeiten entdecken.

Die Arbeit selbstorganisierter (Aktions-)Gruppen wird von außen häufig danach beurteilt, wie „effektiv" damit tatsächliche politische Veränderungen bewirkt wurden. So erscheint bei Lernvorgängen, die sich im Binnenraum einer Gruppe wie auch im Außenraum bzw. im Kontakt mit politischen Entscheidungsträgern abspielen, ein solches Verständnis zu oberflächlich. Eine entscheidende Bedeutung für die Entwicklung einer biografisch „nachhaltig" wirksamen Lernkultur dürften *„selbstverstärkende" Formen der Arbeit im*

Spannungsfeld zwischen Binnen- und Außenaktivitäten haben. Mit dem folgenden Modell der Kommunikationsebenen in der Gruppe und in ihrer Beziehung zueinander kann die Komplexität dieser Arbeit in den Blick kommen.

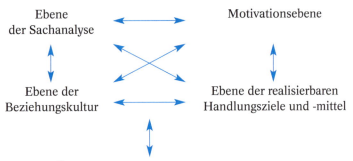

Wenn sich Lernende entschließen, sich z. B. Flüchtlings-, Kinder- oder Menschenrechtsgruppen anzuschließen oder sie zu gründen, dürfte es zunächst die **Sachebene** sein, über die sich eine Gruppe konstituiert. Das heißt, man verständigt sich über politisch bzw. humanitär begründete Handlungsziele. Eine weitgehend gemeinsame Einschätzung der politischen Situation führt zur Entwicklung von Zielperspektiven, bei der von den Gruppenmitgliedern u. a. folgende Fragen zu klären sind: Welche Interventionen werden als notwendig eingeschätzt? Welche rechtlichen Prinzipien bzw. gesellschaftlich akzeptierten Leitideen können die eigene Praxis begründen? Und: Gegen welche gesellschaftlichen Kräfte gilt es die Ziele durchzusetzen?

Nur kurz dürfte allerdings die Lebensdauer einer Gruppe sein, wenn sie sich allein über die Zieldimension definieren würde. Von großer Bedeutung ist daher eine zweite Ebene, die der **Motivation:** Jedes Gruppenmitglied bringt sein Selbstverständnis, seine Handlungsmotive und damit eine spezifische Mischung aus emotionalen und sachlich-politischen Beweggründen in das dynamische System Gruppe ein. Jedes zusätzliche Mitglied und jedes Mitglied weniger verändert dieses soziale System. Jedes gemeinsame Erlebnis und jede Erfahrung stellt einen Entwicklungsschritt dar und verändert tendenziell das gefühlsmäßige Fundament der Gruppenidentität. Dabei dürfte eine entscheidende Rolle spielen, wie offen die persönlich bedeutsamen Motivationen in der Gruppe artikuliert werden können bzw. wie weit man in der Lage ist, ihre Entwicklung und Veränderung als zielorientierten, aber ergebnisoffenen Suchprozess zu begreifen. Gesucht wird nach Formen gemeinsamen Lebens und Erlebens, die als sozial erstrebenswert und als emotional befriedigend bewertet werden können.

Damit kommt eine dritte Ebene ins Blickfeld, die der **Beziehungskultur**. Sie ist zugleich Ergebnis und Voraussetzung erfolgreicher gesellschaftlicher und politischer Arbeit. Sie kann als kreative Synthese individueller Verhaltensmuster und gesellschaftlicher Formen der Konfliktlösung beschrieben werden. Von der Qualität persönlicher Beziehungen hängt es ab, wie die mit der Arbeit verbundenen Lernprozesse – und damit auch die Frustrationen – verarbeitet werden und in welcher Weise sie in die weitere Arbeit einfließen. Die Umgangsformen beeinflussen die subjektive Bereitschaft jedes Einzelnen, engagiert weiterzuarbeiten – oder sich zurückzuziehen. Eine hohe Teilnehmerfluktuation dürfte Ausdruck der Schwierigkeit sein, die Pflege der Beziehungskultur als wesentliche Bedingung für erfolgreiche politische Arbeit mit zuberücksichtigen.

Als vierte Ebene kann die **Reflexion über realisierbare Handlungsziele und -mittel** unterschieden werden. War auf der ersten Ebene zu erörtern, welche Ziele als *notwendig* erachtet werden, gilt es hier einzuschätzen, was *politisch sinnvoll und möglich* ist: Was erscheint realisierbar angesichts der personellen Situation der Gruppe und der Analyse-, Organisations- und Handlungskompetenzen der einzelnen Mitglieder? In welche Machtverhältnisse sind sie eingebunden? Welchen Zugang haben sie zu politischen Ressourcen? Usw. Bezogen auf öffentlichkeitswirksame Aktionen muss einerseits das kommunikative Umfeld eingeschätzt werden, das vor allem durch mediale Berichterstattung erzeugt wird. Andererseits gilt es die möglichen Lerneffekte zu antizipieren, die durch bestimmte Aktionsformen bewirkt werden.

4.4 Schulentwicklung: Interkulturelles Lernen im Schulprofil

Die Schulprogramm- bzw. -profilentwicklung scheint in denjenigen Regionen und Bundesländern am weitesten vorangeschritten zu sein, in denen zum einen die Konkurrenz der Schulen, zum anderen die Multikulturalität der Schülerschaft zur Profilentwicklung zwang. Viele solcher Schulen etwa im Ruhrgebiet, in Hamburg oder in Berlin haben sich entschlossen, diese Entwicklung aktiv zu gestalten, indem „Interkulturelles Lernen" zu einem Profil im Schulentwicklungsprozess gemacht wurde. Betrachtet man die Praxis solcher Schulen, lassen sich bei aller Verschiedenheit folgende Profilmerkmale identifizieren:
– Sie sind in Ganztagsform, oft auch als Gesamtschulen, organisiert und bieten ein breites Spektrum an Förderkursen und an Projekten an. Damit wird ermöglicht: a) die Öffnung der Schule nach außen (Vernetzung mit außer-

schulischen Einrichtungen) und b) die „Öffnung nach innen" (Entwicklung neuer Lehr-Lern-Formen).
- Die Zielsetzungen „Soziales Lernen" und „Wertschätzung/Anerkennung des Anderen in seiner Differenz" zeigen sich sowohl auf der Ebene der Unterrichtsgestaltung als auch im Beratungsangebot (für Eltern und Schüler/innen) oder in der Praxis der Konfliktmediation/Streitschlichtung. Konzepte einer Interreligiösen (Werte-)Erziehung werden entwickelt.
- Sie sind in überregionale/internationale Netzwerke (z. B. UNESCO-Projektschulen, Europa-Schule, „Schulen gegen Rassismus") integriert: Die Kommunikation mit den anderen Schulen bzw. die Schulpartnerschaften werden über die klassischen Formen des Schüleraustauschs hinaus mit Hilfe neuer Medien weiterentwickelt (Internationale Schülerzeitung als Internet-Projekt, E-Mail-Projekte); es werden Formen grenzüberschreitender Betriebspraktika praktiziert.
- Es wird an einem integrierten Konzept einer Verknüpfung des herkunfts-/ muttersprachlichen Unterrichts etwa mit den anderen sprachlichen Fächern gearbeitet.
- Gemeinsame Regeln/Rituale, Feste ... lassen in der Schule eine „Kultur der Unterschiede und der Gemeinsamkeit" entstehen.

WEBTIPP http://www.ups-schulen.de/ (UNESCO-Projektschulen)
http://www.aktioncourage.org/html/Sor.htm (Netzwerk „Schulen ohne Rassismus") http://www.europaschulekoeln.de/ (eine der vielen „Europa-Schulen" im „Netzwerk Europa-Orientierte Schulen", (http://www.kbs-koeln.de/europaschule/neos/index.htm)

Exemplarisch sei hier auf die Gesamtschule Gelsenkirchen-Ückendorf hingewiesen (http://www.gsue.de), die sich nicht nur in den Verbünden der „Comenius"- und der „UNESCO-Projektschulen" beteiligt, sondern auch in vielfältige Aktivitäten des (multikulturellen) Stadtteils integriert ist. Im Schuljahresbericht 2002/03 findet sich die rechts auf S. 157 stehende Auflistung der Aktivitäten.

Für den gymnasialen Bereich sei auf das Elsa-Brändström-Gymnasium in Oberhausen hingewiesen (http://www.gym-elsa-ob.de/elsainfo/schulprg.htm), eine Schule, die auch Mitglied im Verbund Selbstwirksame Schulen (http://www.selbstwirksameschulen.de/) ist, ein Ansatz, der auf der Grundlage entwicklungspsychologischer Erkenntnisse politisches und demokratisches Lernen in der Schule fördert.

4.4 Schulentwicklung: Interkulturelles Lernen im Schulprofil

Jahresheft 2001/2002

Perspektiven

Das Handlungsfeld C
- Zusammenleben im Stadtteil, stadtteilbezogene soziale Arbeit -
enthält zahlreiche Teilprojekte, die an unserer Schule bereits praktiziert werden bzw. für unsere Schule interessant sind:

C 1 (10) Unterstützung von Migrantenvereinen
- Mitarbeit an einer mehrsprachigen Stadtteilzeitung
- Einladung zum Schulfest

C 3 (30) Tagesgruppe
- Elterncafe / -seminar / -führerschein
- Koordination über Honorarkraft

C 4 (15) Antenne Europa – internationale Begegnung und Jugendaustausch
- COMENIUS / School Family
- Klassenkooperationen
- UNESCO-Projektschulen
- Jugendheim / Bauspielplatz: Kexpo (KinderExpo alter Spiele)
- Entwicklungszusammenarbeit auf kommunaler Ebene

C 5 (40) Päd. und ökologische Umgestaltung von Schulhöfen
- Weidenhaus
- Schulgarten
- Nachmittägliche Schulhofaktivitäten
- Koordination über Honorarkraft

C 6 (30) Förderung benachteiligter Schülerinnen und Schüler
- Schulversuch „Schule mit erweitertem Angebot" SPRACHFÖRDERN
- Schulstreetworker / „Klingeldienst"
- Ganztagsprogramm
- Ganztagsbüro / Stadtteilarbeitsbüro
- Netzwerk Schulversuch: RAA / VHS / ASD / AWO / SchVA / Gelsensport / Bauspielplatz
- Netzwerk Kindergarten – Grundschule – Gesamtschule
- Koordination über Honorarkraft

C 7 (5) Gesunde Schule
- Elterncafe / -seminar / -führerschein
- Schulgarten
- Cafeteria / Mensaverein

C 10 (15) Nutzung leerer Läden als Ateliers / Ausstellungsräume
- Leselokal / Literaturkurse
- Schaufenster pro Schule / Kunstleistungskurse / Darstellen und Gestalten
- Ausbildung eines kunstbezogenen Schwerpunkts
- Koordination über Honorarkraft

H. Grahs

UNESCO-Projekt-Schule   Gesamtschule Ückendorf   Seite 25

(http://www.gsue.de/heft2k2/df_files/12_stadtteil.pdf)

5 Pädagogische Professionalität als SelbstEntwicklungsaufgabe

5 Pädagogische Professionalität als SelbstEntwicklungsaufgabe

Nach vier Kapiteln zur Interkulturellen Pädagogik mag dieses zur Professionalitätsentwicklung befremden. Jedoch erscheint es folgerichtig, wenn man sich das Lehr-Lern-Verständnis vor Augen hält, das diesem Buch zugrunde liegt: Es geht nicht (nur) um die Aneignung von Fachwissen, sondern – gerade in Zeiten, in denen die „Aktualität" der Wissensbestände immer schneller verloren geht – um die Erzeugung „intelligenten Wissens". Ein solches „*Lern*-Ziel" ist eines, das nur Sie selbst sich setzen können – angeregt und herausgefordert von *Lehr*zielen, d. h. von Anforderungen und Aufgaben, die etwa von den Lehrenden der Hochschule gestellt werden.

Intelligentes Wissen ist, um einen Begriff Klaus Holzkamps zu verwenden, „expansiv". Es ist darauf gerichtet, *mehr* erfahren zu wollen, um seine Welt besser verstehen und gestalten zu können (HOLZKAMP 1995). „Intelligent" ist es, sich als „sub-iectum" begreifen zu können, d. h. als ein Wesen, das erkennt, in welcher Weise es einerseits den Strukturen und Zwängen des (Schul-)Systems unterworfen ist, das aber andererseits seine Einzigartigkeit aus der Auseinandersetzung mit diesen Widerständen entwickeln kann (vgl. MEUELER 1993). Solche Widerstände stellen wissenschaftliche Theorien dar, aber auch Praktikumserfahrungen, die einen Einblick in die komplexe (manchmal auch komplizierte) Arbeit von Lehrern und Lehrerinnen geben.

5.1 Lehrerbildung als biografisches Projekt

Die Lernarbeit besteht für Studierende zunächst darin, das Alltagswissen über Schule, die durch *biografisches* Erleben geprägten Deutungsmuster in Beziehung zu setzen zu *systematisch* gewonnenen wissenschaftlichen Theorien. Diese Arbeit des Sich-Verortens im Kontext von wissenschaftlichen Herausforderungen, beruflichen Motiven und biografischen Entwicklungsaufgaben ist ein hochriskantes Unternehmen, das ständig vom Scheitern bedroht ist. Dies beweist die hohe Zahl von Studienabbrechern. Die subjektive Schwierigkeit, mit Krisen und Spannungsbeziehungen produktiv umzugehen, verweist auf die Komplexität der in dieser biografischen Übergangsphase zu leistenden Arbeit. Damit zeigt sich, dass diese „Entwicklungsaufgabe" zu den zentralen Kompetenzen Interkulturellen Lernens gehört. Mit der Forderung nach einer strukturell verankerten „interkulturellen Grundbildung" für Studierende aller Lehrämter stellt sich auch die Frage nach den Lern- und Arbeitsformen, mit denen künftige Lehrer/innen sich die Themen der Interkulturellen Pädagogik zu Eigen machen.

Schon Erstsemester entwickeln Vorformen eines professionellen Habitus, wenn sie sich mit ihren beruflichen Motivationen an der neuen und unübersichtlichen Institution Hochschule orientieren. Die „Verflüssigung" schulischer und familiärer Abhängigkeiten sowie Erfahrungen von fremdbestimmtem Lernen und Behütetsein sind häufig die Negativfolie für die Auseinandersetzung mit Berufswahlmotiven. Die Neugierhaltung vieler Studienanfänger zeigt, dass man sich diese Qualifikation oder jene Kompetenz aneignen möchte – nicht nur, weil man annimmt, dass sie berufsfeldbezogen ist, sondern auch, weil sie eine Herausforderung für die eigene Persönlichkeitsentwicklung darstellt. Die Freiheit der Wahl zwischen unzähligen Lebensentwürfen, vor allem aber die Widerständigkeit der Studieninhalte sind Voraussetzung dafür, dass die berufsfeldbezogene Bildung zum Medium der Entwicklung von Lebenskunst werden kann.

Die Arbeit an und mit diesen Widerständen gelingt langfristig betrachtet eher, wenn man sich in Beziehung setzen kann zu den theoretischen Wissensbeständen einerseits und zu den berufsfeldbezogenen Qualifikationen andererseits.

- Entwicklung personenbezogener Kompetenzen
- Klärung der Motive für die Berufswahl
- „persönlich bedeutsames Lernen"
- Selbstreflexion/-wahrnehmung

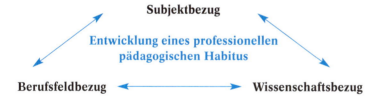

- Aufbau berufsfeldbezogener Kenntnisse und Qualifikationen
- Einblick in die bzw. Umgang mit der Widerständigkeit des Systems Schule und der Menschen

- Aneignung von Fachwissen, begrifflichen Konzepten und methodischen Instrumentarien
- Entwicklung metakognitiver Fähigkeiten

5 Pädagogische Professionalität als SelbstEntwicklungsaufgabe

Das Studium vollzieht sich im Kräftefeld zwischen diesen drei Dimensionen, wobei Sie als Subjekt immer Akteur sind und bleiben: Wer immer Sie belehren wollte, würde daran scheitern, da Sie selbst es sind, der/die darüber entscheidet, was und wie Sie sich eine Erfahrung oder einen Wissensbestand aneignen. In der Zeit Ihres Studiums gehört die pädagogische Professionalität zu Ihren „Entwicklungsaufgaben". Sie entscheiden, welche subjektbezogenen Kompetenzen Sie sich aneignen wollen, was für Sie derzeit bedeutsam ist, welche Herausforderungen der Wissenschaft Sie für sich annehmen und welchen theoretischen und praktischen Anforderungen Sie sich stellen wollen. Dazu gehört konkret die Entscheidung, sich für diese Thematik ein Buch zu kaufen, für jene in eine Vorlesung zu gehen und für andere wiederum selbst im Internet zu recherchieren.

Multikulturelle Gesellschaften im Allgemeinen und gemischtkulturelle Lerngruppen in der Schule im Besonderen lassen die Konturen einer Schlüsselkompetenz besonders deutlich werden: mit Krisen, uneindeutigen Situationen, Spannungsbeziehungen und dynamisch sich entwickelnden Strukturen souverän und „kreativ" umzugehen, d. h. in einer Weise, dass aus dieser Auseinandersetzung ein Stück Subjekthaftigkeit und Professionalität gewonnen werden kann. Es geht darum, sich als ein Wesen wahrzunehmen, das sich lernend verändert – und sich doch „treu bleibt", das Handlungsmöglichkeiten aktiv auslotet – und sich als „ganze Person" und authentisch erfahren möchte. Sich in seinem sozialen Netz als handlungsfähiges Subjekt zu erleben ist ein höchst aktiver Prozess der Erfahrungsbildung. Folgen wir der Studie des Identitätsforschers Heiner Keupp (1999), so stellen wir fest, dass – *kontextbezogen* – dafür bestimmte Ressourcen notwendig sind, etwa ökonomische, kulturelle und soziale. *Subjektbezogen* gelingt diese Arbeit über eine, wie Keupp es nennt, „narrative Selbstkonstruktion". Unter diesem sperrigen Begriff können wir uns den Prozess vorstellen, in dem das Subjekt in Gesprächen mit ihm wichtigen Personen Erlebtes zu persönlich bedeutsamen Erfahrungen verdichtet.

Es gilt also nach Perspektiven des Lehrens und Lernens zu suchen, die es ermöglichen, die *Entwicklung eines professionellen Habitus* als Suchprozess zu gestalten. Dabei geht es in einer grundlegenden Weise um die *Entwicklung einer empirischen Grundhaltung,* d. h. einer methodisch fundierten Aufmerksamkeit gegenüber Lehr-Lern-Prozessen bzw. pädagogischen Interaktionen. „*Subjektorientierung*" als ein zentrales Prinzip bezieht sich dabei einerseits auf Studierende, andererseits auf die Jugendlichen/Ihre Schüler/innen, die sich im Kontext gesellschaftlicher Sozialisationsbedingungen und ihrer eigenen Entwicklungsaufgaben Lernaufgaben zu Eigen machen.

Die Auseinandersetzung mit den Motiven für die Berufswahl erfordert die Kompetenz, sich selbst mit seinen Wünschen, Ängsten und Zukunftsvorstellungen sensibel wahrzunehmen und diese reflexiv zu verarbeiten. „Selbstklärung" hat nichts mit einer Selbsterfahrungskultur zu tun, die auf die Befindlichkeiten der Betroffenen abzielt, sondern mit der Klärung dieser Motive aus der Auseinandersetzung mit theoretischem Wissen und zu erwartenden Anforderungen des Lehrberufs. Mit dieser Form der Selbstklärung wird die Grundlage für die Entwicklung „intelligenten Wissens" geschaffen. Erkannt wird, dass sich neue Perspektiven auftun, neue Möglichkeiten, sich als handelndes, wahrnehmendes und reflektierendes Subjekt wahrzunehmen – als jemand, der in seinem Handlungsfeld zunehmend kompetent wird – und mit dieser Kompetenz Anerkennung bekommt.

Ich möchte dieses Konzept veranschaulichen mit einigen Beispielen und Zitaten aus dem Praktikumsbericht einer meiner Studentinnen an der Universität Essen. In ihrer Selbstbeobachtung am Anfang des Praktikums beschreibt sie sich als zurückhaltend und schüchtern. „Die Schule ist groß, und ich bin der Eindringling. Ich sehe keinen Bezug zu mir und fühle mich fehl am Platz." Während der ersten Unterrichtshospitationen bemerkt sie, dass sie von den Schülern und Schülerinnen beobachtet wird, „jedoch nimmt niemand mit mir Kontakt auf. Ich tue das auch nicht, wieso, weiß ich nicht". Die Offenheit der Lehrer/innen und dass man als Praktikantin einen Schulschlüssel bekommt, lassen langsam das Gefühl des Fremdseins verschwinden. Doch dann, so die Studentin, folgte eine intensive Krisenphase, ausgelöst durch folgende Situation:

„Wir warten vor dem Bioraum auf den Lehrer. Ich besitze zwar einen Schlüssel, will den Raum aber nicht aufschließen, weil ich dann das Gefühl habe, die Seite der SchülerInnen zu verlassen, was ich jedoch nicht möchte. Während wir warten, beobachte ich das Begrüßungsverhalten der türkischen SchülerInnen; es ist sehr körperlich. Mädchen wie Jungen begrüßen sich mit einem Kuss. Sie stehen zusammen und unterhalten sich auf Türkisch. Sie scheinen sich zu mögen. Ich spüre, wie stark diese Gruppe ist. Ich fühle mich ausgeschlossen."

Kurze Zeit später erlebt sie in einem Philosophiekurs

„eine Unruhe wie in der 5. Klasse. Ich bin genervt ... und über mich selbst erschrocken, da mich dieser Kurs erschreckt, fast schockiert und ich ihn spontan als Problemkurs bezeichne. Er besteht bis auf ein rumänisches Mädchen aus türkischen SchülerInnen, die sehr laut auf Türkisch reden und eine sehr starke Gruppe bilden. Ich fühle mich sehr unwohl und möchte am liebsten gehen." Bei der Auswertung zu Hause *„sehe ich zum ersten Mal einen Bezug zu mir. Ich bin gezwungen, mir Fragen zu stellen: Was schockiert mich? Wieso will ich nicht mehr in diesen Kurs zurück? Wieso kann ich das nicht aushalten? Lehne ich das Fremde vielleicht mehr ab, als ich es bisher annahm?"*

In einem anderen Kurs, in dem nette, ruhige und interessierte Schüler sitzen, ist ihre Stimmung ganz anders, und sie stellt fest:
„Ich bin wohl kein Mensch für Konflikte. Ich mag's am liebsten unkompliziert! Wieso will ich mich nicht mit dem Chaos beschäftigen, mit dem, was ich nicht verstehe? Weil es mir Angst macht! Weil ich dort nicht weiß, wo mein Platz ist!"
In der 3. Woche, so schreibt die Studentin, wird die Krisenerfahrung überwunden zugunsten eines wachsenden Interesses für das Fremde, das sich in dem Maße entwickelt, wie sie sich als Person anerkannt fühlt:
„Ein türkisches Mädchen erzählt mir von den Problemen, die sie mit einem Lehrer hat. Zwei deutsche Mädchen reden über einige Lehrer und fragen mich nach meiner Meinung. Mir wird meine Rolle als Praktikantin bewusst. Viele SchülerInnen freuen sich, wenn ich im Unterricht sitze, und fragen, wie lange ich noch bei ihnen bleibe. Sie stellen mir auch persönliche Fragen, z. B. warum ich Lehrerin werden will."
Erst jetzt ist sie in der Lage, die geplanten Schüler-Interviews durchzuführen und „neue Gedanken" (so ihre Kennzeichnung der letzten Praktikumsphase) zu entwickeln.

Bei der Analyse dieser Erfahrung wird deutlich: Die Entwicklung der Fähigkeit, Dinge differenziert wahrzunehmen, ist zum einen abhängig von der Stellung im System, zum anderen von der Selbstwahrnehmung. Erst nachdem die Praktikantin für sich ihre eigene Position im System Schule geklärt hatte (Wer bin ich? Wie sehen mich andere? Wie kann ich mich mit meinen Fähigkeiten einbringen?) und nachdem sie ihre Wahrnehmung selbstreflexiv verarbeitet hat, können sich die Grundlagen für eine sensible und realistische Fremdwahrnehmung entwickeln.
So zerbricht etwa ihr euphorisch-harmonistisches Bild eines multikulturellen Zusammenlebens, es wird als irreal eingeschätzt. Dagegen entsteht die Erkenntnis, dass es notwendig ist, sich mit den bestehenden Abgrenzungen unter den Schülern oder zwischen Schülern und Lehrern auseinander zu setzen. Eine idealistische Leitvorstellung weicht dem Blick auf das Prozesshafte und die aktive Gestaltung des Kontakts mit dem als „fremd" Wahrgenommenen. Indem sie sowohl zur Beschreibung des eigenen Lernprozesses als auch zur Einordnung von Schüleräußerungen den hermeneutischen Zirkel nutzt, wird ihr deutlich, dass das „Störende" und „Chaotische" umgedeutet werden kann, wenn man seine Wirkung auf einen selbst zu beschreiben versucht und Strategien entwickelt, mit denen das verloren gegangene Selbstbewusstsein wiedergewonnen werden kann.

Im *hermeneutischen Prozess* geht es zunächst (1) um eine Klärung des eigenen Vorverständnisses (Was weiß ich – z. B. über die schulische Realität, über Migranten-/kinder …? Welche Erwartungen/Vorstellungsbilder habe ich?). (2) Dann um einen Verstehensversuch der Realität, bei dem man das Fremde zu verstehen versucht, indem man die Kontaktgrenze bewusst wahrnimmt: Was macht dieses „Fremde" (z. B. die schulische Realität) mit mir? In welcher Weise berührt es mich, ist es für mich persönlich bedeutsam? (3) Mit Hilfe welcher Methoden kann ich mich ihm annähern und dabei (4) mich selbst beobachten: Wer bin ich/wie bin ich, dass ich dieses „Fremde" in dieser Weise wahrnehme? (5) Welche neuen professions- und subjektbezogenen Wahrnehmungs-, Reflexions- und Gestaltungskompetenzen kann und will ich entwickeln (vgl. „Entwicklungsaufgaben")? Schließlich wird (6) das Wahrgenommene mit dem Vorverständnis und dem Vor-Urteil in Beziehung gesetzt: Damit wird das Vorverständnis/Kontextwissen erweitert, wodurch ein differenzierterer Blick auf die Realität möglich wird.

5.2 Forschend Lehren lernen

Lehrende mit einem „forschenden Habitus" zeichnen sich dadurch aus, dass sie grundsätzlich von der „Fremdheit der Anderen" ausgehen, um den Blick dafür zu schärfen, wie sie die Welt sehen. Dafür ist eine Aufmerksamkeitshaltung notwendig, die ein Spiel mit unterschiedlichen Perspektiven ermöglicht und damit eine Offenheit für neu auftauchende Aspekte des Forschungs- bzw. Lehr-Lern-Prozesses. Professionell wird Lehrerhandeln durch Selbstreflexion, d. h. dadurch, dass die Dialektik zwischen Selbst- und Fremdverstehen durchschaubar und damit gestaltbar wird.

Mit dem hier vorgestellten Konzept ist der Anspruch verbunden, einen Beitrag zu einer „zeitgemäßen" Lehrerbildung zu leisten. Zeitgemäß ist im Kontext einer multikulturellen Schule zunächst ein Bildungskonzept, dessen zentrales Merkmal der kompetente Umgang mit Differenz, mit Komplexität und mit dynamisch sich entwickelnden und nur bedingt vorhersagbaren Entwicklungsstrukturen ist. Zeitgemäß ist eine Haltung der Neugier, der Aufmerksamkeit für Situationen, der Offenheit für das, was sich in ihnen an interaktiver Dynamik entwickelt. Der Begriff des „Zeitgemäßen" ist zweitens auf den aktuellen didaktischen Diskurs zu beziehen, in dem sich – aus der Perspektive konstruktivistischer Theorieansätze – die (eigentlich sehr alte) Erkenntnis durchsetzt, dass Lernen nicht als Folge von Belehrung und „Vermittlung" zu verstehen ist, sondern als Aktivität der Subjekte. Bildung ist demnach zu verstehen als der mühsame Prozess der Auseinandersetzung mit Widerständen, ermöglicht durch Anforderungen von außen und begleitende Unterstützung.

„Zeitgemäß" ist ein Bildungskonzept, mit dem es möglich ist, den Prozess der Subjektentwicklung als kreativ-ästhetische und politische Aufgabe (i. w. S.) zu begreifen. Kreativ-ästhetisch deshalb, weil damit die Form des Sich-Annäherns, das Erkunden von Möglichkeitsräumen und das Leben mit Brüchen und Ungleichzeitigkeiten „erprobt" und im Sinne eines Suchprozesses aktiv gestaltet werden kann.

„Forschend Lehren lernen" beinhaltet also
1. die Entwicklung einer grundlegenden Forschungsorientierung bzw. eines „forschenden Habitus" unter Anwendung v. a. qualitativer Forschungsmethoden,
2. die Entwicklung kreativer Formen der Gestaltung dieses Erfahrungsprozesses.

Bezogen auf das künftige Berufsfeld Schule ist mit dem Ansatz „Forschend Lehren lernen" der Anspruch verbunden, sie mit dem „Blick des Fremden" betrachten zu lernen, ähnlich wie ein Ethnologe, der Feldstudien betreibt. Die Arbeit mit solchen Methoden soll helfen, eine Institution, die man zu kennen meint, mit einer Distanzhaltung beobachten zu lernen, aus der allein das „Theoríein" (griech. für „aus der Distanz betrachten") möglich erscheint. Forschungsmethoden garantieren die Wissenschaftlichkeit der Beobachtung, weil sie dazu anleiten, sich aus einer alltäglichen Wahrnehmungsform, d. h. einer „symbiotischen Eingebundenheit" in Schule zu befreien. Es geht um eine bewusste Gestaltung des Kontakts – im Sinne der Gestaltpädagogik – zwischen dem beobachtenden Subjekt (Studierenden, Praktikanten) und dem beobachteten Interaktionsgeschehen, der schulischen Realität.

In meinem Seminar „Umgang der Schule mit kultureller Differenz. Fallstudien in deutschen und französischen Schulen" (SS 2003 an der PH Freiburg) entwickelten die Studierenden einen *Fragenkatalog* für ein Leitfadeninterview. Nach statistischen Fragen, etwa nach dem prozentualen Anteil der Zuwandererkinder an der Schule, nach ihrem Anteil in der Klasse der befragten Lehrerin, den vertretenen Herkunftsländern und dem Anteil der hier geborenen, wurden v. a. folgende Problembereiche erfragt:

Bereich „Soziale Integration"
– Welche Erfahrungen machen Sie mit der Integration von Zuwandererkindern?

Neben-/Stützfragen:
– Schwierigkeiten dieser Kinder/Jugendlichen? Formen der Integration in die Klasse/ Lerngruppe?

Bereich „Wahrnehmung der Zuwandererkinder durch die Lehrer/innen"
– Viele Lehrer/innen sehen in Zuwandererkindern in erster Linie eine Belastung. Was könnten nach Ihrer Erfahrung die Gründe dafür sein?

- Hauptschwierigkeiten (Sprachdefizite? Lernschwierigkeiten? Unterrichtsstörungen?, Zusammenhang?)
- Es gibt in der interkulturellen Pädagogik die Forderung, nicht nur die *Defizite* der Zuwandererkinder zu sehen, sondern auch deren *Kompetenzen* und die *Bereicherung durch kulturelle Vielfalt*. Wie ist Ihre Meinung dazu?

Bereich „Fördermaßnahmen und Leistungsbewertung im Unterricht"
- Man sagt, dass einige Lernschwierigkeiten und Leistungsschwächen auf die Unterschiedlichkeit der sozialen und kulturellen Milieus zurückzuführen sind. Wie beurteilen Sie diese Behauptung?
- Möglichkeiten der Leistungsförderung und -bewertung, die darauf Rücksicht nehmen? Förderung bei Sprachdefiziten? „Sonder-Klassen"? Differenzierender Unterricht?

Bereich „Multikulturelle Schule im Stadtviertel"
- Schulklassen sind zunehmend multikulturell zusammengesetzt. Welche pädagogischen Antworten werden in Ihrem Stadtviertel und an Ihrer Schule auf diese Herausforderung gefunden?
- Schulprogramm? „Internationale Vorbereitungsklassen?" Interkulturelles Lernen im Unterricht? Projekte im Stadtviertel? Kontakte zu Eltern (Beratung ...)?

Bereich „Interkulturelle Kompetenz der Lehrer/innen"
- In welcher Weise wurden und werden Sie auf die Arbeit mit Zuwandererkindern und auf Interkulturelles Lernen vorbereitet?
- Was sollte Ihrer Einschätzung nach an der Lehrerbildung verändert werden, um künftige Lehrer/innen besser dafür zu qualifizieren?

Die Ergebnisse der zumeist mündlichen und z. T. per E-Mail durchgeführten Befragungen wurden im Seminar präsentiert, diskutiert und miteinander verglichen. So wurde etwa festgestellt, dass
- in den meisten der befragten Schulen in der Region Freiburg kein Konzept vorhanden ist, nach dem etwa das Problem der Leistungsbeurteilung zu lösen wäre. Häufig gibt es zwar Stütz- und Förderkurse in Deutsch oder Mathematik, aber sowohl hier wie auch bei den „Internationalen Vorbereitungsklassen" sind die Lehrpersonen auf selbst entwickeltes Material angewiesen. Sie fühlen sich ausnahmslos nicht oder schlecht auf die Aufgabe des Umgangs mit multikulturellen Klassen vorbereitet, ebenfalls vermissen sie von Seiten der Schulverwaltung und des Ministeriums entsprechende Konzepte bzw. Fortbildungsmaßnahmen.
- In Ausnahmefällen gibt es Lehrpersonen, die sich persönlich so intensiv mit der Thematik beschäftigt haben, dass sie auch andere Kollegen und Kolleginnen einbeziehen und das Schulprofil nachhaltig beeinflussen konnten.

Ausgangspunkt war dabei oft ein äußerer Druck wie die Notwendigkeit der Integration einer größeren Gruppe von Zuwandererkindern, etwa Roma aus dem Kosovo.
- Im Vergleich mit Frankreich zeigte sich, dass das französische Schulsystem im Allgemeinen auf kulturelle Besonderheiten ethnischer Gruppen keine Rücksicht nimmt: „Communautarisme" wird eher als Gefahr für die Einheit der kulturellen Identität angesehen. Andererseits gibt es in einigen Stadtvierteln, so im benachbarten Mulhouse, eine Praxis der „Schulöffnung" bzw. der Kooperation mit Stadtteilaktivitäten, die durchaus als vorbildlich einzuschätzen ist. Ebenfalls gibt es ein (wenn auch „grobmaschiges") Netz von Ausbildungs- und Informationszentren zum Bereich Migrantenkinder (CEFISEM), deren Aktivitäten durchaus mit denen der RAAs in Nordrhein-Westfalen (vgl. Kapitel 4.2) vergleichbar sind.

Wie in anderen „Forschend-Lehren-lernen"-Seminaren ging es auch in diesem weniger darum, zu Ergebnissen zu kommen, die strengen Kriterien der empirischen Forschung standhalten. Vielmehr sollte mit diesen Seminaren
1. hingeführt werden zu einer empirischen Grundhaltung durch ein überschaubares „Praxisforschungsprojekt", bei dem im Rahmen einer regulären Seminarveranstaltung, d. h. in einem Semester, Planung, Durchführung und Ergebnispräsentation/-diskussion organisierbar sind;
2. dazu angeregt werden, in eine wissenschaftliche Arbeit (Hausarbeit, Diplom- bzw. Staatsexamensarbeit) einen empirischen Teil zu integrieren und dabei insbesondere qualitative Forschungsmethoden anzuwenden.

Praktikum als multikulturelle Erfahrung

Ich hatte die Gelegenheit, an der Universität Essen ein Konzept für ein Blockpraktikum („Praktikum als multikulturelle Erfahrung" = „PALME") (HOLZBRECHER 1997a) entwickeln zu können, das folgende konzeptionellen Merkmale aufweist:
1. Schwerpunkte eines *vorbereitenden Seminars:* Einführung in Theorien des Interkulturellen Lernens, besonders didaktische Aspekte, sowie Einführung in Methoden empirischer Forschung, v. a. qualitativer Schul- und Unterrichtsforschung.
2. Zu Beginn der Praktikumszeit entwickeln die Studierenden eine *„erkenntnisleitende Fragestellung"* und legen – darauf abgestimmt – die gewählten *Untersuchungsmethoden* fest: Sie führen etwa Befragungen mit Schülern und/oder Lehrern durch, beobachten, reflektieren ihre Beobachtungen in einem „Forschungstagebuch" und versuchen dabei „sachliche Beschreibungen" von „Interpretationen" zu unterscheiden. Sie sammeln und dokumentieren, v. a. aber reflektieren sie mit dem „fremden Blick" eines Ethno-

logen, *was sie auf welche Weise* in der Schule wahrnehmen, aber auch wie sie sich dabei *selbst* wahrnehmen. Falls gewünscht, steht der Betreuer der Praktikumsgruppe für Fragen in Bezug auf die Methodik der Untersuchung und auf mögliche Probleme an der Praktikumsschule zur Verfügung.
3. Der *Praktikumsbericht* enthält – fokussiert auf die jeweils gewählte Fragestellung – eine Mischung aus deskriptiven, dokumentierenden Teilen und aus interpretierenden und analysierenden Passagen. Integriert sind aber auch „kreative" Textteile, etwa Essays, Kurzgeschichten oder lyrische Texte. Darüber hinaus ist es möglich, auch bildnerische Ausdrucksformen (Malen/Zeichnen, Fotografie) zu nutzen, um in symbolisierender Form Aspekte der Praktikumserfahrung zu verarbeiten.
4. Die *Praktikumsschule* bekommt ein Exemplar des Berichts: An der Gesamtschule Gelsenkirchen-Ückendorf (vgl. Kapitel 4.4) wurde in einem der Semester von Seiten der Lehrer der Wunsch geäußert, dass die Praktikant/innen untersuchen sollten, wie die (an dieser Schule stark vertretenen) türkischen Schüler/innen das schulische Leben sehen. Ihr Bericht war anschließend Gegenstand einer Diskussion im Lehrerkollegium und trug somit direkt zum Schulentwicklungsprozess bei.
5. In einem (im idealen Fall: ganztägigen) *Nachbereitungsseminar* werden die Praktikumserfahrungen aufgearbeitet, d.h. mit Hilfe von kreativitätsorientierten Methoden (vgl. Symbolisierungstechniken, Supervisionsansatz) zum Ausdruck gebracht und dann einer wissenschaftlichen Reflexion zugänglich gemacht.

Fokus „Lernendes Subjekt": Schülerbiografiestudien

„Wer Bildungsgangdidaktik betreibt, ist (...) bereit, sich durch Schülerinnen und Schüler überraschen zu lassen. Er vertritt das, was seine Aufgabe ist, er vertritt die objektive Seite im Lehr-Lern-Prozess, weiß aber, dass er nicht Herr der Lage ist" (MEYER 1998: 185).

ARBEITSVORSCHLAG

Gestalten Sie Ihre Schulpraktika so, dass Sie Ihre Aufmerksamkeit auf einzelne Schüler/innen bzw. Zuwandererkinder richten. Untersuchen Sie beispielsweise,
- welche lernfördernden bzw. -behindernden Bedingungen erkennbar werden,
- mit welchen Lernschwierigkeiten sie zu kämpfen haben,
- inwiefern die Schule die für sie nötige Unterstützung bietet („fördern"), gleichzeitig aber auch die für die Kompetenzentwicklung nötigen Herausforderungen und Aufgaben stellt („fordern").

5 Pädagogische Professionalität als SelbstEntwicklungsaufgabe

Der Fokus „lernendes Subjekt" lässt sich mehrfach begründen, zunächst mit der bekannten Forderung der Interkulturellen Pädagogik nach einer Berücksichtigung migrationsbedingter Lernvoraussetzungen. Über die kulturelle Heterogenität hinaus kommt immer mehr ins Blickfeld, dass Lehrer/innen es mit einer großen Vielfalt von Lebenswelten zu tun haben. Es macht einen Unterschied, ob man in einer Brennpunktschule unterrichtet oder im vornehmen Bürgerviertel. Der Umgang mit der Heterogenität der sozialen und kulturellen Umwelten, der biografischen Lebensschicksale, der Moralvorstellungen und Lebensentwürfe gehört mehr denn je zu den zentralen Entwicklungsaufgaben im Lehrberuf (vgl. GROEBEN 2003).

Die Aufmerksamkeit auf einzelne Schüler/innen als die lernenden Subjekte zu richten ist eine Perspektive, die zu den „Privilegien" von Studierenden gehört: Auf Grund ihres „Zwischen-Status" – „nicht mehr Schüler/in, noch nicht Lehrer/in" – bekommen sie häufig einen intensiveren Zugang zu den Schülern als Lehrer/innen, denen schon eine feste Rolle zugeschrieben wird. Noch wichtiger allerdings ist, dass man als Praktikant/in die Möglichkeit hat, seine Aufmerksamkeit auf einzelne Aspekte des großen Spektrums der Lehrertätigkeit zu lenken und (noch) nicht wie die Lehrer/innen unter dem ständigen Druck steht, eine große Zahl von Unterrichtsstunden planen und halten zu müssen. Der Fokus „lernendes Subjekt" lenkt den Blick auf Fragen, die unter dem späteren Handlungsdruck oft nicht mehr mit der nötigen Sensibilität beantwortet werden (können), wenn nicht zuvor „gelernt" wurde, dass man es nicht mit einer diffusen Schülermasse, sondern mit Einzelpersönlichkeiten zu tun hat, die in ihrer Subjekthaftigkeit anerkannt werden wollen und sollen.

Aus wissenschaftlicher Perspektive stellt der Fokus „lernendes Subjekt" den Kern der Lehr-Lern-Forschung dar, geht es doch um die zentrale Frage, *auf welche Weise* sich Schüler/innen einen Stoff aneignen, mit seiner Widerständigkeit umgehen, ihn als Herausforderung annehmen oder aber zurückweisen. Auch wenn es trivial klingt: Von den Antworten auf diese Frage hängt ab, auf welche Weise Unterricht didaktisch gestaltet werden sollte, welches „Mischungsverhältnis" zwischen Fordern und Fördern angemessen ist – ausgehend von den Lernerfahrungen der jeweiligen Schüler/innen.

Subjektorientierung bedeutet keine Fixierung auf die Perspektive einer Einzelperson, deren Sichtweisen und Entwicklungsaufgaben es primär aus psychologischer Sicht zu berücksichtigten gilt. Vielmehr ist damit immer auch deren Einbindung in die verschiedenen systemischen Kontexte (vgl. BRONFENBRENNER 1981) mitgedacht:

- Das **Mikrosystem** „(Klein-)Familie" (mit ihrem Wertesystem, ihren Wahrnehmungs-, Denk- und Handlungsmustern).
- Das **Mesosystem,** d.h. bedeutsame Bezugsgruppen im Nahbereich (Ver-

wandte, Freunde, Klassenkameraden, Nachbarschaft), die vermutlich für Eltern andere sind als für ihre Kinder.
- Das **Makrosystem** (multikulturelle Gesellschaft, ökonomisches und politisches System im Emigrations- und im Herkunftsland). Vermittelnd zwischen den beiden zuletzt Genannten wirkt das
- **Exosystem,** d. h. etwa Beschäftigungsverhältnisse der Eltern, die Wohnsituation oder die Medien.

Schülerbiografiestudien können exemplarisch zeigen, in welcher Weise subjektbezogene und systemische Faktoren in Wechselwirkung zueinander wirksam werden, etwa als lernfördernde oder lernbehindernde Faktoren. Für die betreffenden Schüler/innen stellen solche Untersuchungen erfahrungsgemäß eine besondere Form der Zuwendung dar, wenn sie das Gefühl bekommen, dass man sich für sie als Person interessiert. Eine solche Annäherung an persönliche Lebensgeschichten kann Ihnen als Praktikant/in umso mehr Einsichten, Erkenntnisse und Erfahrungen bieten, je vielfältiger der methodische Zugang gestaltet wird. Zur Anwendung könnte ein großes Spektrum aus dem Repertoire der qualitativen Forschungsmethoden kommen (vgl. S. 176 ff.).

„Eine Lehrerbildung für ein sprachlich-kulturell pluralisiertes Europa muss die fachwissenschaftliche wie die methodisch-didaktische Ausbildung im Ausgang von sprachlich-kultureller Heterogenität neu denken und konzipieren und dafür auch neue Strukturen schaffen. Erste Schritte in diesem langfristig anzulegenden Prozess könnten sein:
- *Die Schaffung einer für alle Lehrkräfte – unabhängig von ihren Fächern – konzipierten obligatorischen Grundausbildung in Bezug auf Fragen des Zweitsprachenerwerbs und der Bedeutung sprachlicher Bildung für den Fachunterricht einerseits und die Ausbildung von Expertinnen und Experten für den Unterricht in Deutsch als Zweitsprache andererseits. Die Einführung des europäischen Sprachenportfolios stützt diese Veränderung, vor allem wenn alle Lehrkräfte (und nicht nur die Fremdsprachenlehrerinnen und -lehrer) damit vertraut gemacht werden.*
- *Dringend erforderlich wäre die Konzipierung eines Ausbildungsangebots zum Erwerb von personalen und sozialen Kompetenzen im Umgang mit einer sprachlich-kulturell heterogenen Schüler- und Elternschaft – wiederum für alle Lehrkräfte.*
- *In der fachlichen wie fachdidaktischen Ausbildung sollte darauf geachtet werden, dass die Inhalte der Ausbildung unter der Perspektive von Heterogenität statt Homogenität neu zu durchdenken sind (Stichwort: Multiperspektivität im Fachunterricht)."*

(KRÜGER-POTRATZ 2003: 91 f.; vgl. auch SCANCIO 2001)

Fokus „Schule als Lern- und Lebensort"

Schule kann aus sehr unterschiedlichen Perspektiven betrachtet werden. Hat man die Organisationseinheit im Blick, müsste man dieses Kapitel „Schule als Institution" oder „als System" benennen. Klassische Schultheorien (vgl. FEND 1981) würden die gesellschaftlichen Funktionen des Schulsystems (Qualifikation, Allokation, Integration) betonen – und möglicherweise die der „Personalisation" weglassen (vgl. Kapitel 4.2). Mit der Wahl der Überschrift ist also zugleich eine schultheoretische Entscheidung gefällt worden. Nach diesem Verständnis soll Schule nicht nur fachliche Qualifikationen vermitteln, vielmehr ist sie in einem umfassenden Sinn ein Ort der Bildung und Erziehung, der „einen geordneten Rahmen, schützende Regeln und bewusst gesetzte Freiräume für das Leben, Lernen und Arbeiten aller bereithält" (H. MEYER 1997: 43). Schule ist nicht nur Lebens- und Erfahrungsraum für die Lernenden in einer für sie bedeutsamen biografischen Phase, auch für die Lehrenden ist Schule kein Arbeitsplatz wie etwa der eines Finanzbeamten, sondern ein Ort personaler Interaktion und der professionellen Entwicklung eines breiten Spektrums von Tätigkeiten, von denen das Unterrichten zwar die zentrale ist, die aber flankiert wird von einer ganzen Reihe von zusätzlichen Aufgaben. Folgende Stichwortsammlung mag verdeutlichen, wie sehr dabei Unterrichts- und Schulentwicklung einerseits und Subjektentwicklung andererseits sich wechselseitig bedingen.

> Ein/e Lehrer/in organisiert, dokumentiert, produziert Ideen/Materialien, plant, bildet sich weiter, klärt Konflikte ... (Hintergrundarbeit), gestaltet Schule als System, schafft Rituale, gestaltet Dinge/Räume/Zeiten, nimmt sich selbst bewusst als Person (vgl. Körpersprache) wahr, entwickelt kommunikative Kompetenzen, belehrt, regt an, hört zu, moderiert, macht Vorschläge, proviziert/stellt Fragen ... (Unterricht), berät zu Fragen der Schullaufbahn und zu psychosozialen Problemen, entwickelt ein produktives Arbeits- und Gesprächsklima, entwickelt Regeln des sozialen Umgangs, nimmt Gefühle wahr, zeigt die eigenen, gibt Feedback, nimmt Feedback wahr, leitet zum Lernen in Gruppen an, fördert selbstorganisiertes Lernen, übernimmt die Verantwortung für den Lehr-Lern-Prozess, entwickelt Ziele und überprüft den Weg dorthin, diagnostiziert Lernprofile, organisiert den Kontakt zu außerschulischen Einrichtungen ...

5.2 Forschend Lehren lernen

ARBEITSVORSCHLAG

Was fehlt? Diskutieren Sie Tätigkeitsbereiche, die Ihrer Einschätzung nach in dieser Stichwortsammlung fehlen, und setzen Sie für sich diejenigen Akzente (z. B. mittels einer Prioritätenliste), die nach Ihrem Verständnis des Lehrberufs an oberster Stelle stehen sollten.
- Befragen Sie Lehrer/innen nach Entwicklungsverläufen ihrer beruflichen Biografie: Was wird als belastend, was als bereichernd und produktiv für den professionellen und persönlichen Entwicklungsprozess gesehen?
- Diskutieren Sie die Grundproblematik des Spannungsfelds „Wissensvermittlung vs. Erziehungsaufgabe" mit Lehrerinnen und Lehrern, erstellen Sie (kleinere) qualitative Studien zu ihrer Berufsbiografie: Wie haben sie sich im Verlauf ihrer beruflichen Tätigkeit in diesem Spannungsfeld positioniert? Welche biografischen Erfahrungen haben dazu beigetragen? Inwiefern entsprechen diese der ursprünglichen Berufswahlentscheidung? ...

Die folgenden Fragen sollen als Anregung für weitere Studien dienen, die etwa im Rahmen eines Blockpraktikums oder Praxissemesters durchgeführt werden könnten.

ARBEITSVORSCHLAG

Schulprogramm/-philosophie/-entwicklung
- Hat die Schule ein Schulprogramm entwickelt? Was waren die Anlässe?
- Inwiefern spiegelt sich die Multikulturalität/Vielfalt der Lebenswelten der Schülerschaft in diesem Programm?

Öffnung von Schule
- Werden überregionale Schulreformkonzepte umgesetzt? (In welcher Weise?) Mit welchen schulischen und außerschulischen Einrichtungen wird dabei zusammengearbeitet? Welche Formen der Kooperation und der Einbindung ins kommunale Umfeld haben sich dabei entwickelt?
- Mit welchen Schulen werden internationale Kontakte gepflegt und welche Organisationsformen wurden dabei entwickelt (vgl. Schüleraustausch, Schulpartnerschaften, internationale Betriebspraktika, E-Mail-Korrespondenz usw.)? Inwiefern werden damit explizit interkulturelle Zielsetzungen verfolgt?
- Wie bewerten Schüler/innen und Lehrer/innen diese Erfahrungen im „grenzüberschreitenden Lernen"?
- Welche fachunterrichtsbezogenen Themen und fachübergreifenden Projekte hatten eine explizit interkulturelle Akzentsetzung?

Schulklima/Lern- und Beziehungskultur
- Wie nehme ich – auf dem Hintergrund meiner eigenen Lernbiografie – das Schulklima bzw. die Umgangsformen zwischen Lehrern/Lehrerinnen und Schülern/Schülerinnen wahr?
- Wie bewerten diese selbst die schulische Lern- und Beziehungskultur?
- Welche Bedeutung wird dabei der Ordnung/Disziplin zugesprochen?
- Welche Regeln, Rituale, Aktivitäten, Feste … wurden und werden entwickelt, um das Zusammengehörigkeitsgefühl zu stärken?
- Wird eine „Kultur der Unterschiede" gepflegt? (Inwiefern)
- Welche Formen der Konfliktbearbeitung wurden/werden entwickelt (vgl. Streitschlichterprogramme)?

Schüleraktivitäten
- Welche Formen der Schüler-Selbstorganisation wurden und werden entwickelt?
- Inwiefern spiegelt sich in diesen Aktivitäten die multikulturelle Zusammensetzung der Schülerschaft wider?
- Gibt es in-/formelle Gruppen, in denen sich speziell Schüler/innen ausländischer Herkunft zusammengeschlossen haben? Wenn ja: Wie definieren sie ihr Selbstverständnis? Gegen wen grenzen sie sich ab? Welche Formen der (Selbst-)Darstellung nach außen haben sie entwickelt? (Von wem/inwiefern) Wird dies als konfliktträchtig wahrgenommen?

Interkulturelles Lernen im Unterricht
- In welchen Fächern werden Unterrichtseinheiten mit einer interkulturellen Thematik durchgeführt?
- Welche fächerübergreifenden Kooperationen wurden und werden dabei entwickelt (auf der Basis persönlicher Kontakte und/oder institutionalisierter Formen)?
- Inwiefern wird dabei die Vielfalt der Lebenswelten der Schüler/innen berücksichtigt?

Lehrerrolle
- Welche Motive für die Berufswahl hatten die Lehrer/innen zu ihrer Studienzeit? In welcher Weise wurden sie für eine multikulturelle Schule/Klasse vorbereitet?
- Welche Schwierigkeiten hatten sie am Anfang ihrer Berufslaufbahn zu bewältigen? Wo sahen sie die stärksten „Widerständigkeiten"?
- Was lässt sie mit ihrem Beruf zufrieden sein? Was belastet? Welche Formen der Stressbewältigung haben sie entwickelt?
- Was sollten ihrer Meinung nach künftige Lehrer/innen lernen?

LITERATURHINWEIS
- AUERNHEIMER, GEORG, V. VON BLUMENTHAL/H. STÜBIG/B. WILLMANN (1996), Interkulturelle Erziehung im Schulalltag. Fallstudien zum Umgang von Schulen mit der multikulturellen Situation, Münster/New York
- EUROPEAN NETWORK OF INTERCULTURAL TEACHER TRAINING (Hg.) (1998): Qualifikationen für das Unterrichten in mehrsprachigen Schulen, Münster, New York, München, Berlin
- MARIANNE KRÜGER-POTRATZ, Lehrerbildung interkulturell, Texte, Materialien, Dokumente, Münster, Selbstdruck 2001 (= iks 34), ISSN 0937-6127, Bezug über die Arbeitsstelle Interkulturelle Pädagogik (asikp@uni-muenster.de)
- KRÜGER-POTRATZ, MARIANNE/INGRIDGOGOLIN/MEINHART MEYER (Hg.) (1999): Pluralität und Bildung. Opladen
- SCANCIO, FABRIZIO (Hg.) (2001): Imaginer l'Europe: Thèmes et méthodes pour un stage de formation, Freiburg
- WALTER, PAUL (2001): Schule in der kulturellen Vielfalt. Beobachtungen und Wahrnehmungen interkulturellen Unterrichts, Opladen

5.3 Die Lernform qualifiziert den Inhalt

> *„Schränkte sich das Lernen auf bloßes Empfangen ein,*
> *so wäre die Wirkung nicht viel besser,*
> *als wenn wir Sätze auf das Wasser schrieben."*
> (HEGEL)

Der Erziehungswissenschaftler Horst Rumpf beantwortet die Frage, was und wie Lehrer/innen lernen sollen, folgendermaßen:
„1. Sie sollen mit anfänglichen Aufmerksamkeiten pfleglich, kultiviert umgehen können – mit dem Blick, dem Staunen, der Ratlosigkeit, der Faszination, der Angst des Neulings, des Fremdlings. Und sie sollen infolgedessen diese anfänglichen Aufmerksamkeiten nicht ausrotten oder zu Zwecken der Motivation didaktisch verbauen wollen, weil sie ihnen kindisch, unreif, laienhaft, vorwissenschaftlich, verächtlich vorkommen. Sie sollen also die blinde Arroganz der Experten ablegen. Der souverän oder spöttisch lächelt. Und urteilt.
2. Ein wichtiger Anteil im Lehrerlernen, im Lehrerwerden bestünde also darin, daß sie in sich die unter Wissenskrusten und Wissenskonventionen des Lernens, das die Dinge nur beherrschen und durchschauen will – dass sie in sich diese Betreffbarkeit des anfänglichen Blicks wieder ausgraben und revitalisieren: die Bereitschaft hinzuschauen, die Dinge neu

zu sehen, die Angst vor unsicherem Tasten hintanzuhalten, Mehrdeutigkeiten zuzulassen, ins Stammeln zu kommen, neugierig zu werden auf das scheinbar vor Augen Liegende." (RUMPF 1992: 28 f.)

Angesichts der zu erkundenden Vielfalt der kulturellen und sozialen Lebenswelten der Schüler/innen sowie der schulischen Realität bietet sich an, die Entwicklung eines solchen „Habitus der Annäherung" (vgl. Kapitel 1.8) in einer Weise zu gestalten, dass er zu einer bewussten Arbeit wird an
– biografisch wie auch historisch-gesellschaftlich bedingten Berufsbildern (Habitus als „Erzeugnis"),
– der eigenen Körpersprache – als Ausdruck einer bestimmten Beziehung zu den Schüler-Subjekten und zur beruflichen Tätigkeit,
– Beziehungsmustern in Interaktionen und Organisationsstrukturen (Habitus als „Erzeugungsprinzip") (vgl. HOLZBRECHER 2003: 119) wird.

Art und Weise, Weg und Methoden des Lernens haben einen entscheidenden Einfluss darauf, wie „nachhaltig" das Gelernte wirkt. Sie „qualifizieren" den Lerninhalt insofern, als sie bewirken, welche subjektive Bedeutsamkeit er jetzt und insbesondere zukünftig haben wird. Die Entwicklung eines professionellen Habitus im Sinne einer „Annäherungshaltung" impliziert also Methoden, die ein Erleben und eine Reflexion an der Kontaktgrenze zum „Fremden" ermöglichen, so dass daraus eine „nachhaltig wirksame" Erfahrung werden kann.

Das **Forschungs-/Lerntagebuch**

... ist dafür ein wichtiges Instrument, weil es langfristiges Behalten von Inhalten ermöglicht, vor allem, weil die Methode (von griech *methodos: der Weg*) eine aktive Aneignung und eine persönlich bedeutsame Auseinandersetzung nahe legt. Es ist geeignet, um während der Seminarsitzungen und im „pädagogischen Feld", z. B. bei schulpraktischen Studien, wesentliche Aspekte zu notieren und zu kommentieren.

Hilfreich (und lehrreich) ist es zu versuchen, zwischen den Ebenen der Deskription, Analyse und Interpretation zu unterscheiden, etwa, indem Sie in Ihrem Lerntagebuch
– auf den linken Buchseiten möglichst neutral *beschreiben*, was Sie wahrnehmen,
– die rechten Buchseiten reservieren für Ideen zur *Analyse und Interpretation* der Situation.

Eine Arbeit, die meist nach einer Seminarsitzung oder einem Schulbesuch geleistet wird. Dabei soll es v. a. darum gehen, dass Beziehungen zu persönlichen Erfahrungen hergestellt und eigene Ideen, begründete Zustimmung/Ablehnung, Entwicklung von Lösungsvorschlägen entfaltet werden: Was habe ich

Neues gelernt, was ist mir aufgefallen? Was ist für die Entwicklung meiner Fachkompetenz wichtig, was für meine Persönlichkeitsentwicklung? Wo sehe ich für mich „Entwicklungsaufgaben" ...?

Als Erweiterung dieser Methode kann das **Portfolio**
... gesehen werden, das als Dokumentation von Lern-/Erfahrungsbildungsprozessen zu konzipieren ist. Es enthält
- eine Sammlung von Texten/Dokumenten zur Thematik, außer Seminarmaterialien z. B. auch Zeitungsausschnitte, Kopien aus Büchern;
- Fallanalysen aus der Fachliteratur oder aus eigenen „Feldbeobachtungen";
- eine Sammlung der von Ihnen in Auseinandersetzung mit der Thematik erstellten Texte, seien es Essays, abstracts, Rezensionen oder auch Kurzgeschichten oder Gedichte, die mit Methoden des „Kreativen Schreibens" erstellt wurden;
- Fotos oder sonstige Formen der Symbolisierung (Zeichnungen, gemalte Skizzen) zur Thematik.

Bei der **Teilnehmenden Beobachtung**
... wird davon ausgegangen, dass der/die Beobachter/in sich als Teil des Feldes, das beobachtet wird, mitreflektiert. Jede teilnehmende Beobachtung muss in Form möglichst detaillierter Beobachtungsprotokolle dokumentiert werden. In jedem Falle müssen diese Protokolle aber außerhalb der aktiven Beobachtung, d. h. in Pausen o. ä. zusammengestellt bzw. überarbeitet werden, um schließlich die Grundlage für die Schlussauswertung zu bilden. Ein Kernkriterium der teilnehmenden Beobachtung ist der Beobachtungsleitfaden, anhand dessen sich der Forscher während seiner Beobachtungsphase orientieren sollte. Dieser Leitfaden dient als Orientierung für die Beobachtung und die Erstellung der Beobachtungsprotokolle. Dieser Leitfaden kann im Laufe der Forschung auch durch neue Aspekte ergänzt werden.

Die **Befragung**
... ist die wohl häufigste Methode der Informationssammlung. Hier werden schriftliche von mündlichen Befragungen unterschieden sowie eine ganze Reihe von Interview-Typen (z. B. Leitfaden-Interview, Expertinterview usw.). An dieser Stelle sei auf einige Interview-Regeln hingewiesen, die es zu beachten gilt. Günstig ist in jedem Fall, ein gutes Gesprächsklima herzustellen und dem/der Befragten das Gefühl zu vermitteln, dass man ihr/ihm auch wirklich aufmerksam zuhört (vgl. auch Körpersprache). Hilfreich ist, wenn man zumindest am Anfang nach konkreten Erlebnissen und Einschätzungen fragt; auch sollte man vermeiden, Suggestivfragen zu stellen. Generell ist wichtig,

dass Sie als Interviewer/in die Verantwortung für den Gesprächsverlauf übernehmen.

Narrative Landkarte
... ist eine Methode der Biografieforschung, bei der ein „narratives", d. h. zum „Erzählen" motivierendes Interview mit Zeichnungen kombiniert wird. Dabei wird nach folgendem Muster vorgegangen. Vorab wird eine konkrete Alters- und Lebensphase fokussiert, auf die sich der Befragte konzentrieren soll. Dann wird mit einem Eingangsimpuls gearbeitet, dieser wird je nach Alter der Befragten sprachlich angepasst, zum Beispiel: Handelt es sich um ältere Befragte, die sich an lang zurückliegende Räume der Kindheit oder Jugend erinnern sollen, empfiehlt es sich u. U., eine Phase der Imagination vorzuschalten, um eine innere Konzentration auf die Aufgabe herzustellen. Hauptelement der narrativen Landkarte ist die spontane Zeichnung und ergänzendes Erzählen eines Lebensraumes, den die Befragten in einem bestimmten Alter bzw. Lebensabschnitt vorfanden. Diese freie zeichnerische und erzählende Darstellung eines biografisch bedeutsamen Ereignisses oder Zeitraums geschieht ohne Vorgaben seitens der Forscher.

Bei der **Bild- und Dokumentenanalyse**
... werden Fotos oder Zeichnungen bzw. Texte (z. B. Aufsätze) mit Hilfe hermeneutischer Methoden etwa daraufhin untersucht, was diese ästhetischen Produkte über das Lebensgefühl, die Selbstbilder oder die Realitätsdeutung der Probanden aussagen (könnten).

LITERATURHINWEIS
Die umfassendste *Einführung in Qualitative* bzw. *Praxisforschungsmethoden* bietet der von B. FRIEBERTSHÄUSER und A. PRENGEL herausgegebene Sammelband „Handbuch Qualitative Forschungsmethoden in der Erziehungswissenschaft" (1997).
Eine Kurzeinführung in Praxisforschungsmethoden enthält auch meine Homepage http://home.ph-freiburg.de/holzbrec.

Zu Methoden der Praxisforschung:
- EBERWEIN, HANS/JOHANNES MAND (1995)(Hg.): Forschen für die Schulpraxis. Was Lehrer über Erkenntnisse qualitativer Sozialforschung wissen sollten, Weinheim
- FISCHER, DIETLIND (1997): Das Tagebuch als Lern- und Forschungsgegenstand, in: FRIEBERTSHÄUSER, BARBARA/ANNEDORE PRENGEL (1997)(Hg.): Handbuch Qualitative Forschungsmethoden in der Erziehungswissenschaft, Weinheim/München, 693–703

- ALTRICHTER, HERBERT/PETER POSCH (1998): Lehrer erforschen ihren Unterricht. Eine Einführung in die Methoden der Aktionsforschung, (3. erw. Aufl.) Bad Heilbrunn

Zu kreativen Methoden beim Verfassen wissenschaftlicher Texte":
- ERHARD MEUELER (2001): Lob des Scheiterns. Methoden und Geschichtenbuch zur Erwachsenenbildung an der Universität, Baltmannsweiler 198 ff.
- LUTZ VON WERDER (1993): Lehrbuch des wissenschaftlichen Schreibens, Berlin
- LUTZ VON WERDER (1996): Einführung in das kreative Schreiben, Berlin (vgl. auch http://www.lutz-von-werder.de/kreativ.htm)

Statt eines Nachworts ein Zitat aus dem Buch „Umarmungen" des uruguayischen Schriftstellers Eduardo Galeano, das sich sehr gut eignet, um ein Portfolio zum Interkulturellen Lernen zu beginnen, mit Versuchen eigener Texte, mit einer fotografischen Symbolisierung oder sonstigen Formen künstlerischer Interpretation:

„Unsere Identität ist nicht ein Museumsstück, das in eine Vitrine gesperrt wird, sondern die Synthese unserer alltäglichen Widersprüche, die stets aufs Neue überrascht". (GALEANO 1998: 117)

Literatur

AKTION COURAGE – SOS Rassismus (1997): Rassismus begreifen, Villigst
ALBERT, MARIE-THERES (2001): World Heritage Studies: Perspektiven für eine globale interkulturelle Kulturarbeit, in: ZEP. Zeitschrift für internationale Bildungsforschung und Entwicklungspädagogik 24, H. 4, 10 f.
ALLEMANN-GHIONDA, CHRISTINA (2002): Schule, Bildung und Pluralität. Sechs Fallstudien im internationalen Vergleich, Bern (2. Aufl.)
ALTRICHTER, HERBERT/PETER POSCH (1998): Lehrer erforschen ihren Unterricht. Eine Einführung in die Methoden der Aktionsforschung, (3. erw. Aufl.) Bad Heilbrunn
APELTAUER, ERNST (1995): Nonverbale Aspekte interkultureller Kommunikation, in: H.S. ROSENBUSCH/O. SCHOBER (Hg.), Körpersprache in der schulischen Erziehung. Pädagogische und fachdidaktische Aspekte nonverbaler Kommunikation, Baltmannsweiler (2. Aufl.), 100–165
ARIC (2003) = Anti-Rassismus Informationszentrum (ARIC) – NRW (Hg.): ULRIKE KLOETERS/JULIAN LÜDDECKE/THOMAS QUEHL: Handreichungen zur interkulturellen und antirassistischen Erziehung und Bildung in der Schule, Frankfurt/M.
AUERNHEIMER, GEORG (1996): Mit kultureller Differenz Umgehen lernen, in: PÄDAGOGIK H. 11/1996, 50–52
AUERNHEIMER, GEORG (1998): Grundmotive und Arbeitsfelder interkultureller Bildung und Erziehung, in: Bundeszentrale für politische Bildung (Hg.), Interkulturelles Lernen. Arbeitshilfen für die politische Bildung, Bonn, 18–28
AUERNHEIMER, GEORG (2003): Einführung in die Interkulturelle Pädagogik (3., neu bearb. u. erw. Aufl.), Darmstadt
AUERNHEIMER, GEORG/V. VON BLUMENTHAL/H. STÜBIG/B. WILLMANN (1996), Interkulturelle Erziehung im Schulalltag. Fallstudien zum Umgang von Schulen mit der multikulturellen Situation, Münster/New York
ARBEITSGRUPPE 501 (Hg.) (1993): Heute hier – morgen fort. Migration, Rassismus und die (Un)Ordnung des Weltmarkts, Freiburg
BADE, KLAUS J. (Hg.) (1992): Deutsche im Ausland – Fremde in Deutschland. Migration in Geschichte und Gegenwart, München
BADE, KLAUS J. (Hg.) (1996): Die multikulturelle Herausforderung. Menschen über Grenzen – Grenzen über Menschen, München
BAUMAN, ZYGMUNT (1992): Moderne und Ambivalenz. Das Ende der Eindeutigkeit, Hamburg
BAUMERT, JÜRGEN – (Deutsches PISA-Konsortium) (2001): PISA 2000. Basiskompetenzen von Schülerinnen und Schülern im internationalen Vergleich, Opladen
BAUMERT, JÜRGEN/GUNDEL SCHÜMER (2001): Familiäre Lebensverhältnisse, Bil-

dungsbeteiligung und Kompetenzerwerb, in: Baumert, Jürgen – (Deutsches PISA-Konsortium), PISA 2000. Basiskompetenzen von Schülerinnen und Schülern im internationalen Vergleich, Opladen, 323–346

BAUMERT, JÜRGEN/GUNDEL SCHÜMER (2002): Jugendliche aus Migrationsfamilien, in: J. BAUMERT – (Deutsches PISA-Konsortium), PISA 2000 – Die Länder der Bundesrepublik Deutschland im Vergleich, Opladen, 189–202

BEAUFTRAGTE DER BUNDESREGIERUNG FÜR AUSLÄNDERFRAGEN (2001): Mehrsprachigkeit an deutschen Schulen – ein Länderüberblick, Reihe „In der Diskussion" Nr. 10, August

BECK, ULRICH (1986): Risikogesellschaft. Auf dem Weg in eine andere Moderne, Frankfurt

BECKER, GEORG E. (1995): Lehrer lösen Konflikte, Weinheim/Basel (7. Aufl.)

BECKER, GEORG E./CLAUDIA HARTMANN-KURZ/UTE NAGEL (Hg.) (1997): Schule für alle. Die Asylpolitik und ihre Auswirkungen auf Kinder von Asylbewerbern, Weinheim/Basel

BILDUNGSKOMMISSION NRW (1995): Zukunft der Bildung, Schule der Zukunft. Denkschrift der Kommission „Zukunft der Bildung – Schule der Zukunft" beim Ministerpräsidenten des Landes Nordrhein-Westfalen, Neuwied/Kriftel/Berlin

BÖCKER, ELISABETH (1994): Muttersprachlicher Unterricht in Europäischer Perspektive. Bestandsaufnahme und Ausblick zu Beginn der neunziger Jahre, in: Bundeszentrale für politische Bildung (Hg.): Lernen für Europa. Neue Horizonte der Pädagogik, Bonn 125–135

BOHL, THORSTEN (2001): Prüfen und Bewerten im offenen Unterricht, Neuwied/Kriftel

BOURDIEU, PIERRE (1974): Zur Soziologie der symbolischen Formen, Frankfurt/M.

BOURDIEU, PIERRE (1982): Die feinen Unterschiede. Kritik der gesellschaftlichen Urteilskraft, Frankfurt/M.

BOURDIEU, PIERRE (1987): Sozialer Sinn. Kritik der theoretischen Vernunft, Frankfurt/M.

BOURNE, JILL (2003): Remedial or radical? Second language support for curriculum learning, in: BOURNE, JILL/REID, EUAN (Hg.): Language Education. World Yearbook of Education 2003, London/Sterling, 21–34

BROEK, LIDA VAN DEN (1988): Am Ende der Weißheit. Vorurteile überwinden. Ein Handbuch, Berlin

BRONFENBRENNER, URI (1981): Die Ökologie der menschlichen Entwicklung, Stuttgart

BUHREN, CLAUS G. (1991): Community Education. Zur Praxis eines neuen Bildungskonzepts in Deutschland. COMED-Material 9/1991

BUKOW, WOLF-DIETRICH (1996): Feindbild: Minderheit. Zur Funktion von Ethnisierung, Opladen

CARSTENSEN, CORINNA/URSULA NEUMANN/JOACHIM SCHROEDER (1998) (Hg.): Movies – junge Flüchtlinge in der Stadt, Hamburg

COHEN, PHILIP (1993): Verbotene Spiele. Theorie und Praxis antirassistischer Erziehung, Hamburg
COHN, RUTH (1975): Von der Psychoanalyse zur Themenzentrierten Interaktion, Stuttgart
COHN-BENDIT, DANIEL/THOMAS SCHMID (1993): Heimat Babylon. Das Wagnis der multikulturellen Demokratie, Hamburg
CULLIN, MICHEL (2002): Das Unbegreifliche begreifen und vermitteln. Zur Erinnerungsarbeit im Deutsch-Französischen Jugendwerk, in: CLAUDIA LENZ – (Hg.), Erinnerungskulturen im Dialog. Europäische Perspektiven auf die NS-Vergangenheit, Münster, 61–66
DAMASIO, ANTONIO R. (1995): Descartes' Irrtum. Fühlen, Denken und das menschliche Gehirn, München
DAUBER, HEINRICH (1998): Die Kehrseite der Entwicklungsmedaille: Beziehungsmuster der Verwicklung, in: ders. u. a., Das Projekt war doch ein Erfolg: Schulen im interkulturellen Dialog. Ein medienpädagogisches Forschungs- und Kooperationsprojekt zwischen Deutschland und Zimbabwe. Die Geschichte einer Begegnung 1991–1996, Frankfurt, 63–84
DELUMEAU, JEAN (1989): Angst im Abendland. Die Geschichte kollektiver Ängste im Europa des 14. bis 18. Jahrhunderts, Reinbek
DEUTSCHE UNESCO-KOMMISSION/BTU COTTBUS (Hg.) (2002): Natur und Kultur. Ambivalente Dimensionen unseres Erbes – Perspektivenwechsel, Cottbus
DIEHM, ISABELL/FRANK-OLAF RADTKE (1999): Erziehung und Migration. Eine Einführung, Stuttgart/Berlin/Köln
DIETMAR, CARL (1991): Hier irrte Zuckmayer. Zur historischen Ethnologie der Kölner Bevölkerung von der Römerzeit bis zur Gegenwart, in: P. HARTMANN/ST. SCHMITZ (Hg.), Kölner Stämme, Menschen – Mythen – Maskenspiel, Köln, 11 – 12
DILTHEY, WILHELM (1973): Gesammelte Werke, Bd. 7, Göttingen
DIETRICH, INGRID/TAMINO ABELE (1998): Voll integriert? Zuwanderer-Eltern berichten über Erfahrungen mit Schule in Deutschland, in: Ingelore Oomen-Welke (Hg.), „… ich kann da nix!" Mehr zutrauen im Deutschunterricht, Freiburg, 161–215
EBERWEIN, HANS/JOHANNES MAND (1995) (Hg.): Forschen für die Schulpraxis. Was Lehrer über Erkenntnisse qualitativer Sozialforschung wissen sollten, Weinheim
ELIAS, NORBERT ([15]1990): Über den Prozeß der Zivilisation. Soziogenetische und psychogenetische Untersuchungen, Bd. 1: Wandlungen des Verhaltens in den weltlichen Oberschichten des Abendlandes, Frankfurt [1969]; Bd. 2: Wandlungen der Gesellschaft. Entwurf zu einer Theorie der Zivilisation, Frankfurt [1969]
ERDHEIM, MARIO ([3]1990): Die gesellschaftliche Produktion von Unbewußtheit. Eine Einführung in den ethnopsychoanalytischen Prozess, Frankfurt
ERDHEIM, MARIO ([4]1994): Zur Ethnopsychoanalyse von Exotismus und Xenophobie, in: ders.: Psychoanalyse und Unbewußtheit in der Kultur. Aufsätze 1980–1987, Frankfurt/M., 258–265
ERIKSON, ERIK H. (1988): Jugend und Krise, München

FEND, HELMUT (1981): Theorie der Schule, München
FRIEBERTSHÄUSER, BARBARA/ANNEDORE PRENGEL (Hg.) (1997): Handbuch Qualitative Forschungsmethoden in der Erziehungswissenschaft, Weinheim/München
GADAMER, HANS-GEORG (1995): „ ... nein, das letzte Wort will ich gar nicht haben". Ein Gespräch über die gewaltlose Macht der Sprache (J. POULAIN/E. POULAIN), in: Frankfurter Rundschau vom 11. 2. 1995, 8
GALEANO, EDUARDO (1998): Das Buch der Umarmungen, Zürich
GOGOLIN, INGRID (1994): Der monolinguale Habitus der multilingualen Schule, Münster
GOGOLIN, INGRID/MARIANNE KRÜGER-POTRATZ/MEINERT A. MEYER (1998) (Hg.): Pluralität und Bildung, Opladen
GOGOLIN, INGRID/URSULA NEUMANN/HANS-JOACHIM ROTH (2003): Förderung von Kindern und Jugendlichen mit Migrationshintergrund, BLK-Gutachten. Materialien zur Bildungsplanung und Forschungsförderung, Heft 107
GOMOLLA, MECHTILD/FRANK-OLAF RADTKE (2002): Institutionelle Diskriminierung. Die Herstellung ethnischer Differenz in der Schule, Opladen
GROEBEN, ANNEMARIE V. D. (2003): Lernen in heterogenen Gruppen, in: PÄDAGOGIK 55 (2003), H. 9 (Themenheft „Heterogenität und Differenzierung"), 6–9
GRONEMEYER, MARIANNE (1976): Motivation und politisches Handeln. Grundkategorien politischer Psychologie, Hamburg
GRONEMEYER, MARIANNE (1993): Das Leben als letzte Gelegenheit, Darmstadt
HAFENEGER, BENNO/PETER HENKENBORG/ALBERT SCHERR (Hg.) (2002): Pädagogik der Anerkennung. Grundlagen, Konzepte, Praxisfelder, Bad Schwalbach
HAMBURGER, FRANZ (1994): Pädagogik der Einwanderungsgesellschaft, Frankfurt/M.
HELSPER, WERNER (1996): Antinomien des Lehrerhandelns. Paradoxe Verwendungsweisen von Autonomie und Selbstverantwortlichkeit, in: A. COMBE/W. HELSPER (Hg.), Pädagogische Professionalität, Frankfurt/M., 521–569
HERZ, OTTO (1986): Thesen zur Bedeutung gemeinwesenorientierten Lernens, in: JOCHEN SCHWEITZER (Hg.), Bildung für eine menschliche Zukunft. Solidarität lernen – Technik beherrschen – Frieden sichern – Umwelt gestalten, Weinheim/München
HERZINGER, RICHARD/HANNES STEIN (1995): Endzeit-Propheten oder Die Offensive der Antiwestler, Fundamentalismus, Antiamerikanismus und Neue Rechte, Reinbek
HOFFMANN, ERICH (1991): Verstehen heißt in Kontakt bleiben, in: O.-A. BUROW/ H. KAUFMANN (Hg.): Gestaltpädagogik in Praxis und Theorie, Berlin, 171–187
HOFMANN, KLAUS T./CHRISTIAN PETRY/JÜRGEN RASCHERT/BARBARA SCHLOTTMANN (Hg.) (1993): Schulöffnung und Interkulturelle Erziehung. Wie Regionale Arbeitsstellen Familie, Schule und Nachbarschaft helfen können, Weinheim/Basel
HOLZBRECHER, ALFRED und ELSE/ERHARD MEUELER (1974): Ausländische Arbeiter in der BRD, in: ERHARD MEUELER (Hg.), Unterentwicklung. Wem nützt die Armut in der Dritten Welt?, Arbeitsmaterialien für Schüler, Lehrer und Aktionsgruppen (Bd. 2), Reinbek, 233–296

HOLZBRECHER, ALFRED (1997): Wahrnehmung des Anderen. Zur Didaktik interkulturellen Lernens, Opladen
HOLZBRECHER, ALFRED (1997 a): Die „PALME"-Perspektive. Praktikum als multikulturelle Erfahrung, in: PÄDAGOGIK 49 (1997), H. 4, 38–42
HOLZBRECHER, ALFRED (Hg.) (1999): Dem Fremden auf der Spur. Interkulturelles im Pädagogikunterricht, Hohengehren, darin die Beiträge: Vielfalt als Herausforderung (2–28), Forschendes Lehren und zivilgesellschaftliches Lernen als Suchprozess (202–212)
HOLZBRECHER, ALFRED (1999 a): Aneignung und Methode, in: EDWIN STILLER (Hg.): Fachdidaktik Pädagogik, Paderborn, 29–37
HOLZBRECHER, ALFRED (1999 b): Gleichheit und Differenz. Interkulturelle Bildung im Pädagogikunterricht, in: EDWIN STILLER (Hg.): Fachdidaktik Pädagogik, Paderborn, 210–223
HOLZBRECHER, ALFRED (1999 c) Subjektorientierte Didaktik. Lernen als Suchprozess und Arbeit an Widerständen, in: H. G. HOLTAPPELS/M. HORSTKEMPER (Hg.): Neue Wege in der Didaktik. Analysen und Konzepte zur Entwicklung des Lehrens und Lernens, Die Deutsche Schule. Zeitschrift für Erziehungswissenschaft, Bildungspolitik und pädagogische Praxis, 5. Beiheft 1999, Frankfurt, 141–168
HOLZBRECHER, ALFRED (2000): Pädagogik, in: H. H. REICH/A. HOLZBRECHER/ H. J. ROTH (Hg.): Fachdidaktik interkulturell. Ein Handbuch, Opladen, 131–152
HOLZBRECHER, ALFRED (2001): Passagen. Lehrerbildung als biografisches Projekt, in: PÄDAGOGIK 52 (2001), H. 3, 38–43
HOLZBRECHER, ALFRED (2001 a): AnEignung des Politischen: Subjektentwicklung durch Kompetenzerfahrung, in: ders. (Hg.): Einmischen. Subjektorientierung als didaktisches Prinzip. Multiplikatorenpaket für die politische Bildungsarbeit (Hg.: Landeszentrale für Politische Bildung Rheinland-Pfalz), Schwalbach, Kapitel 1
HOLZBRECHER, ALFRED (2002): Anerkennung und interkulturelle Pädagogik, in: BENNO HAFENEGER/ALBERT SCHERR/PETER HENKENBORG (Hg.): Die Idee der Anerkennung in der Pädagogik, Weinheim/München, 168–176
HOLZBRECHER, ALFRED (2003): Schüleraktivitäten und Lehrerprofessionalität als Arbeit am Habitus, in: THOMAS RIHM (Hg.): Schulentwicklung durch Lerngruppen. Vom Subjektstandpunkt ausgehen ..., Opladen, 111–120
HOLZBRECHER, ALFRED (2003 a), Globalisierung, Krisenwahrnehmung und Lernchancen, in: MARKUS HÖFFER-MEHLMER (Hg.): Bildung. Wege zum Subjekt. Hohengehren, 167–171
HOLZKAMP, KLAUS (1995): Lernen. Subjektwissenschaftliche Grundlegung, Frankfurt (Studienausgabe, 1993)
HÜGLI, ANTON/POUL LÜBCKE (1995): Philosophielexikon. Personen und Begriffe der abendländischen Philosophie von der Antike bis zur Gegenwart, Reinbek

KAYA, SEMIRA (2003): Interkulturelle Gedächtnisarbeit/„Migranten haben keinen Persilschein", die tageszeitung v. 25. August 2003, 14
KEGAN, ROBERT (³1994): Die Entwicklungsstufen des Selbst, München
KEUPP, HEINER, u. a. (Hg.) (1999): Identitätskonstruktionen. Das Patchwork der Identitäten in der Spätmoderne, Reinbek
KIESEL, DORON (1996): Das Dilemma der Differenz. Zur Kritik des Kulturalismus in der Interkulturellen Pädagogik, Frankfurt/M.
KMK (2002): Sekretariat der Kultusministerkonferenz, Ausländische Schüler und Schulabsolventen 1991 bis 2000, Statistische Veröffentlichungen, Bonn
KRÜGER-POTRATZ, MARIANNE (2003): Lehrerbildung im Zeichen von Pluralität und Differenz, in: J. BEILLEROT/CHR. WULF (Hg.): Erziehungswissenschaftliche Zeitdiagnosen: Deutschland und Frankreich, Münster, 83–94
LANGMAAK, BARBARA (1996): Themenzentrierte Interaktion. Einführende Texte rund ums Dreieck, Weinheim
LANG-WOJTASIK, GREGOR/CLAUDIA LOHRENSCHEIT (Hg.) (2003): Entwicklungspädagogik – Globales Lernen – Internationale Bildungsforschung: 25 Jahre ZEP, Frankfurt/M.
LEHNEN, RAINER/HARALD GROSCH (1997): Interkulturelles Lernen im deutsch-türkischen Jugendaustausch. Dok. der Trainingsveranstaltung für die Körber-Stiftung 13.–15.3.1997
LENHART, VOLKER (2003): Pädagogik der Menschenrechte, Opladen
LÜDDECKE, JULIAN/ULI KLOETERS/THOMAS QUEHL (2001): „Interkulturelle und anti-rassistische Erziehung in der Schule", hg. v. ARIC NRW e. V. (http://www.aric-nrw.de/de/docs/pdf/Lehrerhandbuch_Auszug.pdf)
MATURANA, HUMBERTO R./FRANCISCO J. VARELA (1990): Der Baum der Erkenntnis. Die biologischen Wurzeln des menschlichen Erkennens, München
MAVROMATI, FOTINI (2003): Die verlorenen Deutschländer. Junge Migranten ohne Schulabschluss und Berufsausbildung …, Frankfurter Rundschau 12.3.2003, S. WB 6
MEUELER, ERHARD (1993): Die Türen des Käfigs. Wege zum Subjekt in der Erwachsenenbildung, Stuttgart
MEUELER, ERHARD (2001): Lob des Scheiterns. Methoden- und Geschichtenbuch zur Erwachsenenbildung an der Universität, Baltmannsweiler
MEYER, MEINERT A. (1998): Bildungsgangdidaktik. Denkanstöße für pädagogische Forschung und schulische Praxis, Opladen
MEYER, HILBERT (1997): Schulpädagogik, Bd. 1, Berlin
MEYER, THOMAS (1994): Die Transformation des Politischen, Frankfurt/M.
MEYER, THOMAS (1997): Identitätswahn. Die Politisierung des kulturellen Unterschieds, Berlin
MUCHEMBLED, ROBERT (1990): Die Erfindung des modernen Menschen. Gefühlsdiffe-

renzierung und kollektive Verhaltensweisen im Zeitalter des Absolutismus, Reinbek

NEGT, OSKAR/ALEXANDER KLUGE (1972): Öffentlichkeit und Erfahrung. Zur Organisationsanalyse von bürgerlicher und proletarischer Öffentlichkeit, Frankfurt/M.

NESTVOGEL, RENATE (1996): Konfliktregelungen in der Flüchtlingsarbeit. Übungen zum Interkulturellen Lernen, Frankfurt

NIEKE, WOLFGANG (2000): Interkulturelle Erziehung und Bildung. Wertorientierungen im Alltag, Opladen (überarb. Aufl.)

NIESYTO, HORST (2001): Selbstausdruck durch Medien. Eigenproduktionen mit Medien als Gegenstand der Kindheits- und Jugendforschung, München

NUSCHELER, FRANZ (1995): Internationale Migration, Flucht und Asyl, Opladen

OOMEN-WELKE, INGELORE (2003): Körpersprachen und Extrasprachliches verschiedener Kulturen in Welt, Schule und Unterricht, in: ROSENBUSCH, HEINZ/OTTO SCHOBER, Körpersprache im Unterricht. Das Handbuch, Baltmannsweiler, 68–98

OOMEN-WELKE, INGELORE (2003a): Deutschunterricht in der multikulturellen Gesellschaft, in: MICHAEL KÄMPEN-VAN DEN BOOGART (Hg.): Deutschdidaktik, 60–74

OTTO, GUNTER (1998): Lernen und Lehren zwischen Didaktik und Ästhetik, Seelze

PETERS, MARIA (1997): „Was nicht klar gesagt werden kann, davon muss man schreiben", in: D. GRÜNWALD u. a. (Hg.): Ästhetische Erfahrung. Perspektiven ästhetischer Rationalität, Velber, 449–458

PRENGEL, ANNEDORE (1993): Pädagogik der Vielfalt. Verschiedenheit und Gleichberechtigung in Interkultureller, Feministischer und Integrativer Pädagogik, Opladen

PREUSS-LAUSITZ, ULF (2003) Migrantenkinder 2000: Ausgangslage für eine Verbesserung der Chancengleichheit im Bildungssystem. Arbeitspapier der Potsdamer Konferenz (o. J.) (http://www.chancengleichheit.org/texte/foren/F3/p_lausitz.html; (19.3.03)

REINHARDT, KLAUS (1992): Öffnung der Schule. Community Education als Konzept für die Schule der Zukunft?, Weinheim/Basel

RINKE, KUNO (2000): Politische Bildung, in: H. H. REICH/A. HOLZBRECHER/ H-J. ROTH, Fachdidaktik interkulturell. Ein Handbuch, Opladen, 93–130

RINKE, KUNO (2003): Jenseits von Ethnie und Kultur? Zur Frage der Bedeutung der NS-Zeit für MigrantInnen aus der Sicht von schulischer Politischer Bildung, in: Politisches Lernen (hg. v. Dt. Vereinigung für Politische Bildung NW e. V.), Göttingen, 83–100

ROTH, HANS-JOACHIM (2000): Allgemeine Didaktik, in: H. H. REICH/A. HOLZBRECHER/H.-J. ROTH (Hg.): Fachdidaktik interkulturell. Ein Handbuch, Opladen, 12–53

ROTH, HANS-JOACHIM (2002): Kultur und Kommunikation. Systematische und theoriegeschichtliche Umrisse Interkultureller Pädagogik, Opladen

RUMPF, HORST (1992): Anfängliche Aufmerksamkeiten. Was sollen Lehrer können? Wie sollen Lehrer lernen? In: PÄDAGOGIK H. 9/1992, 27–30

SASSEN, SASKIA (1996): Migranten, Siedler, Flüchtlinge. Von der Massenauswanderung zur Festung Europa, Frankfurt/M.

SCANCIO, FABRIZIO (Hg.) (2001): Imaginer l'Europe: Thèmes et méthodes pour un stage de formation, Freiburg
SCHÄFFTER, ORTFRIED (1991): Modi des Fremderlebens. Deutungsmuster im Umgang mit Fremdheit, in: ders. (Hg.): Das Fremde. Erfahrungsmöglichkeiten zwischen Faszination und Bedrohung, Opladen, 11–42
SCHEUNPFLUG, ANNETTE (2003): Globalisierung als Bildungsherausforderung, in: J. BEILLEROT/CHR. WULF (Hg.): Erziehungswissenschaftliche Zeitdiagnosen: Deutschland und Frankreich, Münster, 262–278
SCHMIDTKE, HANS-PETER (1981): Ünal macht Schwierigkeiten: Verhaltensauffälligkeiten und Soziales Lernen, in: UWE SANDFUCHS (Hg.): Lehren und Lernen mit Ausländerkindern. Grundlagen, Erfahrungen, Praxisanregungen, Bad Heilbrunn, 183–189
SCHNEIDER-WOHLFART, URSULA/BIRGIT PFÄNDER/PETRA PFÄNDER/BERND SCHMIDT/LANDESINSTITUT FÜR SCHULE UND WEITERBILDUNG (Hg.) (1990): Fremdheit überwinden. Theorie und Praxis des inerkulturellen Lernens in der Erwachsenenbildung, Opladen
SCHÖFTHALER, TRAUGOTT (1983): Kultur in der Zwickmühle zwischen Relativismus und Universalismus, in: Das Argument 139/1984, 333–347
SCHULZ-VON THUN, FRIEDEMANN (1981): Miteinander reden, Reinbek
SIEBEN, GERDA (o.J.): Die Künste im interkulturellen Prozess, in: Institut für Bildung und Kultur (Hg.): Gemeinsam Erleben. Handreichungen zur interkulturellen Bildungsarbeit, Remscheid, 17–48
SIMPFENDÖRFER, WERNER (1981): Sich einleben in den größeren Haushalt der bewohnten Erde – ökumenisches und ökologisches Lernen, in: HEINRICH DAUBER/ WERNER SIMPFENDÖRFER (Hg): Eigener Haushalt und bewohnter Erdkreis, Wuppertal, 64–93
SOLIDARISCH LEBEN LERNEN E. V. (Hg.) (2002): Praxisbuch Globales Lernen. Handbuch für Unterricht und Bildungsarbeit, Frankfurt/M.
STARK, WOLFGANG (1996): Empowerment. Neue Handlungskompetenzen in der psychosozialen Praxis, Freiburg
STERNECKER, PETRA/WERNER TREUHEIT (1994): Ansätze interkulturellen Lernens, in: HENDRIK OTTEN/WERNER TREUHEIT (Hg.): Interkulturelles Lernen in Theorie und Praxis. Ein Handbuch für Jugendarbeit und Weiterbildung, Opladen, 31–56
TEEGEN, FRAUKE (1994): Körperbotschaften. Selbstwahrnehmung in Bildern, Reinbek
THÜRMANN, EIKE (1996): Muttersprachlicher Unterricht für die interkulturelle und mehrsprachige Erziehung in der multikulturellen Gesellschaft, in: GEW (NW) (Hg.): Muttersprachlicher Unterricht – wesentlicher Bestandteil interkultureller und mehrsprachiger Erziehung, Essen, 14–25
UNHCR (2002): „Flüchtlinge" Nr. 4

WALDENFELS, BERNHARD (1991): Der Stachel des Fremden, Frankfurt/M. (2. Aufl.)
WALLRABENSTEIN. W. (1996): „Ich warte dich mit vier Augen ..." Wie reden wir miteinander?, in: DIE GRUNDSCHULZEITSCHRIFT H. 100/1996, 14
WALTER, PAUL (2001): Schule in der kulturellen Vielfalt. Beobachtungen und Wahrnehmungen interkulturellen Unterrichts, Opladen
WULF, CHRISTOPH (2001): Einführung in die Anthropologie der Erziehung, Weinheim/ Basel

Literatur zum „Kulturellen Atom":
ROESLER, MICHAEL, (1991), Das Kulturelle Atom nach J. L. MORENO. Ein psychodramatisches Instrument zur Erfassung der Persönlichkeit, in: Psychodrama, 4. Jg. 1991, Heft 2, 197–202
MATHIAS, ULRIKE (1982): Die Entwicklungstheorie J. L. Morenos, 219–222 . In: PETZOLD, HILARION/MATHIAS, ULRIKE: Rollenentwicklung und Identität, Paderborn, 191–256
STIMMER, FRANZ (1982) Der Beitrag J. L. Morenos zu einem interaktionistischen Ansatz einer Theorie der Institutionalisierung, in: HELLE, HORST JÜRGEN (Hg.): Kultur und Institution, Berlin, 131–155
Vgl. auch BOAL, AUGUSTO (1999): Regenbogen der Wünsche, Seelze, 60 ff.

Register

A

Amnesty International 151
antirassistisch 55, 99 ff., 109, 126 f.
Appellebene 33
Arbeitsmigration 48 f., 52
Arbeitsvorschlag 13, 24, 26 ff., 34, 36 f., 44 f., 70, 72, 75 f., 78 f., 83, 86, 89, 124, 129 f., 140 ff., 144 f., 169, 173
attac 152
Ausländer 51 ff., 61 f., 66, 69, 72 f., 90, 109, 130 f., 137, 149
Ausländerpädagogik 51, 53 f., 109
Aussiedler 53, 56, 58, 145

B

Beratung 61, 78 f., 82, 102, 126 f., 132, 134 f., 156, 167
Berufsfeldorientierung 8 f.
Berührung 26, 28, 109, 141, 144
Beurteilung 15, 68, 73, 97
Beziehungsebene 33
Bildungsabschlüsse 56, 59, 62
Bildungspolitik 58, 63, 67, 82 f.
Blickkontakt 25 f., 28 f.

C

Community Education 105, 126 f., 129, 133

D

Demokratie 19, 71, 93, 109, 129, 148
Denkmuster 30, 38, 40, 93
Deutungsmuster 12 f., 15 f., 18, 22, 36 f., 60 f., 82, 86, 91 f., 96, 100, 114, 117 f., 120, 122, 139 f., 160
Deutungstätigkeit 14
didaktische Konzepte 97 f.

E

Diskriminierung 19, 23, 55, 62, 88, 99 f., 102, 105, 126

Einwanderungsland 50, 58
„Eisberg-Modell" 38
Elternabend 61, 81
Elterngespräch 80
Elternsprechtag 26, 78
Erkenntnistheorie 12, 32
Europa 15 ff., 22 f., 26, 28, 49 f., 53, 55, 63, 72, 83, 93, 104 f., 156
eurozentrisch 23, 105
Exotisierung 16, 143

F

Fantasie 13, 25, 99, 110, 136, 139
Familienzusammenführung 52
Faschismus 20
Förderung 54, 60, 67 ff., 72, 74 ff., 83, 108 ff., 126 f., 129, 131 ff., 139, 149, 167
Fremdenfeindlichkeit 16, 63, 98
Fremdheit 8, 12 f., 15, 17, 20, 41, 54, 82, 87, 90, 92, 96, 98, 115, 136, 141 f., 165
Fundamentalismus, fundamentalistisch 12, 18 ff., 61, 105, 117, 129

G

Gastarbeiter 49, 51 f.
Gastarbeiterkinder 51 f.
Ganztagsschule 76 f., 126
Gemeinschaft 16, 19 f., 39, 77, 91, 115, 127, 135, 153
Gesellschaft 13, 16 f., 19, 21 ff., 30, 38, 40 ff., 48, 51 ff., 62 ff., 67, 71, 78 f., 82, 87 ff., 92 ff., 97 ff., 104 ff., 114 f., 117 ff., 122 f., 127 ff., 136 f., 140, 143 f., 148, 154 f., 162, 171 f., 176

Gesichtsausdruck 27
Gestaltpädagogik 41, 166
Gestik, Geste 14, 22, 26 f., 30 f., 33, 34, 36, 41 f., 44, 106 f., 119
global, Globalisierung 8, 22, 40, 49 f., 55, 68, 72, 87 f., 93 f., 97 ff., 104, 107 ff., 113, 137, 140, 148, 150, 152
Greenpeace 152

H

Habitus 38, 40 ff., 57, 80, 88, 94, 97, 119, 138, 160 ff., 165 f., 176
Hausbesuch 79, 81
Heimat 16, 49, 51 f., 111
Hermeneutik 14
Herrschaft 17, 19, 21 ff., 100, 119
Heterogenität 18, 48, 73 f., 80, 83, 170 f.

I

IGLU 60
I-Kultur 39 f.
Identität 16 ff., 20 f., 23, 25, 37, 40, 52, 68, 88 f., 90 ff., 95 ff., 103 f., 106 f., 114 f., 119, 129, 136, 139 f., 154, 162, 168, 179
Imperialismus 16
Integration 8, 24, 51 ff., 55 f., 61 f., 70 ff., 74, 78, 88, 94, 106 f., 109, 128 f., 132 f., 166, 168, 172
interaktionistisch 25

K

K-Kultur 39 f.
Kommunikation, interkulturell 12, 25, 31 f., 38, 107 f.
Kommunikation, körpersprachlich 26
Kommunikationsforschung 31
Kommunikationsmodell 32, 34, 36, 42

Kompetenzbegriff 93
Konstruktivismus, konstruktivistisch 12 ff., 32, 164
Körperhaltung 26 f., 33, 107, 138, 146
Körpersprache 26, 40, 137, 172, 176 f.
Kulturbegriff 87, 89, 147
Kulturrelativismus, kulturrelativistisch 22 ff.
Kulturelles Atom 145, 147, 188
Kulturuniversalismus 24

L

Lehrerbildung 106, 127, 160, 165, 167, 171
Leistungsbegriff 23, 73
Leistungsbeurteilung 167
Literaturhinweis 9, 83, 106, 113, 175, 178
Lobbyarbeit 150

M

medico international 152
Medien 32, 79, 82, 110, 135 ff., 149, 150, 156, 171
Mehrsprachigkeit 70 ff., 89, 106 f., 110, 132
Migration 37, 48 ff., 55 f., 59, 61 f., 66, 70, 79, 98, 103 f., 107, 109, 133 f., 170 f.
Mimik 27
multikulturell 21 f., 79, 87 f., 98, 102, 104, 109, 111, 130, 132, 140, 156, 162, 164 f., 167 f., 171, 174, 175
multipolar, Multipolarität 21
muttersprachlich, Muttersprachlicher Unterricht 52, 67 ff., 82 f., 107, 133, 156

N

Nichtregierungsorganisation 108, 110, 148, 150
nonverbal 25 f., 30, 39, 107, 140

O

Orientfantasien 16
Ost-West-Gegensatz 21
Öffnung von Schule 54, 73, 77, 126 f., 130 ff., 135, 173

P

Pädagogik 9, 12, 17, 25, 37, 38, 41, 43, 51 ff., 66, 71, 77, 87 ff., 99 f., 103, 106, 108 ff., 113, 129, 152, 160, 166, f., 170, 175
PISA 55 ff., 60, 67, 74, 76, 81, 83, 128
Praktikum 160, 163 f., 168 f., 173
Praxisforschung 168, 178
Professionalitätsentwicklung 8, 74, 160

R

Rassismus 18 f., 55, 98 f., 101 ff., 108, 126 f., 156
Rechtsextremismus 55

S

Sachebene 33, 36, 154
Schuleintrittsphase 74 f.
Schulentwicklung 66, 76 f., 126 f., 155, 169, 172
Schüleraustausch 12, 38, 42 f., 82, 118, 149 f., 156, 173
Schulpatenschaft 149
Schulpolitik 62, 64
Schulprofil 72, 82, 110, 155, 167
Schulprogramm 64 f., 76, 105, 110, 126, 133, 155, 107, 173
Selbstbild 18 f., 21, 129, 137, 142, 178

Selbstoffenbarungsebene 33
Sonderschule 61, 64
Sonderklassen 64, 70
Sprache 26, 33, 48, 52, 56, 59 f., 65, 67 ff., 71 f., 75 f., 81, 86, 102 ff., 106 f., 115, 117, 121, 134
Sprachstandsdiagnoseverfahren 75
Sprachunterricht 52
Sprechstunde 80
Stimme 26, 29, 109, 146, 150
Subjektentwicklung 8, 90, 92, 95 f., 112, 114, 166, 172
Subjektorientierung 8, 111 f., 126, 135, 162, 170

T

terre des hommes 152

U

unipolar 21
universalistisch 22 ff.

V

Vier-Felder-Modell 110
Vorbereitungsklasse 53, 69, 74, 167

W

Webtipp 32, 48, 66, 70, 75 f., 83, 101, 105, 108, 113, 131, 149 ff., 156
Weltbild 12 f., 18 ff., 23, 30, 34, 38, 87, 91, 115 ff., 121
Wohlstandsgefälle 50

Für eine zukunftsfähige Schule

Hanns-Fred Rathenow / David Selby
Globales Lernen
Praxishandbuch für
die Sekundarstufe I und II
240 Seiten mit Abb., Paperback
ISBN 3-589-21477-5

Hilbert Meyer
Was ist guter Unterricht?
192 Seiten mit Abb., Paperback
ISBN 3-589-22047-3

Manfred Wildhage / Edgar Otten (Hrsg.)
Praxis des bilingualen Unterrichts
248 Seiten mit Abb., Paperback
ISBN 3-589-21699-9

Cornelsen Copy Center:
Politik / Sozialkunde
Günter Alfs / Johannes Greving / Annette Homann
Globalisierung
Kopiervorlagen für das 9./10. Schuljahr
96 Seiten, Paperback
ISBN 3-589-21842-8

Fragen Sie bitte
in Ihrer Buchhandlung!